子どもたちは未来の設計者

東日本大震災「その後」の教訓

鈴木利典

はじめに

私は、東日本大震災・津波（以下「東日本大震災」または「震災」と記述）の翌年、平成24年4月から、大槌町立大槌中学校と陸前高田市立気仙中学校に、それぞれ2年ずつ4年間校長として赴任しました。

震災以前、沿岸部に通算14年勤務していた経験からか「あなたには土地勘があるから」という上司の一言での赴任でした。

大槌町と陸前高田市は、どちらも壊滅的な被害を受けた町です。本題に入る前に、被災地と筆者との関りを知って頂きたいと思い、冒頭、第一章に、かつて暮らした町や学校の被災状況を簡単に紹介させ頂きました。

大槌中学校は、二度目の赴任になります。不安と緊張を抱えながら赴任したのですが、私が被災地で出会ったのは、意外にも、明るく前向きに生きる子どもたちでした。被災地のど真ん中で目にした彼らの輝きは、信じがたく、まるで奇跡を見ているようでした。

第二章では、被災地の子どもたちの様子と、復興の原動力となり多くの支援者を励まし続けて来た彼らの笑顔の源について考えてみました。

これまで、地震発生から津波が襲来するまでの様子や、避難所生活から学校再開までの軌跡は、『教育を紡ぐ』（明石書店）、『被災の町の学校再開』（岩手復興書店）、『陸前高田市東日本大震災検証報告書』等を始め、多くの書籍文献等で紹介されてきました。死者行方不明者18、430人（2019年3月現在）という未曾有の災害を生き延びた児童生徒と教職員の行動は、戦慄と感動を禁じえません。

しかし、震災の「その後」について紹介する文献はそう多くはありません。「その時」ほど、話題にならないためかもしれませんが、学校再開から復興、正常化を目指す過程でも、被災地では様々なドラマや課題がありました。しかも、「その後」は長く、今も続いています。

たとえば、被災校は、押し寄せる芸能人や著名人の対応に苦慮していました。傍から見れば芸能人の訪問は、羨ましく見えるかもしれませんが、地方の一中学校に、一世を風靡する人たちが入れ替わり立ち替わり訪問する様子を想像してみてください。日常と非日常の逆転は、学校の正常化とは相反するものでした。

芸能人や著名人だけではなく、学校間の交流にも苦慮していました。実際に私自身、交流を断った側の一人です。正確には「断らざるを得なかった」というのが実情でした。

このように、被災地では至る所で、被災者と支援者との間にミスマッチが起きていたのです。そこで、第三章では、支援者との交流の難しさについて取り上げ、逆に、第四章では、支援者との交流が上手くいった事例を紹介しながら、被災者と支援者との望ましい関係について一緒に考えて頂きたいと思いました。

大槌中学校も気仙中学校も、数えきれないほどの支援者と交流がありましたが、頁数の制限から、すべての支援者、支援団体をご紹介できないことは、どうかご容赦願います。

ミスマッチは被災地に寄せられる支援物資でも起きていました。筆者が赴任した時、廃校や被災を免れた教室には、文房具や古本が野積みにされていました。自治体では賞味期限が切れた食品や、カビが生えた衣類が大量に処分されたというニュースも目にしました。

なぜ、このようなミスマッチが起きるのか。支援物資のミスマッチが起きる要因と、ミスマッチを軽減する方法の一つとして、ＩＣＴを活用したマッチングについて、具体的な事例を紹介させて頂きました。第五章をご覧ください。

自然災害は全国各地で発生しています。これから、東日本大震災に限らず、被災地支援や被災校との交流を考えていらっしゃる方には、第三章、第四章、第五章は、ぜひ一読して頂きたいと願っています。「東日本大震災後に起きたミスマッチを繰り返してはいけない」というのが、本書を執筆した理由の一つです。


被災地では心のケアも大きな課題でしたが、心のケアは、「心」という「命」にふれることです。私たち教師による「にわか仕込みのカウンセリング」では失敗したときのリスクも懸念されました。

そこで、被災校の校長として私は、生徒の心の傷にふれることより、教師本来の得意分野を活かして、生徒が安心して生活できる集団づくり、生徒が学校生活を楽しむこと、日々の学校生活に「うるおい」を与える方向に、学校経営の舵を大きく切り換えました。

これが、「集団のケア」の考え方です。本文で紹介する全校での「焼肉カーニバル」や「七夕飾り」、「豆まき大会」などは、こんな思いから実施したものです。

学校が災害や重大事故に巻き込まれると、報道的には、臨床心理士やスクールカウンセラーの派遣が注目されますが、当時者である学校は、専門家と連携した心のケアと併せて、これまで以上に生徒が安心して生活できる集団づくりを大切にすべきと考えています。「集団のケア」については、第三章に、詳しく記述しています。

震災以前のことですが、私は、花巻市にある岩手県立総合教育センターに長く勤め、長期研修時代に教育工学を学び、その後は、学校と教育センターとを何度か出入りを繰り返しながら、主に情報教育の研究と研修講座を担当し、震災の時は、同センターの企画調整を担っていました。大学は工学部で、後に「岩手山の火山活動に関する検討会」の座長や岩手大学の副学長等を務められた斎藤徳美名誉教授の下で、地震波や防災工学を学んだことから、教職に就いてからも、防災・減災教育には興味がありました。

第五章で「ＩＣＴを活用した支援物資のマッチング」、第七章で「災害時の情報伝達」について触れさせて頂いたのは、情報教育に携わった者として伝えたかった震災の教訓です。

第六章では、震災以前から防災・減災教育に携わった者の一人として被災地での避難訓練、防災・減災教育の在り方に一石を投じさせて頂いています。

震災直後から、被災地では、避難訓練、防災・減災教育に取り組んでいますが、津波の常襲地帯と言われる三陸沿岸でも大津波が発生するのは数十年に一度です。これから、被災地が直面する本当の課題は「震災の風化との闘い」です。震災の風化、災害を忘れた頃の避難訓練や防災・減災教育が、如何に難しいか、東日本大震災の18年前に起きた北海道南西沖地震の時、筆者が経験したエピソードを紹介しています。

北海道南西沖地震では、三陸沿岸にも津波警報が発令されたのですが、住民があまり避難しなかったことから、科学部の生徒と一緒に、この津波警報に対する住民の意識と行動の調査を行ったところ、実際に避難した住民は僅か6・9%だったのです。さらに、この調査結果を基にして、生徒会が中心となり、津波防災学習会を実施したところ、周囲から「大袈裟な学習会」と揶揄されていたのです。

当時は、「津波がくるぞ」と声を上げる人間は「オオカミ少年」のように見られていました。これは、震災前の話ですが、東日本大震災から時が経つにつれ、これから被災地が直面していく課題になるはずです。震災前の避難訓練、防災・減災教育が難しかったことの事例は他にも取り上げています。

震災後の被災地では復興を担う人づくりも大きな課題でした。被災地の将来をになうのは、言うまでもなく子どもたちです。その子どもたちが、将来どんな町をつくるのか、とても気になるのですが、彼らの町づくりに大きな影響を与えるのは、彼らの少年時代の「原風景」のように思えてならないのです。だとすれば、未来をになう子どもたちには、豊かな体験「源風景」が必要であり、行事や体験活動は、もっと大切にしてあげなければならない」と強く思うのです。子どもたちの「今」の体験が未来をかえる。これが、本書のタイトル「子どもたちは未来の設計者」に込めた筆者の思いです。

私は、震災前、ライフワークの一つとして、水辺の活動の教材化に取り組んでいました。「親水活動」と自称し、子どもたちと一緒に川に出掛け、小魚やサワガニと戯れている子どもたちを見ていました。その時、ふと、「将来、もし、彼らが治水工事の担当者になったなら、どんな治水対策をするだろう」「どんな護岸工事をするのだろう」と思うことがありました。もちろん、彼らがどんな治水対策をするかは、彼らの自由ですが、彼らの記憶の中に水辺の「原風景」が残されていれば、護岸工事の設計図は自ずと変わってくると思ったのです。

同じように、被災地でも、子どもたちを町づくりに参加させることも大切ですが、私には、それ以上に、彼らを瓦礫の町に歩かせることや、津波でなぎ倒された防波堤を素手で触れさせることの方が大切に思えました。

もし、彼らが、将来、防災担当者になったなら、防波堤や嵩上げだけではなく、今の私たち大人には思いもよらない防災方法を考えるかも知れないと思うのです。

私は、昨春、38年間の教師生活を終えましたが、これまで大切にしてきたのは、「子どもたちは未来の設計者」という考えから、行事や体験活動でした。

残念ながら、昨今の教育の流れは、行事や体験活動は削減される傾向にあります。学校が5日制になり、働き方改革を推進するためには致し方がないとは思いつつも、ここで今一度、行事や体験活動の大切さに気づいて欲しいという思から、本書の結びでは、あえて、親御さんも先生方も気にされる学習意欲や学力を取り上げ、「スイッチング」と「三つ子の魂」というキーワードから、行事や体験活動の大切さを説明させて頂きました。

保護者や教育関係者なら頷かれると思いますが、中学校に入学してくる生徒の中には、黙っていても勉強する子が沢山います。スポーツでも、血豆を潰しながら素振りを続ける野球選手のように、自ら練習に励む生徒は沢山います。被災地でも、家を流され肉親を失いながら、それでも希望を失わず前を向き続け、勉強に勤しむ生徒を沢山見てきました。なぜ、彼らは進んで勉強するのか。いつから勉強するようになったのか。なぜ、彼らは素振りを止めないのか。この素朴な問いに、真剣に向き合うことができれば、教育は大きく変わると信じています。

終章をお読みになって頂ければ、筆者が被災地の校長として、何を大切に人づくりに取り組んでいたのかご理解頂けると思います。

第八章の「三陸の自然」と「遠野物語」は、東日本大震災の「その後」の教訓からは、少し、話が逸れますが、教師としての私の原風景です。「子どもたちは未来の設計者」という言葉が生まれた背景ですので、箸休めのつもりでお読み頂ければ幸いです。

本書は、ぱるす出版㈱春日栄代表取締役（当時）の奨めにより、平成24年から平成30年まで、「ぱるす通信『こころの薬箱』」に「子どもたちは未来の設計者～被災地から報告～」と題して連載させて頂いた原稿を基に執筆しています。

令和3年3月

震災前の大槌町（1993 年、城山から）

目次

大槌町安渡地区の被害

第一章

津波に浚《さら》われた被災地

東日本大震災発生からほどなく、私は緊急支援チームの一員として陸前高田市に派遣され、さらに、被災校のネットワーク環境の復旧のため、宮城県境の陸前高田市気仙町から大船渡市、釜石市、大槌町、山田町、宮古市田老町と移動したことから、否応なく沿岸各地の凄まじい被害状況を目の当たりにすることになりました。

震災直後からテレビや新聞では、「未曾有」とか「甚大」という言葉が飛び交っていましたが、私が、この言葉の意味を本当に理解できたのは、被災地で道を塞ぐように重なり合っていた大きな屋根や、瓦礫の中で押し潰されている車が目に飛び込んできた時でした。それが延々と続く光景は、想像を遥かに超えていて、言葉や映像から理解できることには限界があることを思い知らさました。

その中でも、店一軒、外灯一つ残らなかった陸前高田市と大槌町の惨状には、声を失いました。偶然ですがどちらも、かつてお世話になった土地です。

初任から12年、そして教頭時代の二年と、併せて14年勤務した思い出の地は、すべて津波に浚われ、あの日に亡くなった教え子、保護者、同僚、親戚、知人は数えきれません。

本題に入る前に、私と被災地との関りを知って頂くために、かつての赴任地の被災の様子を、着任順に、陸前高田市広田町の広田中学校から、同高田町の第一中学校、大槌町（大槌中学校）、大船渡市三陸町越喜来（越喜来中学校）、陸前高田市気仙町（気仙中学校）の順に紹介させて頂きます。

1　陸前高田市広田町

1982年赴任～1985年離任

私の教員生活は、広田半島から始まっています。広田半島は風光明媚な三陸リアス海岸の南側に位置し、瓢箪のような形をした半島の中央のくびれた所に初任校の陸前高田市立広田中学校と宿がありました。

周りより少し低く、中学校と宿のあった半島の北側には大船渡湾（大野湾）側に面した田谷浜海岸が見え、南側には泊漁港と広田湾が広がっていました。

岬にあたる黒崎海岸や根岬地区は観光名所で、青松島と椿島はウミネコの繁殖地にもなっていました。

変わり果てた初任地

初任から3年間過ごした広田町には、転勤後も卒業生との交流や、釣り人や観光客の一人としても、事あるごとに訪れていたのですが、震災後に目にした広田

（旧）陸前高田市立広田中学校

町は、堤防が崩れ、道が消え、田畑にまで海水が入り込み、記憶に残る風景は変わり果てていました。

マグロ延縄漁《はえなわりょう》など遠洋漁業で栄えた広田町には、瓦《かわら》葺《ぶき》でお寺と見間違うほど大きな家が立ち並んでいましたが、土台だけが残された家が沢山ありました。

半島にはU字形の入り江が沢山あり、入り江ごとに集落が点在していました。この入り江に津波が押し寄せると、津波は岩場に寄せ返す波のように集落の奥まで遡上しながら建物を壊し、今度は、膨大な戻り水となって背後から集落を襲い、瓦礫を海へと押し流します。市街地のように報道されませんでしたが、半島の被害も凄まじいものでした。


半島の北側を襲った津波は、北側の田谷浜海岸から防波堤を乗り越え、以前住んでいた宿の土台にまで達していました。

宿の大家さんから「昔、この尾根を越えた津波があったらしい」というお話を、半信半疑に聞いた覚えがあるのですが、標高差であと4、5メートル遡上すると、津波は、言い伝えの通り半島の中央を北から南に抜けているところでした。その尾根の南側の泊地区は広田湾から押し寄せた津波で壊滅状態でした。

広田中学校は、海には近かったのですが、二階建ての教員住宅を見下ろせる高台にあり、大家さんから「津波が来たら中学校に逃げらんせ」と教えられていたので、もしもの時の避難場所の一つに考えていたのですが、津波は教員住宅の屋根まで飲み込み、高台の中学校の校舎と体育館は浸水し、体育館の隣にあった運動部の部室は、壁に大きな穴が開いていました。

体育館の中を覗いてみると、床は泥だらけで、津波と一緒に車が引きずり込まれた跡が残っていました。

ステージに花が生けられ、壁には紅白幕が飾られていたので、卒業式の準備を終えた後に津波に襲われたことが分かります。県内のほとんどの中学校は、翌日が卒業式の予定でした。

地震が起きたとき、広田中学校は下校直前で、教職員の誘導で全員避難していますが、県内の学校の状況は様々で、式の練習中の学校もあれば、すでに全員下校していた学校もあり、3月1日を中心に卒業式を終えていた高校生は、在宅や部活動に分かれ、卒業式が中学校より一週間ほど遅い小学校は、平日の授業を行っていたようです。

東日本大震災で、本県では、91人もの児童生徒が、死者・行方不明者となっていますが、その6割近くは高校生でした。校種や学校により被害状況が異なっているのはこのためです。

しかし、あの未曽有の震災にも関わらず、本県では、広田中学校のように、学校の管理下にいた児童生徒から一人の犠牲者も出していないのです。奇跡的な出来事でした。このことには、後ほど、もう一度、第七章で触れさせて頂きます。

広田半島の入り口に当たる陸前高田市小友町では、海抜が1、2メートルしかなかったので、広田湾から押し寄せる津波と只出湾《ただいでわん》から押し寄せる津波がぶつかり、街並みは浚われ、高台にあった小学校と中学校も大きな被害を受けていました。

卒業式の準備を終えて被災した広田中学校の体育館

2　陸前高田市高田町

１９８５年赴任～１９８８年離任

陸前高田市高田町は､広田町の次に暮らした町です。奇跡の一本松が残る高田松原海岸から、西にＪＲ大船渡線（現在はＢＲＴ）を挟んで市街地が広がり、東は広田湾で、湾には西から一級河川の気仙川が流れ込んでいました。

高田町は、この気仙川の河口の砂州にできた町で、海岸から約2キロ先の山際までほとんど高低差がなかったので、高田松原の防波堤を乗り越えた津波は、住宅を押し流し、勢いを残したまま山際の崖に衝突しています。

二校目に赴任した陸前高田市立第一中学校は、ちょうどこの山際の高台にあり、津波が衝突し、「土煙が立ち昇り、大きな地響きを聴いた」と言う元同僚は、「この世の終わりに遭遇したようだった」と当時の様子を振り返っていました。

市街地が壊滅した陸前高田市高田町と市民会館（左上）

教え子、友人、知人が津波に浚われた町

陸前高田市の死者行方不明者1、173人の中には、教え子、保護者、同僚、そして、郷里の隣町だったことから親戚、知人の名前も連なり、初任校でお世話になった教頭先生や教務主任、学年長もここで命を落とされました。皆、既に、退職し自宅で悠々自適に暮らされているところを津波におそわれたのです。

彼らのように津波で亡くなられた教職関係の退職者は、確認できた方々だけでも51人、伴侶の方も合わせると91人にも上っています。

当時、教え子や知人の安否確認は、ほとんどがテレビや新聞からの情報だったので、初任校の学年長が亡くなられたことも新聞で知りました。震災からしばらく経ってからのことです。

彼は、退職後、地域の民生委員として活躍され、当日は、いったんは高台に避難されたのですが、「近所のお年寄りの姿が見えない」と周囲に言い残して町に引き返し、そのまま帰らぬ人になったと書かれていました。

彼とは第一中学校でも一緒に勤務させて頂き、同校には彼の長男と次男が在籍されていましたが、残念ながら長男も津波で帰らぬ人になりました。とても愛嬌があり学年の人気者でした。

当時も、今も、震災関連番組に多くの教え子や知人が映し出されます。

一夜で妻子、両親、祖父母を失った電気店の息子は、生徒会で活躍していた教え子でした。テレビに映るふっくらした丸顔は、中学校時代の面影そのままでしたが、マスコミに取材される姿は痛々しく感じました。

瓦礫の町で妻と孫を探し続ける姿を取材された男性は、後で分かったことですが、教え子の義父で、教え子は、我が子と義母を亡くしていました。中学校時代の彼女は家族思いの優しい子でした。彼女の人生にこんな悲劇が待ち受けているとは思いも寄りませんでした。

自社ビルの煙突までよじ登り一命をとりとめ、後に、

民間遺構としてビルの保存を決めた米沢商会代表の米沢祐一さんは、津波でご両親と弟さんを亡くされていますが、彼の弟は、私が担任した生徒の一人でした。友達と遊んでいたときの嬉しそうな顔が今も目に浮かびます。亡くなられたご両親には、保護者として大変お世話になりました。

　避難所に指定されていながら、屋根まで浸水し百人近くが犠牲になったという市民体育館で、屋根裏の隙間に流され奇跡的に助かったという3人のうちの一人が、市役所に勤めていた教え子だったことを知ったのは震災から1年半以上も経ってからのことでした。彼の体験は想像を絶するものだったに違いありません。

　高田町ではありませんが、震災の翌年、国立劇場で開催された第一回東日本大震災追悼式で岩手県の遺族代表として追悼の言葉を述べられた大槌町の川口博美さんもかつての保護者です。

　川口さんは、壇上で、震災で妻と孫を亡くした無念さを天を仰ぎ、復興に万進することを誓われましたが、言うまでもありませんが、彼の孫さんの母親は教え子でした。

　先ほど高田町の被害の紹介で、子どもと義母を亡くされた教え子の話をしましたが、大槌町には、我が子と実母を亡くされた教え子がいたのです。

　震災から3年目、偶然、町内の民宿が経営する食堂で、新しい命を胸に抱きかかえている彼女に出会うことができました。交わす言葉は見つかりませんでしたが、胸が熱くなりました。

　陸前高田市と大槌町に12年暮らし、しかも、教職という人と関わることの多い職業なので致し方がないのですが、震災で亡くなられた方を教え子や同僚、知人の家族にまで広げると数え切れません。

　最愛の妻を亡くした同僚、夫を亡くした同僚、娘や息子に先立たれた同僚には、震災から10年になるのですが、未だに声を掛けられずにいます。

1、300人が避難した第一中学校

高台にあった第一中学校は県内最大の避難所となり、同校の体育館には、一時、1、300人が避難生活を送ったと言います。

私が、同校を訪問したのは避難生活が始まってから約1週間後でした。校庭は、緊急車輌や報道関係の車で埋め尽くされ、各省庁の大臣やキー局のメインキャスターが入れ替わり立ち代り訪問し、校舎内には、医療支援チームによる臨時の病院が開設されていました。意外だったのは、体育館で千人が生活しているとは思えないほど避難所が落ち着いて見えたことでした。

避難所本部は、校舎西側の家庭科室にあり、避難所本部に集まる人たちは、その日の作業に応じて避難者に声が掛けられ、誰のアイディアかは分かりませんが、毎朝のミーティングの最後に、全員で握手を交わすというルーティーンができていました。私も、一度、握手会に参加させて頂いたのですが、一緒に働く相手の温もりが伝わる握手は、大切なルーティーンだと感じました。避難所のあの落ち着きは、自治組織がしっかり機能していたからだと思います。

しかし、避難所本部が機能しているとはいえ、学校の管理者は教職員です。校長、副校長を中心とする第一中学校の職員は、実家やアパートを流されたり、家族が行方不明の職員もいましたが、総動員で避難所運営を支えていました。

第一中学校の副校長は津波で母親を亡くし、同校を訪ねた翌日がちょうど母親の合同葬儀の日でした。午前中、葬儀に参列した彼は、昼には学校に戻り、何事もなかったかのように深夜まで職員室で仕事をしていました。彼は元同僚で旧知の仲だったので、「今日は、休んだらどうか」と声を掛けたのですが、そのまま仕事を続けていました。

母親の葬儀の日にも関わらす、千人を超す避難者が生活している学校の管理職として、緊急時の対応に備えていたのです。

被災地には、生徒や保護者の安否確認に当たり、避難所運営にも携わりながら、非番になると、瓦礫の町に行方不明になっている家族を捜しに出掛け、遺体安置所を廻られた職員もいたと聞きます。家族を失いながら避難所を支え続けた教職員の使命感、責任感には胸を打たれました。

私が同校を訪問したのは、被災した教育委員会を支援するチームの一員として陸前高田市に派遣されたからでした。支援チームは、久慈方面、宮古方面、釜石・大槌方面、大船渡・陸前高田方面と4チームが編成され、さらに現地で数班に分れました。私は、初任地が陸前高田市だったので大船渡・陸前高田方面を志願したのです。

陸前高田市の教育委員会の事務局が入っていた市民会館は全壊し、建物の中は椅子や机に混じり、漂流物まで散乱していました。近くの博物館は、正面の壁が崩壊し、側壁は津波の衝撃で太い鉄筋が大きく湾曲していました。展示品や収蔵品が心配でしたが、博物館にまで手が回るような状況ではありませんでした。

同市の教育委員会は教育長を始め66人中、46人が犠牲になり、小中学校を直接指導する学校教育課は、常時24、5名の職員体制だったと言いますが、津波の難を逃れられたのは僅か数人でした。

残された職員は、高台の給食センターの女子更衣室に臨時の教育委員会を設置し、僅かな人数で、児童生徒の安否確認、倒壊を免れた校舎の緊急安全点検、卒業式をどうするか、流された教科書をどうするか、学校の再開をどうするか等々、山のような課題の対応に追われていました。

電話が使えず、車も自由に使えないため、被災した学校との連絡も十分にできず、決裁するにも教育長が亡くなり、公印も流されているという気の毒な状況でした。

「緊急支援チーム」と言うと聞こえは良いのですが、私たちにできたのは、孤立した小、中学校に委員会からの文書を「飛脚」のように届けることぐらいでした。

あのとき、彼らが本当に必要としていたのは、職員の一人として被災地に腰を下ろし、前述した様々な課題に自力で取り組んでくれる支援者だったように思います。

3　大槌町

１９８８年赴任～１９９４年離任
２０１２年赴任～２０１４年離任

津波と火災で壊滅した町

陸前高田市立第一中学校の次の異動先は大槌町立大槌中学校でした。大槌町には、20代後半から30代前半までの6年間と、震災後の2年間、合わせて8年間お世話になりました。

大槌町の被害の特徴は、津波と同時に至る所で火災が起きたことです。同様の被害は、北隣りの山田町でも見られ、宮城県気仙沼市鹿折地区の火災はさらに大規模でニュースで見た方も多いと思います。

火災が激しかった被災地は、瓦礫より、焼け落ちた建物や半壊した構造物が目につき、さながら戦争映画の市街戦の跡を見ているようでした。

津波と火災で壊滅した大槌町

震災当日、盛岡に出掛けていたという大槌町の知人は、自宅のことが心配で、盛岡市から釜石市まで帰ってきた所で足止めされ「大槌は壊滅した」「道路が寸断され大槌には行けない」と聞かされたと言います。「壊滅?」と聞いても、直ぐにはその意味を飲み込めず、翌日、大槌町の様子を撮影した映像を見せられたとき、初めて、「壊滅」の意味を受け止めたと語っていました。

小学校の校長として定年を迎え、退職後も教育相談員や社会教育指導員として見守ってきた彼女の町は、一軒の店も、街灯も無くなり、至る所から火や煙がくすぶっていたのです。

大槌町の死者・行方不明者数は1、278人。全壊、半壊した家屋は3、717棟。被災当時、人口15、277人、総世帯数5、647戸の大槌町は、町民の10人に1人が亡くなり、3分の2の世帯が家を流されました。行方不明者は震災から一年経っても470人を超えていて、その人数は、今日まで大きく変わりません。

陸前高田市と同様に、ここでも教え子、保護者、知人が沢山亡くなりました。

大槌中学校は、河口から2キロほど上流にあったのですが、校舎の一階部は壊滅的な被害を受け、町方(海側)に面した教室は火災で焼け焦げていました。

体育館は、浸水による浮力で床板が大きく捲れ上がり、一時は、遺体安置所となり、その後は、瓦礫の中から見つかった写真の修復作業場としてボランティア団体が使用しています。

校舎を失った中学校は、3年生が大槌高校で、一年生と二年生は大槌町立吉里吉里《きりきり》中学校で、それぞれ教室を借りて授業を再開し、全校生徒が再会できたのは、町営のサッカー場に仮設校舎が建設された半年後の9月末でした。

大槌中学校区の赤浜小学校、安渡小学校、大槌北小学校、大槌小学校の4校もすべて被災し、この4つの小学校は、吉里吉里小学校や山田町の陸中海岸青少年の家で授業を再開し、中学校と同様、半年後の9月、中学校と渡り廊下で結ばれた仮設校舎に引っ越しています。

この間の詳しい様子は、冒頭で紹介した「教育を紡ぐ」「被災の町の学校再開」等に紹介されています。

震災前の大槌町には、大槌町栄町と大槌町新港町と2箇所で暮らしていました。赴任中に教育センターの長期研修に出掛け、一度アパートを引き払ったからです。

最初に暮らした栄町のアパートは、地震による地盤沈下で一帯に海水が侵入して近づくことはできませんでした。見覚えがあったのは洪水対策の排水施設と水門だけで、それ以外の建物はすべて流されていました。

このアパートには、大家さんも家族で暮らしていて、中学生の娘さんがいました。大家さんも煮込魚や肉料理の上手な大家さんで、よくご馳走になり、腸詰から手作りする大家さんのウインナーは絶品でした。

二度目に赴任したとき、中学生だった娘さんが、大槌中学校に子どもを通わせる立派な母親に成長していたのに驚いたのですが、残念ながら、彼女の口から、料理の上手だった母親と祖母は、津波で亡くなられたことを知らされました。

新港町のアパートも津波に流されていました。アパートがあった場所のすぐ近くには、船が浮かぶ程の大きな潮溜まりができ、車道が嵩上げされ、仮設道路も造られたことから、昔の面影はなく、唯一見覚えがあったのは、アパートの側を流れていた大きなコンクリート製の水路だけでした。

当時、その水路は、潮の満ち引きに合わせて、水面が大きく上下するので不思議に思っていたのですが、新港町は大槌川の河口につくられた埋め立て地で、堤防があったから気づかなかったのですが、私は、波打ち際で暮らしていたのでした。その堤防はというと、津波でバラバラになり、崩れた積木のように転がっていました。

大槌町には震災後も暮らすことになったのですが、震災後に借りた教員住宅は、仮設住宅が立ち並ぶ安渡小学校の校庭の片隅にあり、３ＬＤＫに庭付きの住宅で、仮設住宅に暮らす人たちには申しわけない間取でした。

教員住宅の庭先には、ＪＲ山田線（現リアス線）の線路があり、当時、山田線は再開の目途が立たず、直ぐ北側の跨道橋は復興事業のため軌道が撤去され、線路は、仮設住宅で暮らす人たちの生活路になり、私も公園を散策するように枕木の上を歩いてみました。

しかし、少し南側に進み大槌の町が一望できる場所まで行くと線路は突然途切れ、本来であれば、この先には高架橋があり大槌川の対岸まで続くのですが、高架橋は橋脚だけを残し、その先にある大槌駅は、駅舎はもちろん、ホームと軌道以外の構造物は何も残っていませんでした。高架橋を襲った津波の高さは13・7メートル。「高架橋の上から津波を見に行った人が橋ごと流された」と、地元の方から伺いました。

この高架橋から見下ろせる場所が以前暮らしていた新港町で、橋脚や新港町を襲った津波は、教員住宅の近くまで家の屋根や船を押し上げていました。

新港町から少し東側の大槌湾に目を遣ると「ひょうたん」の形をした宝来島《ほうらいじま》が見えます。この島は、国民的人形劇「ひょっこりひょうたん島」のモデルとなった島です。作者の小説家・劇作家として知られる井上

倒壊した防波堤

ひさしさんは、母親が大槌町出身で、大槌町吉里吉里町を舞台にした「吉里吉里国」も彼の作品です。後で紹介する大槌中学校吹奏楽部が「ひょっこりひょうたん島」を演奏会の定番にしているのはこのためです。

大槌湾は普段は穏やかな海ですが、大槌中学校に2度目に赴任する前日に目にした大槌湾には白波が立ち、4月だというのに、時折、みぞれが落ち、住宅の庭から空を眺めると、青空の下を白い雲が足早に流れていました。

「天気晴朗にして波高し」

海戦前夜ではありませんが、当時の心境を、日記にこう記していました。

この日はちょうど、数日前に早逝した姉の葬儀の日でした。姉にはすまないと思いながら、葬儀は身内に任せ、大槌に旅立っていました。

巨大津波の伝説「臼沢と三枚堂」

小鎚川の流域に「臼沢《うすざわ》」と「三枚堂《さんまいどう》」という地名が

震災後の大槌駅のホーム

あり、この地名について、次のような言い伝えがありました。

「臼沢は、昔、津波の時に「臼」が流れ着いた」

「三枚堂は、もともとは『三枚戸』、津波の時に戸板が三枚流れ着いた」

震災前に地元の歴史研究家の徳田健治さんという方から教わった巨大津波の伝説です。

臼沢地区は河口から2キロ程上流にあり、海は見えません。三枚堂はさらに1キロ程上流にありました。「こんなところまで本当に津波が来たのか」と、広田半島を越えたという津波の伝説と同じように、当時は半信半疑に受け止めていました。

ところが、被災地支援で沿岸を移動していたとき、興味本意で臼沢地区に足を運び、臼沢橋から小鎚川を覗き込んだところ、川底に瓦礫が散乱し、川岸は葦の根がめくり上がり、津波は、伝説の通り、臼沢地区まで到達していたのです。

橋の近くで、地元の方がお二人休まれていたので、臼沢の地名の由来を尋ねたところ、二人とも相槌を打つように「津波の年に臼が流れ着いたからと聞いている」と、以前、徳田さんから伺った話がそのまま返ってきました。

「誰から聞いた話ですか」「いつの津波ですか」と続けると、「いつかは分からない」「おじいさんのおじいさんも話していたと聞いている」と教えてくれました。「おじいさんのおじいさん……」伝説の巨大津波は、昭和や明治より古い時代の津波のようでした。巨大津波は本当にあったようです。

とても興味深かったので、学生時代に戻ったような気持ちで、もし真実なら、穴（トレンチ）を掘ることで津波堆積物を見つけ、年代を測定すれば、巨大津波の発生した時代を特定できるかもしれないし、あるいは、古文書に記録が残されているかも知れないと、小躍りしながら考えたのですが、無論、研究に取り組む時間など無かったので、そのままにしていました。

ところが、それから一年後、奇遇とも言えるのですが、大槌中学校に赴任が決まり、しかも、仮設校舎があの臼沢橋の近くに建てられていたので、また、巨大津波の伝説に心が惹かれてしまいました。

穴掘や古文書は手に負えませんが、仮設校舎の周りには臼沢（臼澤）を名乗る人が沢山暮していたので、古文書に頼らなくても、「臼沢一族の家系図から津波が起きた時代が分かるかも知れない」と検証方法を変え、たまたま臼沢家の本家に当たる方が、前に赴任したときから顔見知りの方だったので、彼の屋敷を訪ねてみたところ「臼沢家の初代は今から千百年以上も遡り、貞観の時代から始まり、そのことは町史にも書かれている」と教えてくれたのです。

驚きました。なぜなら、東日本大震災が発生する以前から、東北大学教授の今村文彦先生が、仙台平野の津波堆積物を調査した結果、海岸線から数キロまで浸水する巨大津波があり、古文書の記録からこの津波は、貞観11年（西暦８６９年）に起きた貞観地震が起源と発表されていたからでした。「臼沢と三枚堂」まで到達した巨大津波」と「貞観地震津波」の接点が見つかったのです。パズルのピースが埋まり「にわか研究者」は動揺していました。

事実と断定するにはまだ早いのですが、後は、臼沢地区に穴を掘り、津波堆積物から年代を測定できれば、科学的な裏付けになります。自分で穴を掘らなくても、近くには病院や附属施設が建設されたので、ボーリングサンプルが保管されていれば、年代測定は可能なので、あとは〝退職後の趣味〟に取っておくことにしました。

ちなみに、実際に流れ着いたのは「臼」ではなく、津波で流された船の一部で、木彫りの船底が「臼」に見えたからとも云われています。

三陸沿岸には、この他にも「この石は津波が運んできた」とか、「この峠を津波が超えた」とか云われる場所があります。

実際に足を運んで見ると、にわかには信じがたい場所ばかりでしたが、インド洋大津波や東日本大震災を経験した今では、「臼沢」や「三枚堂」の伝説のように、多くの伝説が史実に見えるようなりました。

大槌町の北側にそびえる鯨山は、大津波で麓に大きな鯨が打ち上げられたと云われ、小さな鯨が上がった云われる南側の山には小鯨山という名前がついています。この話も本当なのかもしれません。

また、リアス線に沿った小高い場所にお地蔵さまが置かれている所がありますが、そこは線路工事で無縁仏が見つかった場所で、仏さんは大昔の津波の犠牲者らしいという話を聞いたこともありました。その場所は、釜石市両石町の奥にあり、お地蔵さまの手前まで続いていた街並みは全壊しています。

お地蔵さまを左手に見ながら峠を越えると、釜石市鵜住居町に入るのですが、この峠は「恋ノ峠」と呼ばれ、元々は「恋」ではなく「越」で、大津波が峠を越えたという伝説が残っています。釜石市立東中学校と鵜住居小学校の生徒と住民は、この「恋ノ峠」の下まで避難しています。

4　大船渡市三陸町

2005年赴任～2007年離任

大船渡市三陸町は、教頭（現在の副校長職）時代に2年間お世話になった漁業の町です。

大槌中学校を離任してから12年目、広田中学校からスタートした新米教師も、いつの間にか45歳になっていました。

大船渡市立越喜来《おきらい》中学校は、高台にあり無事でしたが、海に面していた越喜来地区の崎浜、越喜来、甫嶺3つの集落は、すべて津波に流されました。越喜来地区の地形は広田半島とよく似ていて、U字型の入り江に集落が点在していたのです。

海岸に近い越喜来小学校は、大きな揺れを感じた後、児童を校庭には避難させず、校舎2階から直接県道に渡り、そこから高台の三陸駅に避難し、さらに、一段高い公民館まで避難させたと言います。

校舎の2階から直接県道に避難できたのは、「津波が到着する時間が短ければ校庭に集合するのは危ない」と判断した当時の今野義雄校長が、教育委員会と相談し、校舎二階と県道を結ぶ橋を架けていたからでした。越喜来小学校は屋上まで浸水したのですが、二月に完成したばかりの橋に、児童と職員は命を救われていたのです。

越喜来中学校区には、越喜来小学校の他に崎浜小学校、甫嶺小学校と、合わせて三つの小学校がありましたが、浸水した越喜来小学校と崎浜小学校は、被災を免れた甫嶺《ほれい》小学校を間借りして授業を再開し、その後、3校は新生越喜来小学校として統合し、平成28年に新校舎に移っています。

越喜来地区も広田町と同様に、高台や裏山に避難することができたので、人的被害は比較的少なかったのですが、広田町との大きな違いは、特別養護老人ホームが、津波に襲われたことでした。

中学校から少し下った場所にあった特別養護老人ホームでは、入居者の8割を超える56人が犠牲になりました。いわゆる災害弱者の被害が際立っていました。

東日本大震災では、岩手、宮城、福島三県の高齢者入所施設が少なくとも59カ所被災し、高齢者と職員計578人が死亡、行方不明になっていると報じられています。

この特別養護老人ホームは、生徒がボランティア活動に出掛ける施設だったので生徒のショックは大きかったと思います。

吉浜地区の奇跡・職住分離

越喜来地区の北隣りあたる大船渡市三陸町吉浜地区は、太平洋に面し、広田町や越喜来地区と同じような地形だったにも関わらず、犠牲者1人、被害家屋4戸と、他の市町村と比べての話ですが、ほとんど被害を受けていませんでした。

これは、同地区が、過去の津波を教訓に「職住分離」を進め、低い土地は田畑にして、高台や斜面に住居を移していたことが大きな理由でした。中学校も、沿岸の中学校では珍しく、かなり高台にありました。震災前に吉浜中学校を訪れたときは、「ずいぶん不便なところに学校があるな」としか思っていませんでしたが、震災後に同校を訪問すると、普段通りの授業が進められ、津波とは縁のない山里の学校のようでした。

震災後、同地区は、三陸縦貫道が通った以外、大きな復興工事は行われず、街のたたずまいは、震災前とあまり変わりません。復興予算の軽減にも大きく貢献した町とも言えます。

東日本大震災後、被災した多くの自治体は、市街地の嵩上げを選択したのですが、吉浜地区の「職住分離」と、その成果がもう少し注目されていれば、新たな町づくりの選択肢は広がっていたように思います。

5　陸前高田市気仙町

2014年赴任～2016年離任

生徒全員の命を守った壮絶な避難行動

陸前高田市立気仙中学校は、震災後2年間、お世話になった学校です。震災後は、山里の旧矢作中学校の校舎を借りて生活していました。元々の校舎は、奇跡の一本松から気仙川の対岸に見える3階建ての白い建物で、校舎は屋上まで浸水しています。

気仙町の被害も甚大で、中心街と海岸に面した水産加工場や商業地は全て流され、生徒が家を失ったのは言うまでもなく、震災から4年経っても全校生徒の8割近くが市内各地の仮設住宅からスクールバスで通学していました。

気仙川の河口に立ち堤防を越えた津波にいっきに飲み込まれた気仙中学校の避難行動は壮絶でした。その避難の様子を、当時の越恵理子校長は、2012年2

月、花巻市で開催された岩手県教育研究発表会のパネリストとして登壇された時、次のように紹介しています。発表の一部（要約）です。

「気仙中学校では、翌日の卒業式に向けて体育館で合唱練習に取り組んでいました。地震が起きた時は、体育館の壁が崩れ、気仙川の水の引き方が尋常ではありませんでした。地震発生から、津波が堤防を乗り越え、校舎が飲み込まれるまでに、4度も避難場所を変え、津波が襲来した時には、杉林の中で生徒を励まし続けました。それから近くの二日市公民館に入り、最終的な避難所となった長部小学校に辿り着いたのは三日目でした。公民館では2枚の毛布を三人の生徒で使用し、余震の恐怖と寒さに震えながら、二晩そこで過ごしました。最後の生徒を保護者にお返しするまで12日間を要し、3月31日、長部小学校のホールで、三年生に卒業証書を渡し、そして、4月20日には借校舎（旧矢作中学校）で入学式が挙行出来ました」

越校長は、スライドを交えて丁寧に紹介され、卒業証書を手渡した時、保護者の代表から頂いた「全員の子どもたちの命を守ってくださりありがとうございました」という言葉が宝物になっていると、しみじみ話されました。

気仙中学校の校舎には、初任の頃、研修で何度か訪れたことがあります。2階の職員室の窓から、広田湾が一望でき、視界を遮るものは何も無かったので、高田松原の濃い緑と青い海を背景に白いカモメが舞う光景は、さながら、リゾートホテルに滞在しているような趣がありました。

しかし、リゾート気分とは裏腹に、同期の先生と「津波がきたらこの学校はどうなるのだろう」と話した記憶があります。不安的中、気仙中学校は屋上まで浸水し、「海岸に学校を建ててはいけない」という教訓になってしまいました。

気仙中学校のように海岸近くに立っていた学校は、大船渡市立赤崎中学校、同越喜来小学校、釜石市立鵜住居小学校、同東中学校などすべて津波で被災しています。

気仙町は、広田町と同様に、近くに高台や山があったので人的被害の割合は小さかったのですが、当時、気仙小学校の児童だった生徒が「避難の途中、津波で足が濡れた」と語るように、裏山に救われた間一髪の避難だったようです。

復興工事で「校歌の山」が消える

気仙中学校の苦難は、震災後も続きます。市街地の嵩上げのために校歌に歌われていた「愛宕山」が頂上から削られていったのです。

津波で被災した市町村のほとんどは、町づくりのベースに市街地の嵩上げを選択しました。陸前高田市も同様で、嵩上げのための盛土の供給源として白羽の矢を立てられたのが校歌に歌われている「愛宕山」だったのです。標高120メートルほどの「愛宕山」は、工事が終了したときには、元の高さより70メートルほど低くなってしまいました。

気仙中学校の校歌の一番です。

「愛宕山」の採石を運ぶベルトコンベヤー

愛宕の山の裾近く　鳴瀬の流れ太平洋
浦松原を庭として　建ちたる気仙中学校

「浦松原」は高田松原のことで、生徒が幼い頃から庭代わりに遊んでいた砂浜です。こちらは、「奇跡の一本松」を残してすべて流されてしまいました。「鳴瀬の流れ」は気仙川のことで、地元では気仙川を鳴瀬川《なるせがわ》と呼んでいます。

街が消え、校舎が全壊した生徒たちが、震災後に目にしたのは、復興工事の中で小さくなっていく古里の山でした。「校歌の山が消える」こんな体験をした生徒は、他にはいないと思います。

街も山も消えてしまいましたが、気仙町は歴史と伝統のある町で、町民の誇りでもあります。

たとえば、気仙町今泉の吉田家は、気仙郡の大肝入《おおきもいり》を代々務め、伊達政宗から気仙郡を任された時の直筆の書状が残され、屋敷（吉田家住宅）は国指定重要文化財、「吉田家文書」は県指定有形文化財でした。

屋敷も古文書も大きな被害を受けましたが、震災後「吉田家文書」は国立国会図書館が修復し、屋敷は再

震災を共有した岩手県研究会研究会

建計画が進んでいるようです。

毎年8月7日に気仙町今泉で行われる「けんか七夕」は約900年の伝統があり、北辰一刀流の開祖・千葉周作もこの地に誕生したと伝えられています。

一関市と陸前高田市を結ぶ街道は、高田街道ではなく、今日でも、気仙町今泉の地名を冠した「今泉街道」と呼ばれています。

この気仙町の歴史と伝統に対する町民の誇りが、気仙町を必ず復興させていくと思います。

岩手県教育研究発表会

震災当時、県内には小・中学校と県立学校を合わせて665校ありましたが、津波で直接被害にあったのは小学校14校、中学校9校、高等学校2校の25校のみで、この年は人事異動も凍結したことから、被災地の学校で何が起きていたのか、皆で共有する機会がありませんでした。

そこで、復興教育を、岩手の教職員が一丸となって推進するためには「震災の共有」が欠かせないと考え、当時、事務局を担当していた岩手県教育研究発表会に、「震災からの復興と児童生徒の安全・安心」という特設分科会を設定し、被災地から小学校、中学校、高等学校の3人の校長先生をパネリストとして登壇して頂きました。

この時、被災した中学校の代表としてお願いしたのが越校長でした。この年の教育研究発表会には2日間で延べ1,900人が参加しています。

6　半分だけ被災者に与えられた使命

ここまで、初任地の広田町から震災後にお世話になった気仙町まで、被災地と筆者との関わりを簡単に紹介いたしましたが、読者の方には、私が被災者に見えるでしょうか、それとも、支援者に見えるでしょうか。

大槌中学校や気仙中学校の校長室を訪れた方には、私が被災者に見えていたかも知れません。自分でも、被災地を離れ、震災とは余り関わりのない人たちの中にポツンといたり、県外に出掛けて被災地の話をしていると、自分が被災者の一人に見えてくることがあります。

しかし、私には、週末に帰宅すれば、家があり家族がいて、衣食住の不自由もありません。仮設住宅で暮らす生徒たちや、大切な人を亡くされた人たちとは明らかに立場が違い、彼らの前での私は、被災校に赴任した一人の教師に過ぎなかったのです。

それでも、自分は被災者なのか、それとも支援者なのか時々、自問することがありました。支援者側の人間であることは間違いないのですが、ご紹介させて頂いたように、私と被災地との関わりは深く、震災後は被災地の校長として支援を受ける側にいました。そう考えると、自分は、半分だけ被災者、半分だけ支援者だったような気がします。

自問への答えは別として、私が、ぱるす通信の「こころの薬箱」に被災地からの報告を連載できたのも、本書を執筆しているのも、この微妙な立場に置かれていたからだと思っています。

被災地の中の様子や、仮設校舎で起きていることは、支援者には見えにくい事柄です。だからと言って、家を流され家族を失った被災者が、震災や被災地のことを進んで語るかというと、そう簡単な話でもありません。被災地で生活しているとよく分かるのですが、東日本大震災について、被災者が自ら口を開かれることは滅多にありません。生徒と一緒に震災に遭遇された教職員も同様です。

「未曽有」や「壊滅」を、言葉ではなく実際に体験された人たちの口は鉛のように重く、あの日の出来事を語るまでに、数10年の歳月を必要とする人や、戦地の体験を一切口にせず亡くなっていく元兵士のように、震災の話には一切触れずに生涯を閉じる方もいらっしゃるような気がします。

被災地には、語り部として活躍されている人もいますが、その数は限られていて、被災地のことを語る人は決して多くはありません。

そう考えると、被災地の様子を伝えることや、被災地での出来事を記録に残すことは、半分被災者、半分支援者に与えられた使命にも思えたのです。

私は、東日本大震災の翌年から、校長を8年務め、昨春、退職しています。いたずらに年を重ねただけですが、貴重な体験だったことは間違いありません。

震災後に、校長を8年務めて来た人間が、復興教育や、今日の教育をどのように振り返っているのか、このことにも興味を抱いて頂ければ幸いです。

被災者の変遷

震災当時、連日報道される被災地の惨状に心を痛めなかった人はいなかったと思います。被災地に縁があればなおさらで、震災直後は、心理的には、誰もが被災し、誰もが「被災者」に見えました。この思いを強くしたのは、被災者を励ますための会に参加した時で、震災から三カ月余りのことでした。

この会に招待されたのは、震災で家を流された女の先生と彼女の夫です。会の冒頭、彼女は、重い口を開き涙ながらに、被災の様子を語り始めました。参加者は、皆、涙を堪えながら彼女の話に耳を傾けました。

ところが、彼女を励ますはずだった友人たちの話が始まると、「私も身内を案じて山道を越えた」、「私は、炊き出しに出掛けた」と、堰を切ったように、震災直後の自らの体験談に変わっていったのです。参加者の多くは元教師で、「友人を励ます」という自分の役割を忘れるような人たちではなかったのですが、知人や教え子を亡くされた人もいて、口に出さずにはいられなかったのだと思いました。「皆、被災していたのだ…」と思ったのは、この時でした。

無論、実際に被災された方々の思いとは比べようはないのですが、連日報道される被災地の様子に目を覆い、心を痛めた人たちも、皆、心理的には被災していたのだと思いました。だからこそ、国内外から被災地に多くの支援（物資）が寄せられたのであり、震災直後、「被災者」と「支援者」とを分けたのは、物心いずれかの「ゆとりの違い」だけだったように思います。

しかし、震災から僅か3、4年後には「震災を風化させるな」、「被災者を忘れるな」という言葉が飛び交い始め、被災地を訪れる「支援者」の数も少なくなっていました。「震災を風化させるな」は、阪神淡路大震災でも何度も聞いた言葉です。

それでも私は、風化現象を責めることができません。私自身、阪神淡路大震災から23年目の1月17日の朝、その日が震災の日であることを、朝のニュースでしか気づくことができなかったからです。

まだ暗い中、灯籠に手を合わせる遺族と、その頬をこぼれ落ちる涙が神戸から中継される様子をテレビの前でぼんやり見ていたのです。テレビを見なければ、その日が阪神淡路大震災の追悼の日であることに気づきませんでした。

教え子や知人が亡くなった3月11日の朝もいつかこうして迎えるかも知れないと自戒しながらも、震災を忘れるのは、人間の性《さが》で、やむを得ないことにも思え、悲惨な体験をされた人にとっては、精神的には、むしろ、大事なことのようにも思います。

私たちが忘れてはいけないのは、「支援者」がいなくなっても、「被災者」が消えることはないということです。震災直後は、心理的には誰もが被災していたはずだったのに、やがて「被災者」と「支援者」に分かれ、最後は、「支援者」がいなくなり「被災者」だけが取り残される。そんな未来にしてはいけないと思います。

阪神淡路大震災では、震災から20年以上経過しても復興住宅で暮らしている人がいて、孤独死も絶えませんでした。東日本大震災でも仮設住宅での孤独死が起きています。東日本大震災から9年半を迎えた日に、県内で孤独死された方は１０４人にも上ると報道されています。

仮設住宅（大槌町）

第二章

奇跡の子どもたち

震災の翌年3月に、大槌中学校長の辞令を受けた時、一番心配したことは、家を流され、肉親や知人を亡くした生徒たちがどんな思いで学校生活を送っているかということでした。保護者の様子や教え子の安否も気になりました。

ところが、被災地で出会ったのは、意外にも、明るく前向きに生きる子どもたちでした。

この章では、仮設校舎で生活する大槌中学校の生徒、900年の伝統「けんか七夕太鼓」を継承する気仙中学校の生徒、そして、避難所運営に積極に携わった大槌高校の生徒の様子をご紹介しながら、なぜ、彼らは明るく前向きに生きていられるのか、彼らの笑顔の源について考えてみます。

1　大槌中学校

大槌町の被害は、前章で説明した通りなので、大槌中学校の被災状況も凄まじいものでした。

仮設校舎

震災から二年目の数字ですが、全校生徒267人中、被災生徒は184人に上り、半数近い127人が家を失い仮設住宅から通学していました。

経済的に困難な家庭に学用品費、給食費、修学旅行費用等を支給する就学援助制度の対象者も154人に上り、さらに、ほとんどの生徒が身内か知人を亡くしていました。東日本大震災の被災地にど真ん中があるとすれば、大槌町ではないかと思わせるような数字が並んでいました。

生徒数も減少していました。以前赴任した時の大槌中学校は、全校生徒約830人、24クラスという県内有数のマンモス校でしたが、震災後の生徒数は、267人でした。

少子化の影響が大きいのですが、震災が起きた平成22年度の生徒数は約400人だったので、震災後、百人以上の生徒が転校を余儀なくされたことが分かります。少子化に震災が追い打ちを掛けた形です。

私が、この大槌中学校の生徒に初めて出会ったのは、実は、赴任する半年も前のこと、教育センターを訪れた国立教育政策研究所の徳永保所長と文部科学省の職員を被災地に案内した時でした。当時の小野永喜校長が、校長室で学校の様子を説明された後に、「生徒を、ぜひ見て欲しい」と教室にも案内して下さったのです。

ちょうど文化祭の時期で、教室では合唱練習が行わ

授業風景

れていました。リーダーの指示で熱心に歌う姿や、廊下や階段ですれ違った時の元気な挨拶に驚いたのを覚えています。

小野校長の「ぜひ」には、被災しながらも前向きに生きる生徒たちへの誇りがあったように思います。私が担任なら「うちの生徒をぜひ見てほしい」と自慢したくなるような生徒たちでした。

あの時は、まさか、半年後に自分が後任の校長になるとは思いもしませんでしたが、辞令を受け、不安と緊張を抱えながら仮設校舎に再び足を踏み入れた時、私を迎えてくれたのは、半年前と同じ元気な挨拶と笑顔でした。そして、それから転勤するまでの間、彼らは一度も笑顔を絶やすことなく、朝は「おはようございます」、廊下ですれ違うときは「こんにちは」、下校時には「さようなら」と、一日に何度も挨拶を交わしてくれました。掃除も一生懸命で、修学旅行を楽しみ、体育祭にも本気で取り組む生徒たちでした。

被災地の外の学校では、震災が起きたと言っても、携帯電話のトラブルやいじめの問題で生徒指導に追われることも少なくない中で、被災地で、こんなに素晴らしい生徒に会えるとは思いも寄りませんでした。

全校生の3分の2以上が被災し、半数の生徒が仮設住宅で暮らしている学校です。被災地のど真ん中で、まるで奇跡を見ているような気がしました。

仮設校舎から日本を変える

大槌中学校で出会った最初の生徒たちは、皆、仮設校舎から卒業していきました。さらに、震災の翌年から入学した生徒は、仮設校舎に入学し、仮設校舎から卒業していく生徒たちでした。彼らにとっての仮設校舎は生涯唯一の中学校時代の校舎にほかならず、「仮設」と呼ぶのが申しわけない気持になりした。

その仮設校舎は、貨物列車のコンテナを積み重ねたようなつくりで、密閉性が高かったので冬は暖かかったのですが、夏になると鉄板の屋根と外壁は熱せられ、庇《ひさし》もなかったために、特に残暑が厳しかった震災の翌年は、午後になると校長室の温度計は連日38℃を超え、

体育祭

併設する小学校では、熱中症騒ぎでテレビ局が取材に入っていました。

「騒ぎ」と表現したのは、「5日間で67人が熱中症」と報道されたのですが、担架や救急車が登場するような熱中症ではなく、保健室を訪れた児童の延べ人数だったからです。「騒ぎ」になったのは、被災地全体に疲労やストレスが蓄積していたからだったと思いました。

報道により仮設校舎が暑いという噂は方々に知れ渡り、すぐ、支援者から塩飴、清涼飲料水、ウチワ等が届き、魚屋さんがトラック一杯に氷を積んできたときもありました。ありがたいことでした。

庇の代りになればとゴーヤの苗とプランターが届いた時は、日よけとゴーヤの収穫と、一石二鳥を楽しみにして生徒が植えつけをしたのですが、残念なことにゴーヤの蔓が1階の窓枠まで伸びてきた時には既に秋風が吹いていました。暑いといっても大槌は北国です。植えつけの時期が、適期から1カ月ほど遅れていたのでした。

学校としても扇風機を増設したり、窓を細目に開けたりと、いろいろ工夫したのですが、学校ができる暑さ対策は限られていました。気休めに、生徒の疲労回復を名目に、翌日の天気予報を睨みながら午前中で授業を打ち切ったこともあります。

そうこうしているとき、ある日「校長はどうしてこんな劣悪な環境を改善しないのか」と視察に訪れた議員さんに叱られたことがありました。同行した事務方が、慌てて、「校長の所為《せい》ではない」と説明してくれたお陰で、お叱りが同情に変わったのは幸いで、結局、その年の冬からエアコン工事が始まり、熱中症騒ぎは終了しました。

当の中学生はどうしていたかというと、休み時間に保健室に駆け込む生徒が少し増えたぐらいでした。生徒の目当ては保健室のエアコンと保健の先生で、先生とおしゃべりを楽しむと、何事も無かったかのように教室に戻っていきました。確かに「暑い、暑い」と語る生徒もいましたが、彼らの「暑い」は、気晴らし程度で、暑かろうが寒かろうが、大槌中学校の生徒は動じませんでした。

震災を経験した生徒には、暑さや寒さなど、小さなことだったのです。彼らは、一回りも二回りも成長していました。


仮設校舎が建てられた場所は、元々はサッカー場だったので、サッカー場の半分が仮設校舎に割り当てられ、残り半分は校庭になりました。小、中合わせて約700人が利用する校庭としては、少し狭い校庭でした。

体育館も仮設で、バレーボールコート一面取れるのがやっとの広さで、常設のステージはありません。


この小さな体育館を、小学1年生から中学3年生まで利用するので、授業時間は小学校が優先的に使用し、放課後は中学校が部活動で使用するというルールができていました。

そこで、中学生は、体育の時間になると、少し離れた勤労青少年体育館に走り、校庭を使用したいときは、その隣の野球場で準備体操をし、卒業式や入学式、文化祭等の学校行事は、スクールバスを借りて、町の公民館まで移動していました。

残念ながら、仮設校舎には集会スペースや格技場もなかったので、第二体育館とまでは言わなくても、せめて、集会スペースは欲しいと強く思いました。

仮設校舎には、図書館もなく、図書担当の先生の配慮で、狭い廊下を工夫して二カ所に新刊書コーナーが置かれていました。「手前が第一図書館」、「あちらが第二図書館」と、視察に訪れた人たちに、苦笑しながら仮設校舎の現状を説明したのを覚えています。

仮設校舎の生活はとても不便でしたが、だからと言って、生徒が不満を言ったり、ひねくれたりしたわけではありません。ここが重要です。

不満どころか、昼休みになると、遊び盛りで体を動かしたい中学生が、文句も言わずに小学生に校庭を譲る姿は、むしろ微笑ましく、中学生たちの優しさや温かさを感じました。逆境の中で中学生は、優しいお姉さん、お兄さんたちに成長していたのです。

前段でご紹介したように、仮設校舎で出会った生徒たちは、奇跡を見ているような素晴らしい生徒たちばかりでした。

彼らを見ていると「子育ては建物ではない」と、強く感じました。立派な校舎があれば、それに越したことはないのですが、家を新築し勉強部屋ができたからと言って子どもの成績が伸びるとは限らないように、子育てには、建物や物ではなく、もっと大切なものがあることを彼らは教えてくれました。

仮説校舎は2棟並んでいて、中学校の裏手にあたる北側の校舎は小学生が利用していました。

長年、中学生だけを相手して来たので、昼休みに小学生が校庭を走り回ったり、小学生と中学生が一緒に登校したりする風景は、とても新鮮で、小学1年生から中学3年生までが共同生活を送る仮設校舎は巨大な実験室にも見えました。

仮設校舎で一緒に生活していた赤浜小学校、安渡小学校、大槌北小学校、大槌小学校の4つの小学校は、震災から3年後に「大槌小学校」として統合し、さらに2年後には「大槌小学校」と大槌中学校が統合し、県内初の小中一貫の義務教育学校「大槌学園」が誕生しました。

仮設校舎の廊下と図書館がわりの本棚

鈍刀を磨く

逆境に負けず輝くように生きる被災地の子どもたちと4年間暮らし、郷里の一関市に帰ったのですが、被災地で出会った子どもたちのことは忘れられず、彼らのことを1人でも多くの人に伝えたいという思いから、機会があれば、可能な限り被災地の話をしています。

次の文章もその一つで、事務局を担当していた学警連機関誌に、「鈍刀を磨く」と題して寄稿したものです。全文を掲載させて頂きます。

……………………

震災後のことですが、被災地の中学校に2校4年勤務しました。三陸沿岸には、以前にも14年勤務。かつての教え子、仮設校舎で暮らす生徒や保護者のことが気掛かりで、不安を抱えての赴任でした。

最初の学校は、半数近い生徒が家を失い仮設住宅で生活。被災生徒は181名に上り、ほとんどの生徒が身内か知人を失っていました。当時の資料ですが、学区内の死者・行方不明者は1,278人。町民の10人に一人が亡くなっていました。次の学校も8割の生徒が被災し、昨年の年明け、仮設住宅で暮らす生徒がやっと5割を切りました。

ところが、この震災のど真ん中ともいえる学校に、朝は「おはようございます」、廊下ですれ違うときは「こんにちは」、下校時には「さようなら」と、一日に何度も挨拶を交わしてくれる生徒たちが待っていました。声を荒げるような場面は皆無。修学旅行を楽しみ、体育祭に汗を流し、合唱も見事でした。赴任前には予想できなかった光景。私には奇跡に見えました。

そんな中で特に印象に残ったのが、仮設校舎の廊下に雑巾がけをする生徒です。彼女は、母親を失い、仮設校舎に入学し、仮設校舎から巣立っていきました。昨秋、新校舎が完成し、仮設校舎は取り壊されましたが、彼女にとっては、生涯の記憶に刻まれた唯一の「校舎」でした。

その彼女が廊下に膝を着き、袖をまくり上げ、仮設校舎の廊下を一心に拭き続ける姿を見ていると、詩人坂村真民の「鈍刀を磨く」という詩に重なるのです。

鈍刀を磨く

坂村眞民

鈍刀をいくら磨いても
無駄なことだというが
何もそんなことばに
耳を貸す必要はない
せっせと磨くのだ
刀は光らないかもしれないが
磨く本人が変わってくる
つまり刀がすまぬすまぬと言いながら
磨く本人を　光るものにしてくれるのだ
そこが甚深微妙《じんしんみみょう》の世界だ
だからせっせと磨くのだ

仮設校舎の床が、彼女に「すまぬすまぬ」と言っているようでした。鈍刀を磨き続ける刀研師のように、床よりも、彼女の方が輝いて見えました。

被災地に勤務することで、偶然出会った奇跡の光景。奉仕、勤労、感謝の気持ちが自然に行動に現れる生徒たち。「震災で我々はすべてを失った。言葉は悪いかもしれないが、唯一得たものがあるとすれば、それは子どもたちだ」と地元の方は語ります。

普段は秘められた子どもたちの力、豊かな自然、地域、家庭という大きなゆり籠で培われてきた優しさ、信念、決して挫けず希望をもって生きようとする底力。それが、逆境の中で見事に開花した。そのことを肌で感じながら被災地を去りました。

子どもたちが秘めている底力、これは被災地に限ったことでありません。岩手の子どもたちが、今日も、この瞬間も、地域の中で、家庭の中でしっかり培い続けている力です。

被災地で出会った光景は、未来をデザインする子どもたちへの期待感、希望を大きく膨らませてくれました。

町の復興計画では新校舎が完成するのは震災から4年後だったので、入学式に出会った生徒たちは、仮設校舎に入学し、仮設校舎から卒業していく生徒たちでした。私たちが仮設と呼んだ校舎は、彼らにとっては生涯唯一の中学校時代の校舎なのです。

……………………

東日本大震災が日本人の働き方や生き方を変えると言われたように、被災した生徒たちが「仮設校舎から日本を変えようとしている」そんな気がしてなりませんでした。

仮設校舎を熱心に水拭きする彼女の姿を忘れることはないと思います。

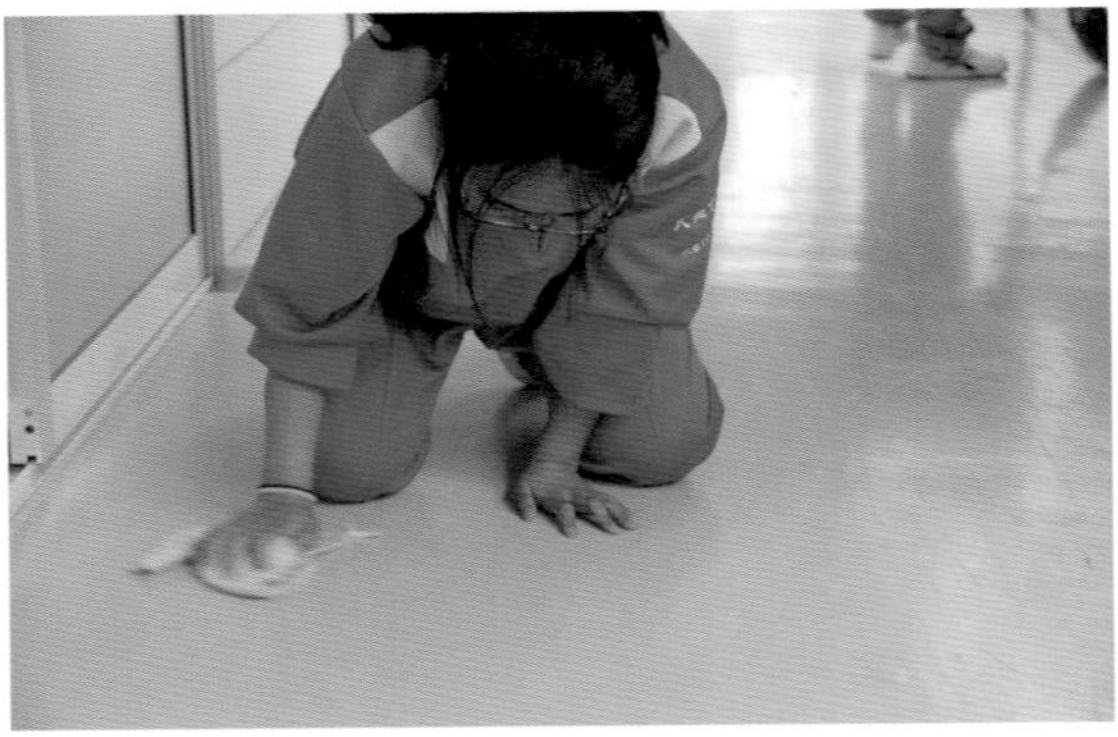

仮設校舎を清掃する生徒

2　気仙中学校

仮設校舎で生活する大槌中学校の生徒の笑顔に驚かされたのですが、被災地2校目で出会った気仙中学校の生徒たちも忘れられませんでした。

勇壮な「けんか七夕太鼓」を継承する気中生（同校生徒の愛称）の姿は、保護者はもちろんのこと、津波で町を失った人たちの心の拠りどころにもなっていました。

私事ですが、復興には程遠い大槌中学校を、僅か2年で後ろ髪を引かれるような思いで転勤し、傷心中の私を元気にしてくれたのも気中生で、家を流されながら、市内各地の仮設住宅からスクールバスで通い、「けんか七夕太鼓」に打ち込む彼らの姿を見ていると、元気が沸いてくるのでした。

けんか七夕太鼓の継承活動

「けんか七夕太鼓」は気仙町今泉地区に900年伝わ

「けんか七夕太鼓」を披露する気中生

るという伝統行事です。

毎年8月7日、仙台が七夕祭りで賑わっている時、気仙町では、今泉地区の鉄砲町、上八日町、下八日町、荒町の4つの町が七夕を飾った大きな山車を曳き、この山車どうしを「よいやさー」という掛け声で勢いよく正面からぶつけ合います。これが気仙町の「けんか七夕」で、この祭りに欠かせないのが「けんか七夕太鼓」と囃子です。

震災後は4つの町が一つになり「気仙組」と「今泉組」と名付けた山車で「けんか七夕」を続けていました。

今泉地区の被災率は96％にも上り、山裾にわずか2、3軒の家を残して町は壊滅しましたが、この日だけは元の街並みのあった場所に多くの町民が「けんか七夕」を楽しみに帰ってきます。

この祭りを目指して、気仙中学校の3年生は、中総体が終了すると、毎日のように体育館で太鼓の練習に汗を流していました。

太鼓を叩くのは男子が中心で、女子は、囃子で「けんか七夕」を盛り上げます。祭りには、全員、腹に晒、

けんか七夕

頭に豆絞りという正装で参加し、その上に揃いの半纏を羽織ります。

晒と豆絞りの着付けは保護者が担当し、太鼓や笛は、保存会の方々から教わっていました。

「けんか七夕太鼓」の打ち方には、山車を曳くときに打つ「歩み太鼓」、けんかを待つ「休み太鼓」、そして山車をぶつける時に激しく打ち続ける「けんか太鼓」があり、最高潮の「けんか太鼓」に入ると、生徒は、半纏を脱ぎ捨て、晒一つで豪快に太鼓を打ち鳴らします。

伝統行事の「けんか七夕太鼓」は、創作太鼓のような斬新な構えはしませんが、中学生とは言え、体格では大人に負けない3年生が、皮面3尺の大太鼓を一心不乱に打ち鳴らす姿は壮観で、町民から惜しみない拍手・喝采が送られていました。

気仙中学校の「けんか七夕太鼓」のように、被災地では虎舞、神楽、獅子踊り、剣舞、祝い唄等々、多くの学校が郷土芸能を継承し続け、保護者や復興に取り組む人たちを元気づけていました。

祭りはもちろんですが、被災地で、祭り以外に地域

七夕の前での記念写真

の人たちが沢山集まるのは小、中学校の運動会や文化祭でした。校庭や体育館を埋め尽くす人だかりを見ていると、復興の原動力になっているのは子どもたちだということがよく分かります。

子どもたちの未来のために、皆、歯を食いしばり、復興に取り組んでいる。そんな気がしました。

ちなみに、「けんか七夕祭り」の保存会の会長は、河野和義さんという方で、八木澤商店という老舗の醤油屋の会長さんでした。

工場が壊滅的な被害を受けた河野さんは、従業員の生業《なりわい》の再生を真っ先に考え、隣町の一関市大東町大原地区で工場を再開されています。

「津波なんかに負けられない」という彼の生き様、行動力は、漫画「おいしんぼ（108巻）」にも紹介されています。

NHKの「逆転人生」に登場した河野通洋さんはご子息で、気仙中学校には、和義さんのお孫さんが3人、元気に通学していました。

ぼくらは生きるここでこのふるさとで

気中生に心を動かされたのは太鼓の他にもう一つありました。それは、校歌と合唱曲「空～ぼくらの第2章～」を歌う姿でした。「空～ぼくらの第2章～」は、作詞家の深田じゅんこさんと作曲家の大田桜子さんが被災した気仙中学校に贈られたオリジナル曲です。

この曲が気仙中学校にプレゼントされたのは震災の年で、私が気仙中学校に赴任したのは震災から4年目でしたが、気中生は「空～ぼくらの第2章～」を先輩から後輩へと大切に歌い続けていました。

空よ　青い風の中
ぼくらはここにいて
あなたを見つめている
——略——
限りない優しさに包まれて
ぼくらは生きる
歩き出すぼくらの背中を
空が見つめている

——略——

ぼくらは生きる
ともに歩き続ける
ここでこのふるさとで

深田じゅんこ作詞、　太田桜子作曲
空～ぼくらの第2章～（教育芸術社）

作詞された深田さん、作曲家の太田さんと直接お話する機会がなかったのが残念ですが、私には「空」が津波で亡くなった人たちに思えました。生徒は「空」を「あなた」と呼び、「空」は限りない優しさで生徒を見つめます。そして、生徒は、その「空」に、ふるさとで強く生きていくことを誓います。

「空～ぼくらの第2章～」を歌う時の気中生の表情は、凛としていてどこか優しさを感じさせてくれます。「愛宕の山」から始まる校歌を声高らかに歌う表情とは対照的でした。生徒は、きっと誰かを思い浮かべながらこの曲を歌っていたのかも知れません。

地区の中文祭で合唱を披露する気中生

楽譜が出版されていることから、この曲は全国で歌われ、入学式で全校生徒が「空～ぼくらの第2章～」を歌っているという船橋市立三山中学校は、中部地方で実施していた二年生の修学旅行を被災地での民泊と学習旅行に変更し、震災から5年目の年に気仙中学校を訪れ、気中生と一緒にこの曲を合唱しました。

翌年には、今度は、気仙中学校の3年生が関東方面の修学旅行で三山中学校を訪問し「けんか七夕太鼓」を披露しています。

福岡市立宇美東中学校も、全校生徒でこの曲を合唱し、その様子をビデオに記録して送ってくれました。同校は学問の神様菅原道真候を祀る太宰府天満宮の近くにあり、毎年気仙中学校に合格祈願のお守りを贈ってくれていました。

余談になりますが、宇美東中学校と放課後にテレビ電話（スカイプ）で生徒会執行部が交流をした時、気仙中学校は夕闇に包まれかけているのに宇美東中学校の会場には、まだ西日が眩しく差し込んでいました。経度の違いによるもので、日の入り時刻が40分も違っていたのです。被災地が全国から支援されていることがよく分る場面でした。同校は、私が、在職中に交流のあった西日本の学校では沖縄、長崎に次いで遠い学校でした。ちなみに、東は、大槌中学校と交流のあった北海道音更町で、十勝川を挟んで帯広市に隣接する町でした。

話は変わりますが、震災遺構として残された気仙中学校の校舎に「ぼくらは生きる、ここで、このふるさとで」と言うスローガンが掲げられています。もう、お分かりのことと思いますが、このスローガンは、「空～ぼくらの第2章～」の一節から頂いたものです。

被災した校舎はスクールバスの通り道にあり、「生徒が毎日目にする建物なら、少しでも明るく未来志向を感じさせる建物にしたい」と考えて、市役所や県と相談しながら、校舎にスローガンを掲げることにし、全校生徒と保護者にスローガンを募集したところ、生徒の一人が「空～ぼくらの第2章～」の一節から「ぼくらは生きる、ここで、このふるさとで」を提案したのでした。

スローガンを掲げたことで、地元だけではなく国道

気仙中学校に掲げたスローガン

を通る人たちにも足を留めて頂けるようになり、負のイメージが強かった被災校舎が、気中生が誇りを感じる場所に変わりました。スローガンを掲げて間もなく、インターネットに、次のような感想が掲載されました。
「陸前高田の街は、4年10カ月前の震災でなくなりました。何百年も前から時間をかけて発展してきた街ですから、また街をつくりなおすには長い時間がかかります。人口も減っていく中で、街の将来を心配する声も多くあります。だからこそ、この街の将来を担っていく生徒たちの『ここで生きていくんだ』という言葉が発する力はとても大きい」

気仙中学校の生徒は、日常生活の中では、震災や復興を口にする生徒たちではありませんでしたが、被災校舎にスローガンを掲げ、「空～ぼくらの第2章～」を歌い継ぐ姿を見ていると、彼らが震災で失われた命と真剣に向き合っていることがよく分かります。「復興は自分たちが担う」そんな力強い声が聞こえるようでした。

清流に癒される日々

気仙中学校の生活で思い出に残るのは、山里の校舎を借りた学校生活でした。周囲を緑に囲まれ、谷間の涼しい風が校舎を通り抜け、熱中症〝騒ぎ〟のあった仮設校舎とは、比べようのない環境でした。

騒音とも無縁で、被災地では復興工事が盛んに行われ、数え切れないほどのトラックや重機が動き、気仙町でも愛宕山が毎日削られ、巨大なベルトコンベヤーで砕石が市街地に運ばれていましたが、ここは、時々車は通るものの、小鳥のさえずりや小川のせせらぎが聞こえる静けさがありました。

夏には、矢作川（二又川）が格好の遊び場になり、部活動を終えた生徒がこぞって川に飛び込みました。矢作川は気仙川の支流にあたり、流域の深い森には保水力と濾過作用があり、晴天が続いても多少雨が降っても川の水位は殆ど変わらず、水は驚くほど透明です。

清流に戯れる生徒たち……、木陰から聞こえる蝉しぐれ……、青空に浮かぶ入道雲……、自然に包まれた

気仙川（矢作川）で遊ぶ気中生

でした。

気仙中学校の生活は、とても、被災地には見えません

気仙中学校が旧矢作中学校での学校再開を決めたとき、気仙町から離れた山里に子どもを通わせることに保護者は戸惑ったと言います。

実際、全校生徒のほとんどがスクールバスでの通学となり、学校から一番遠い生徒は片道42キロにも及びました。スクールバスが市内全域の仮設住宅から生徒を乗車させるためで、始発の生徒は、朝7時に乗車し学校に到着するのは8時でした。彼らは、毎日往復2時間、バスに揺られていたのです。放課後の活動もスクールバスに制限され、運動部の活動は、近隣の学校より30分から1時間ほど短くなっていました。

それでも、桜が散り、新緑の季節を迎える頃には、生徒も保護者も、ここでの生活が気に入りはじめ、保護者は「この校舎から卒業させたい」と話すようになったと言います。この保護者の思いは震災から4年経っても続いていました。

生徒も、限られた時間を有効に使い、バスの出発時刻の直前まで部活動に取り組み、挨拶、片付け、移動を5分足らずでできるようになっていました。部活動の練習が終了しスクールバスに乗車するまでの行動は驚きの早さで、こんなに時間を大切にする生徒は見たことがありませんでした。

先に話した通り、子育ては建物や物ではなく、被災地の生徒たちは、仮設校舎でも借校舎でも一生懸命学んでいましたが、自然に囲まれながら生活している気仙中学校と仮設校舎の大槌中学校との二つの生活を体験してみると、被災した生徒が心を癒す場としては、気仙中学校のような環境が望ましいと感じました。

気仙中学校の選択は、仮設校舎の在り方を深く考えさせられました。

3　大槌高等学校

震災を通して、生徒が大きく変容した高等学校がありました。避難所運営に生徒が積極的に関った岩手県立大槌高等学校です。

その変容に、町民は、中学生と同様に「津波で何もかも失ったけれど、もし、津波で得たものが有るとすればそれは子どもたちだ」と口にし、同校の高橋和夫校長も「生徒は震災を体験し、大きく成長した」と目を細めていました。

避難所生活を続けながら、避難所運営にも携わった大槌高等学校の取り組みから、災害時の学校の役割や、教育の在り方を学びたいと思います。

避難所運営に携わった生徒の変容

津波で5つの小、中学校が全壊した大槌町では、高台にあった城山公民館（体育館）と大槌高校が重要な避難所になりました。この時、大槌高校は、避難者に体育館だけでなく教室まで開放し、震災直後は５００人前後、ピーク時には千人に近い町民が同校の校舎で避難生活を送り、大槌高校の避難者の受け入れは８月まで続きました。

大槌町では、災害対策本部の拠点となるはずだった町役場が町長を始め職員40人が犠牲となったため、震災直後の大槌高校の避難所は孤立状態に置かれ、その深刻な状況下で、大槌高校は、避難者と直接遣り取りを交わし、その後は医療機関や支援団体との調整を行い、さらには、大槌中学校（3年生）や幼稚園の受け入れも行っています。避難者名簿の罫紙は高校生が自ら作ったと言います。

教職員も、通常勤務の他に、週5日は避難所運営に携わることにし、男性職員は普通日に、女性職員は休日にそれぞれ2名体制でローテーションを組んで対応し、養護教諭や女性職員は、看護師とともに体調不良者、病人等への対応にも当たったと言います。

私が、大槌高校を訪問したとき、高橋校長は、副校長と一緒に、校長室で寝泊まりしていました。二人とも教育センターでお世話になった先生です。廊下は、町の路地のようで、銀行の窓口や病院がありました。校庭には自衛隊のテントが張られ、フェンスには避難生活を送る人たちの毛布や洗濯物が干してありました。

フェンス越しに海の方に目を遣ると被災した町が見え、町方で暮らしていた先生方は、アパートごと私財を失い、徒歩で通勤していた職員は自家用車も流されてしまったようです。車は無事でも、当時はガソリンが手に入らず、町外に出る時は、互いに便乗しあったと伺い、教育センターから預かった僅かばかりのガソリンを置いて帰ったのを覚えています。

高橋和夫校長には、気仙中学校の越恵理子校長と一緒に、岩手県教育研究発表会特設分科会「震災からの復興と児童生徒の安全・安心」に、被災地の高等学校の代表として登壇して頂きました。

高橋校長は、壇上で「生徒たちは、トイレを清掃し、支援物資の配給、食事の提供を手伝い、避難所生活が長引くなかで、自分たちで積極的に仕事を見つけ、冷たい水での食器洗いまで行った」と当時の様子を振り返えられました。

私が、再び大槌高校を訪問したのは、震災から1年後、姉妹校の校長として授業参観に出掛けた時でした。すでに避難者は仮設住宅に移り、校庭から自衛隊のトラックやテントは消え、静まりかえった校舎から聞こえてきたのは先生方の教鞭の声で、教室を覗くと、避難所運営に携わった生徒たちが、黙々とノートを取っていました。高校生たちの眼差しは次の目標にしっかり向かっているようでした。

震災後の高校生の活躍は町でも評判になっていました。この変容ぶりに、高橋校長も目を細めていたのでした。

余り知られていないのですが、実は、大槌高校のように被災者を受け入れた県立学校は多くはなかったのです。被災を免れた小、中学校のほとんどが避難所となったこととは対象的でした。

ある地区では、中学校の体育館に大勢の避難者が寒そうに寄り添っている時に、すぐ近くの高等学校では玄関に鍵が掛けられ職員もいませんでした。物流が混乱していたので、教育センターから被災地の学校に、新年度の研修関係文書を直接届けようと、休日に被災地を廻っていたときのことです。大槌高校のように、自衛隊が駐留している訳でもなく、人気の無い校庭が広々として見えました。

県立学校と小、中学校の対応の違いは、避難所だけでなく、仮設住宅にもはっきり現れ、小、中学校の校庭が仮設住宅で埋め尽くされたのに対して、県立高校の校庭には仮設住宅はほとんど建設されませんでした。

広い校庭でのびのび運動する高校生と、仮設住宅の片隅でキャッチボールをする小、中学生、これも東日本大震災の「その後」に見た光景の一つです。

誤解のないように付け加えさせて頂きますが、ここで、私が話したいのは、避難所開設や学校開放の在り方を問うためではありません。そもそも、避難所の設置や仮設住宅の建設は県や市町村の担当で、学校が決めることではないのです。

ここで、大槌高校の対応を特筆させて頂いたのは、「大槌高校の生徒が地域に称賛されるほど、人間として大きく成長できたのは、同校が、学校を開放し、避難者を受け入れ、生徒自身も避難所運営に積極的に携わり、皆で苦難を乗り越えてきたことが大きい」と、考えているからです。大槌高校の取り組みは、災害時の学校の役割や、教育の在り方を考えさせてくれる貴重な事例です。

残念ながら、被災地でも、震災の年、さらに翌年と、生徒指導に追われた学校がありました。先に紹介した週末に門を閉ざしていた高等学校もその一校と伺っています。中学校でも震災後に生徒指導に苦慮した学校があります。

結果論に過ぎないかも知れませんが、仮に、教室や校庭の使用に不便をきたしても、もし、前出の高校や中学校が、大槌高校の生徒と同じように、被災者と積極的に関っていたなら、生徒指導に苦しむようなことはなかったのではないかと思えてならないのです。

大槌中学校の仮設校舎では、昼休みになると、小学生が校庭で元気に走り回っていました。校庭が狭いので、中学生が小学生に校庭を譲るのです。あの微笑ましい光景を見ていたからこそ、言えるのですが、大人の判断は別として、もし、当時の高校生に「仮設住宅は、高校と中学校と、どちらの校庭に建てるべきか」という質問をしたならば、「高校生はお兄ちゃん、お姉ちゃんだから、小、中学生に校庭を使わせたい」という返事が返ってきたに違いないと思うのです。

震災後、大槌高校の校庭には、仮設住宅ではなく、大槌学園が建設されました。代替の校庭ができるまで高校生は、避難所運営に続いて、また不便な生活を強いられましたが、彼らはさらに成長していったように思います。

艱難辛苦は、教育のチャンスだったように思います。日々の対応に追われ、そのことを意識する余裕などなかったことは承知しているのですが、大槌高校の生徒の行動と変容は、教育の在り方を考えさせてくれます。

大槌高校では、あの日、卒業式を終えた三年生5名を含む6名が犠牲になりました。317名の生徒の中で家族が犠牲になった生徒は37人、震災遺児・孤児は14人、半数以上の生徒が避難所で新年を迎えています。

大槌高校から見た被災地（上）
避難所となった大槌高校（中・下）

4　子どもたちの笑顔はどこから？

学校のもう一つの役割

仮設校舎を訪れた人たちは、皆、異口同音に「生徒が明るいのはなぜか」という質問を繰り返され、同時に、多くの人が「生徒が周りに心配を掛けないように背伸びをしている」と考えたようです。実は、私も、最初の頃は、そう考えていました。

確かに、艱難辛苦を経験した生徒たちは、相手を気遣える人間に早熟し、自分の辛さより「親に心配を掛けたくない」「先生に心配を掛けたくない」と思いながら行動していた生徒は沢山いたはずです。

しかし、彼らと一緒に生活していると、私には、彼らの笑顔が背伸には見えなくなりました。

彼らの笑顔は、「学校が楽しいから」「友だちといるときが楽しいから」と、自然に思えるようになったのです。

被災地の生徒の1日は仮設住宅と学校との往復でした。仮設住宅では窮屈な生活を強いられ、経済的にも、就学援助者数154人が物語るように、仕事を失った保護者も多く、家計は苦しかったはずです。学校から仮設住宅に帰った生徒を待っているのは厳しい現実でした。それでも、スクールバスに乗り、学校にくれば、友達がいて、一緒にお喋りしたり、給食を食べたり、部活動で汗を流すことができました。

学校は勉強する場所と、当たり前のように思っていたのですが、それ以上に、学校は子どもたちの大切な遊び場、交流の場で、大人が職場や地域を通して社会と繋がっているように、子どもたちは学校を通して、同じ年頃の友だちと集い、語り合い、喜怒哀楽を学んでいたのです。

子どもたちは無意識だったかも知れませんが、あれほどの体験をしながら乗り越えられたのは、学校が再開し友だちに会え、悲しみや辛さを分かち合い、勇気や希望を共有できたからで、彼らの笑顔は「本物」と思えるようになりました。

話は飛びますが、震災から9年目の春、私たちは、新型コロナウイルスとの闘いを余儀なくされました。経済はもとより、教育への影響も深刻で、感染防止のために、3月1日から春休みに入り、4月、5月も臨時休業になった地域もあります。昨春、北海道の大学に合格した友人のご子息は、前期は一度も大学に登校しなかったと聞きました。

このような状況で、注目されているのが、感染防止策の一つとしてのオンライン授業です。小、中学校での活用は、これからですが、大学では、1学期から夏休みまでオンライン授業で講義をしのいだ学校が数多くありました。

インターネット関連の技術革新は目覚ましいので、小、中学校での活用も時間の問題のように思いますが、ここで忘れてはいけないことは、先ほど触れたように、同じ年頃の子どもたちが集い、語り合うという「学校のもう一つの大切な役割」です。

教科指導はオンライン授業でもなんとか進めることができるかも知れませんが、コンピュータの画面では子どもたちの社会性は育まれず、学校の大きな役割の一つを失ってしまいます。

理想論と叱られるかも知れませんが、都市が封鎖されるような感染爆発が起きない限りは、マスク、手洗いを徹底し、「密閉」「密集」「密接」を避けながら、学校はできる限り、休校を避けるべきだと思います。困難な時こそ、子どもたちには、一緒に集い、力を合わせて乗り越えられる場所が必要なのです。

仮に、オンライン授業の必要に迫られても、その活用は講義形式の授業の配信ではなく、互いの様子を情報交換させることに、より多くの時間を割くべきだと考えています。

気仙中学校の夏休み

子どもたちと学校の関係、学校の役割を考える時、気仙中学校の夏休みは、とても面白い夏休みでした。

子どもなら夏休み、冬休みは待ち遠しいはずですが、気仙中学校には「夏休みはいらない」「休みが早く終わればいい」という生徒が沢山いました。「学校にいた方が楽しい」と言うのです。

同じことを口に出す生徒は、これまでの学校にも少なからずいましたが、気仙中学校は、実際に、毎日、全校生徒が登校していたのです。

普通の学校では、夏休みに登校するのは部活動に参加する一、二年生ですが、気仙中学校では、7月の中総体で引退したはずの3年生も毎日登校していました。

全校生徒がスクールバスを利用する気仙中学校は、部活動の練習にもスクールバスが必要で、そのスクールバスに3年生も便乗してくるのです。

登校した生徒たちは、朝8時半から9時半までは全校トレーニングに参加し、その後は、一、二年生は部活動に移り、3年生は受験勉強や体育館のステージで「けんか七夕太鼓」の練習に励みます。

そして、昼が近づくと、先に紹介したように、毎日、川遊びを楽しんで帰って行きました。これが気中生の夏休みでした。仮にですが、生徒全員が登校した日を授業日数に数えると、気仙中学校の授業日数は、全国平均より2週間程多くなっていたはずです。

夏休みにも関わらず全校生徒が毎日登校する。傍目には不思議な学校に見えるかもしれませんが、生徒は、仮設住宅に居るよりも、学校に来て友だちと遊んだり勉強したりしていた時の方がずっと楽しかったのだと思います。

有り難いことに、夏休みにも関わらず、先生方も休暇を取らずに、毎日、生徒を笑顔で迎えてくれました。しかも、生徒が下校する時は、旅館の従業員が宿泊客を見送るように、先生方がスクールバスに手を振って見送ってくれました。先生方のあの温かい寄り添いも、生徒を笑顔にさせていたように思います。

生徒の笑顔を絶やさないことが、被災地に赴任した職員の使命、責任だと強く思いました。

気仙中学校の下校風景

5　笑顔を支えてくれた支援物資

被災地の子どもたちが笑顔を失わなかったのは、「学校が楽しいから」、「友だちといる時が楽しいから」と言う話は、心の支えとも言えるものです。

被災地の子どもの笑顔は、全国から寄せられた支援や支援物資にも支えられていました。そのいくつかをご紹介させて頂きます。

赤いくつ、白いくつ

赴任して間もなく、5月の体育祭に向けて練習が始まりました。体育祭はサッカー場半分の小さなトラックで行われます。

一周150メートルのトラックを、4人1組のムカデ競争に取り組む生徒の足元を見ると、指定靴であるはずの運動靴が赤、白、赤、白と並んでいました。支援物資として届いた時期と色が違うのだと聞きまし

支援物資の赤いくつ白いくつ

た。

本来なら学校ごとに統一されているカバンも、大槌中学校では色や形が不揃いで、校章まで違っていました。色が褪めたカバンや、背丈と合わないものを背負う生徒もいます。カバンも支援物資でした。

自転車置き場に目を向けると、白や黄色、ラインが有るものや無いものとヘルメットも不揃いで、こちらも支援物資であることが直ぐに分かりました。ヘルメットや自転車は、地元の自転車屋さんが安全点検をして、防犯登録を行ってから、生徒に届けられていました。

生徒の足元や自転車置き場に目を遣るだけで、着の身、着のまま逃げ、学校には戻れず、自宅も流された生徒たちの衣食住が、支援物資に支えられていることがよく分かりました。

それでも、くつの色が違っていても、生徒は、小さなトラックからはみ出しそうになるくらい全力で走り、色の褪せたカバンや大きさが合わないカバンを気にする様子もありませんでした。

先に、仮設校舎を磨き続ける生徒を例に「教育は物

色の違うヘルメットと形や色が不揃いなカバン（支援物資）

や建物ではない」と話しましたが、身なりも同じように思いました。

色や形が違っていても全力で躍動する生徒を見ていると、靴下の色や長さ、半袖シャツにワンポイントが有るか無いかで、長年生徒を指導してきた自分が恥ずかしくなりました。

ここでも、「被災した生徒たちが仮設校舎から日本を変えようとしている」そんな思いがしてなりませんでした。

スクールバス

大槌中学校の仮設校舎の手前には、小、中合わせて10数台のスクールバスが駐車していました。このスクールバスのナンバープレートを見ると「山形」「八戸」「仙台」「庄内」「大阪」「帯広」等の文字が並び、スクールバスも支援物資であることが直ぐに分かりました。

全国各地から、名義を変更しないバスが乗り入れられていたのです。「帯広」ナンバーのスクールバスの

スクールバスとナンバープレート

側面には「音更消防署」「ホテル大平原」と大きな文字まで書かれ、万が一事故が起きた時の責任を考えれば、通常では有り得ないことですが、「被災地で直ぐに利用できるように」という支援者（自治体）の思いがナンバーから読み取れました。

一方、気仙中学校では2台のスクールバスが走っていましたが、こちらは、地元の観光業者やバス会社への委託事業で、側面には「碁石観光バス」の大きな文字と、碁石海岸を代表する赤い椿の花が大きく描かれていました。もともと観光バスだったので、被災地を離れてからも、一ノ関駅や高速道路でこのバスを見かけると、気仙中学校の登下校の風景が懐かしく思い出されます。

スクールバスにちなんだ風物詩は、先ほど紹介した先生方によるスクールバスの見送りです。バス停が隣接する小学校（廃校）の駐車場にあり、バス亭までは結構な距離があったのですが、それでも、雨の日も、風の日も、先生方は必ず見送りしてくれました。

先生方から「さようなら」と見送られた生徒は、スクールバスの入口に足を掛けると、今度は運転手さんから「おかえりなさい」と声を掛けられます。朝はその逆で、スクールバスを降りるときは、運転手さんから「行ってらっしゃい」と声を掛けてもらいます。運転手さんも我が子のように生徒を見守ってくれていました。

仮設住宅

大槌中学校では生徒の約半数が、気仙中学校では8割の生徒が仮設住宅で暮らしていました。どちらも、町は壊滅的な被害を受けながら仮住宅の入居率が違うのは、大槌中学校には、小鎚、金沢という津波の被害が及ばない山間部の学区があったからでした。

気仙中学校に勤務したときの宿が、たまたま仮設住宅だったので、仮設住宅の間取りを少しご紹介します。

私が借りた仮設住宅は、中学校（旧矢作中学校）の校庭にあり、校庭には1棟に4世帯が入る長屋式の仮設住宅が10棟並んでいました。校長室の窓から洗濯物が見える距離にあり、仕事を終えると1分ほどで宿に帰ることができました。

長屋と長屋との間は物干し竿一本ぐらいの狭さで、窓を開けると真向いの台所や玄関が見えるので、お互いにプライバシーを気遣い、昼でも窓やカーテンは閉めたままにしていました。

標準的な間取りは、6畳、4畳半の2間で、玄関と台所が一緒で、台所の奥にトイレとお風呂がついていました。単身赴任者には広過ぎましたが、家族で暮らすにはかなり窮屈で、夫婦と子ども（中学生や高校生）が別々に寝る家庭では、食後は居間にも布団を敷いていたようです。

お風呂に脱衣所はなく、入り口にカーテンが付けられているだけでした。押入は、間口1間の棚だけで、私物はもちろん、家族で使用する家具さえ置き場に苦労する狭さでした。

それでも、どの家庭にも、居間には真新しい仏壇があったので、仮設住宅にお邪魔した時は、用事の前に仏壇に手を合わせさせて頂きました。

2年間お世話になった仮設団地（旧矢作中学校校庭）。青い屋根が校舎

仮設住宅で苦労したのは冬場の結露と床下からの湿気です。部屋の壁や天井の鉄骨部分に断熱テープが貼られていましたが、これは私の前に住んでいた人の結露対策でした。

梅雨の時期になると、カーペットにカビが生え、敷布団が重くなることがありました。床下からの湿気に気づくのが遅れたためで、たぶん、私の部屋は、校庭でも水が溜まりやすい場所の上だったのかも知れません。

被災地では宅地の需要が高まり、用地の買収が難しくなったことから、仮設住宅の用地には、震災前は利用されることの無かった低地や湿地、休耕田にも仮設団地が作られました。このような場所は、湿気対策どころか、台風や大雨の度に、避難命令が出され、実際に床上まで浸水した仮設住宅もありました。

震災だけでなく、仮設住宅に入ってからも7年、8年と受難が続く方がいらっしゃり、仮設住宅での孤独死まで耳にすると、やるせない気持ちになります。

私が暮らしていた仮設団地にも独り暮らしのお爺さんやお婆さんがいましたが、仮設住宅を出られる目途はたっていなかったようです。

生徒にとって、仮設住宅での生活は決して楽ではなく、ストレスも溜まり、家庭学習も大変だったに違いありません。そんな生徒たちのことを気遣い、気仙中学校では、宿題の負担を減らしてあげるために、帰りの短学活の時間を15分延長し、この時間を利用して、その日の授業の復習と宿題に取り組ませるように工夫していました。

同じような家庭環境の大槌町では、ＮＰＯが町内の空き部屋を借りて子どもたちに「落ち着いて学べる場所」「安心して過ごせる居場所」を提供していました。

第三章

心のケアと「集団のケア」

被災被では、心のケアも課題でした。しかし、心のケアは、「心」という「命」にふれることであり、教師による「にわか仕込みのカウンセリング」では失敗したときのリスクも懸念されました。

そこで、生徒の心の傷にふれるより、教師本来の得意分野を活かして、生徒が安心して生活できる集団づくりを目指したのが「集団のケア」です。

もちろん、心のケアが特に必要な生徒には、臨床心理士やスクールカウンセラーを交えたケース会議を繰り返し、細心の注意を払いながら対応していましたが、その上で、学校は、彼らに寄り添いながら、少しでも多く、楽しい思い出をつくってあげることにしたのです。これからご紹介する全校での「焼肉カーニバル」や「七夕飾り」、「豆まき大会」などは、こんな思いから実施しています。

1 「心」という「命」にふれることへのためらい

心に深刻な傷（心的外傷）を受けた人たちに、その後に現れる精神的な障害、たとえば常に気持ちが高ぶったり（過覚醒）、何も感じなくなったり（無感覚）、不眠や抑うつ、不安や集中力低下といった症状を、PTSD（心的外傷後ストレス性症候群）と呼んでいます。

聞き慣れない用語ですが、私が、この言葉に最初に出会ったのは、北海道南西沖地震をテーマに開催された日本災害学会で、当時、広島大学助教授だった林春夫先生の発表でした。後で詳しく紹介しますが、この地震に関する住民の意識と行動調査を大槌中学校の科学部の生徒と一緒に行い、その結果を大学の恩師が、ご自身の研究とリンクさせ共同研究として発表されたことから、恩師に同行する形で、この学会に参加出来たのでした。

北海道南西沖地震は日本海で発生したマグニチュード7・8の地震です。震源に近かった奥尻島は、震度六の烈震と30メートルの津波（遡上高）に襲われ、小さな島は、死者202人、行方不明者28人という大惨事に見舞われました。

林先生は、地震後の奥尻島民に今後強いストレス症状が現れることを予測し、PTSDへの対策が必要と訴えられていました。

先生の発表に興味を抱き、会場で先生に声を掛けさせて頂くと、林先生は、「被災者が避難所生活を送っている間は気を張って生きているけれど、仕事が見つかり新しい家に移り住み、生活が安定してくると、被災者は家族を失った喪失感に襲われ、考え事が増えたり、思い悩んだりする。この時期の対応が大事で、交通事故などにも注意する必要がある」と、丁寧に説明してくれました。林先生は、その後、京都大学防災研究所に移り、以後防災心理学の第一人者として活躍されています。

当時は聞き慣れない言葉でしたが、それから間もなく阪神淡路大震災が起き、PTSDと言う言葉は、教育界にも急速に広まり、学校事故や災害時における児童生徒の心のケアが注視されるようになりました。

北海道南西沖地震は1993年。阪神淡路大震災は1995年。東日本大震災はそれから16年後に起きています。

この間に、PTSDへの対処法や心のケアに関する研修会が全国各地で開催されてきましたが、残念ながら、教育関係者によるPTSDへの理解や心のケアの対応は、東日本大震災の時点では十分とは言えず、医療関係者による「心のケアチーム」のように被災校に即応できる状況ではありませんでした。

県は、急遽、阪神淡路大震災で心のケアに対応した臨床心理士等を講師に招き、教職員を対象とした研修会を実施しましたが、その内容は、「急性期の心のケア」が中心で、ストレス反応を抑えるためのリラクゼーションの方法に時間を割いていたように思います。私も研修会に参加した1人ですが、発災から1年近く経過しても、研修内容は大きく変わらず、被災地との間に、タイムラグが生じているように見えました。

手渡されたテキストには、トラウマの兆候や症状、カウンセリングの方法等が詳しく書かれていましたが、それらの多くは、現場で臨床を繰り返すことによって理解できるもので、にわか仕込みの研修で教職員が真似できる内容ではありませんでした。

被災校に赴任してみると、今度は、被災校を巡回される先生の中に、「津波のトラウマを克服させるためには、早い段階で津波の体験を吐き出させ、津波から目を背けないようにさせることが大事」と、まるでトラウマ映画に登場する凄腕の精神科医のように、「系統的脱感法」や「曝露療法《ばくろりょうほう》」を説かれる先生がいらっしゃいました。

必要性は理解できるのですが、教職員には専門外で、しかも、生徒によって被災の程度は様々なのに、ステレオタイプでＰＴＳＤへの対処法を説かれても、閉口するだけでした。

現場の教職員に「曝露療法」を説く先生は、希なケースでしたが、学校が懸念していたカウンセリングのリスクについて触れてくださる先生もそう多くはいませんでした。

カウンセリングの重要性は認識できても、学校は、そのリスクも心配しなければならず、いつ、誰が、どのような環境の下で、その役割を担うのかということに苦悩していたのです。深く傷ついた生徒の「心」という「命」にふれるには、準備も経験も足りないというのが現状でした。

学校で、被災した生徒たちが一番に頼りにしていたのは、担任や保健室の先生でした。だからと言って、担任や保健室の先生が臨床心理士やＳＣ（スクールカウンセラー）、ＳＳＷ（スクールソーシャルワーカー）の役割を担《にな》えたわけではありません。

担任や保健室の先生は、現場で培ってきた経験と、研修で学んだカウンセリングの「基本」を生かしながら、生徒に寄り添っていました。職員の対応はこれで十分だと思いました。

被災校が大事にしたのは、校内での対応が難しいと感じた時には、無理しないで臨床心理士やＳＣ、ＳＳＷ、そして関係機関と連携することで、その体制づくりでした。

幸い、大槌中学校では、巡回型のSC、常駐型のSC、さらに町が独自に学校に派遣してくれたSSWが、担任と一緒に生徒を見守り、ケース会議は日常的に行われていました。

職員の評価は、自画自賛に聞こえるかもしれませんが、震災直後と、その後の大槌中学校の職員の対応は、見事でした。前任の小野校長と職員のチームワークが築き上げた体制です。

静岡から仕事を辞めて被災地に駆けつけ、足掛け10年、SCとして尽力された吉永弥生さん、九州に家族を残しいつも笑顔で子どもたちに接してくれたSCの法澤直子さん、研究者としての将来が嘱望されながら、大槌に根を下ろし家庭を築きながら子どもたちのために家庭訪問に奔走しているSSWの南景元さんと、大槌中学校はSCやSSWにも恵まれていましたし、気仙中学校でもSCの高橋侑子さんに大変お世話になりました。

意外だったのは、ケース会議や主任会議の話題に上がる生徒は、どちらかと言えば、普段から休みがちな生徒たちで、震災で心のケアが心配された生徒の名前はほとんど上がってこなかったことです。「奇跡の生徒」で紹介したように、周囲の心配とは裏腹に、彼らは、先生方に見守られながらしっかり生活していたのです。

雨上がりの水たまりに子どもたちで作った星（生徒撮影）

2　学校をケアする「集団のケア」

大槌中学校のように、心のケアの体制が整っていた学校でもSCと定期的に、じっくり相談できる生徒は数人で、頑張っても10数人が限界でした。

被災の程度に差はあっても、ほとんどの生徒が被災している学校では、全校生徒の心のケアは別に考えなければならなかったのです。

現場の教職員に臨床心理士やSCの真似は難しい。そうかと言って、人数も時間も限られている臨床心理士やSCが全校生徒をカバーすることも難しい。それならば、何はともあれ「生徒の笑顔を絶やさないこと」「生徒一人一人が安心して、楽しく生活できる学校にすること」を考えました。

この考えから、大槌中学校では、専門の職員と連携したカウンセリングも大事にしながら、体育祭や文化祭はもちろんですが、四季折々の行事を大事にしました。七夕やクリスマスは本気で飾りつけをし、節分では盛大に豆まきを行い、端午の節句には、仮設校舎に鯉のぼりが泳ぐという具合です。

教師にとっても、傷ついた生徒の心と正面から向き合うよりも、彼らが安心して楽しく過ごせる集団をつくることの方が取り組み易かったようです。

学校行事と同じように、学年でも、たとえば、1年生は、研修施設を借りて野外炊飯やレクリエーションを企画し、2年生は、宿泊研修に「葡萄刈り」を組み入れ、3年生は、学期末に学年ソフトボール大会を意図的に実施していました。これらは、集団づくりから取り組んだ学校ならではの「心のケア」なのです。

生徒が震災の負の記憶から逃れられなければ、トラウマになるかも知れません。しかし、負の記憶は消せなくても、生徒は、学校が再開し友だちに会うことで、互いに悲しみや辛さを分かち合い、勇気や希望を確かめ合いながら、震災に立ち向かっていたのです。

学校の役割は、震災の負の記憶を消すことではなく、逆境に負けず震災に立ち向かっている生徒の笑顔を絶やさないようにしてあげること、教師の得意分野を生かして、彼らの記憶のフォーカスを楽しいことや未来志向の話題に移してあげることだとつくづく思いました。

教師の得意分野から心のケアにアプローチする。これが「集団のケア」の取り組み方です。

記憶のフォーカスという視点から、先に紹介した気仙中学校を振り返ると、小川のせせらぎや小鳥のさえずりが聞こえるような山里での生活や、一心不乱に「けんか七夕太鼓」を打ち続けることも、彼らには傷ついた心を癒す場面だったのかも知れません。そう考えれば、太鼓の練習につき合い、発表の場を設定したり、川遊びの時間を設定したり、岸部から見守ってあげたりることも、大切な「心のケア」だったことが分かります。

大槌中学校や気仙中学校に限らず、被災校の多くは、それまで以上に行事を大切にしていました。

たとえば、広田小学校で授業を再開した広田中学校では、「運動会をしたい」という生徒の気持ちに応えて、半島から離れた陸前高田市立小友小学校の校庭を借りて運動会を実施しています。

隣町での運動会は準備も練習も全てが大変だったと思いますが、職員の尽力と、保護者や地域の方々の協力を得ながら運動会は開催されたのです。

極限まで追い詰められた状況の中で実施したこの運動会を楽しみ、一瞬でも津波のことを忘れることが出来たのは生徒だけではなかったと思います。

「集団のケア」も含め、心のケアへのアプローチの方法を多角的に捉えて頂ければ、次に紹介する「焼き肉カーニバル」や「豆まき」、「思い出プリント作戦」の真意を、ご理解頂けると思います。

3　焼肉カーニバル

大槌中学校で生徒と一緒に楽しんだ行事で、特に、記憶に残るのは「焼肉カーニバル」です。

全校での焼肉を思いついたのは「仮設住宅で暮らしている生徒に腹一杯お肉を食べさせたい」という単純な理由からでした。ただ、教職員を含めると300近い人数なので、担任や職員に負担を掛けないようにしたり、授業に支障をきたしたりさせないで焼き肉をするには、いろいろな配慮、工夫が必要でした。

最初に配慮したのは、焼肉の準備でした。職員に負担を掛けないために、費用も含めて全て支援者にお願いし、たとえば、バーベキュー用のドラム缶や炭は、遠野市を拠点に復興支援に取り組んでいる「遠野まごころネット」にお願いしたところ、理事長の臼澤良一さんは、大槌中学校のOBで、かつての保護者でもあったので、喜んで引き受けてくれました。

当日の調理や焼肉は、岡山県の大学生を中心としたボランティアにお願いし、生徒のお腹を満腹にしてくれた76キロの牛肉などは岡山の経済同友会が提供してくれました。

焼き肉のタレと飲み物は、たまたま、カゴメとエバラの関係者が、後で紹介する「みちのく未来基金」のことで来校されていたので、駄目元で協賛をお願いしたところ、カゴメからは野菜ジュースを、エバラからは焼肉のタレを、それぞれ400人分以上も提供して頂き、タレは全校でも20本もあれば十分だったので、残りは、「家庭でも焼き肉を」と全校生徒に持ち帰えらせました。

授業への配慮から、「焼肉カーニバル」は、4時間目が終了してから5時間目が始まるまでの給食時間と昼休みに行い、焼肉が終わると、生徒たちは教室に戻り、いつも通りに5時間目の授業を受けました。

校庭中に煙が漂い、生徒と職員、ボランティアも含めると約350人余りが校庭で焼肉を楽しんだのですが、準備だけではなく、後片付けも全てボランティアにお願いしていたので、職員も、焼き肉が終わると、普段通りに午後の仕事に取り掛かることができました。当日、生徒と職員には、4時間目の授業が終了したら、箸と皿を持って校庭に集まることだけを伝えていました。

　この日、焼肉を担当してくれたボランティアは、大学生、短大生、高校生、ロータリークラブ関係者約60人で、彼らは、前日から、被災した大槌中学校の校舎を掃除するために大槌町に入っていました。

　大槌中学校の校舎は解体されることが決まっていたので、その前に一度綺麗にしてあげたいと考えたのですが、津波の記憶が生々しく、生徒はもちろんのこと、職員も被災した校舎に足を運ぶことに躊躇していた時期だったので、校舎の清掃ボランティアを募ったとこ

350人で楽しんだ焼き肉カーニバル（上）
ボランティアの皆さん（下）

ろ、岡山に本部を置く医療ボランティア団体（ＡＭＤＡ）の仲介で、彼らが、片道1、200百キロをバスで移動して大槌町に駆つけてくれていたのです。

そこで、この清掃ボランティアの方々に、翌日が「焼肉カーニバル」の予定だったので、お手伝いをお願いしたところ、快く引き受けて頂いたのでした。

ボランティアの多くは大学生で、高校生も参加していたので、当日、焼肉の準備に取り掛かる前に、仮設校舎での生活の様子や被災地の現状を、スライドを使いながら話しました。

ほとんどの生徒が被災し、仮設住宅から半数近い生徒が通っていることに触れながら、本来であれば、皆さんと生徒との交流の時間も設定したいのだけれど、学校の正常化のために、授業時間を割くような行事は控えていることを説明したところ、彼らは、事情をよく理解し、生徒との交流は焼肉の時間だけでしたが、一生懸命に準備に取り組み、生徒が教室に戻ると、火の始末や後片づけまできちんとして下さったのです。

会場の後片づけもすべて終わった後、私は、彼らのバスに乗り込んで、時間が許す限り被災した町内を案内して周りました。こうして、第1回「焼肉カーニバル」は終了しました。

次の年の第2回「焼肉カーニバル」は、さらに、支援の輪が広がり、今度は、ジンギスカン発祥の北海道滝川市から「松尾ジンギスカン」が届き、この年から交流が本格的に始まった軽井沢からは、支援者がデザート用にとフルーツトマトが送られ、経費は、盛岡市の姉妹都市の関係にあったカナダ、ビクトリア市の市民団体に協力を頂きました。

4　折々に行事を楽しむ

仮設校舎の敷地と駐車場は高さ4、5メートルの高いフェンスで仕切られ、このフェンスに、運動会の季節には鯉のぼりが泳ぎ、クリスマスの季節になるとイルミネーションが輝いていました。仮設校舎で暮らす子どもたちのために支援者が飾ってくれたものです。

竹を支えるのにも良さそうだったので、ここに七夕を飾ることにしました。竹は、仮設校舎の向かいの竹藪から地主さんに譲って頂き、飾りは、インターネットから取り寄せ、「焼肉カーニバル」と同様に、授業には差し支えないようにするために、七夕への願いは帰りの会（ホームルーム）に考えさせて頂き、飾りつけは、放課後に委員会の生徒が、下校途中の生徒と一緒に行いました。

日本には四季折々の行事が色々ありますが、七夕の良いところは短冊に生徒一人一人が自分の「願い」を託せることでした。「高校に合格できますように……」

七夕飾り（仮設校舎の生活を紹介したビデオから）

「早く元の町に戻りますように……」生徒の夢や復興への願いが結ばれた七夕が、仮設校舎を背景に風になびく様子は今でも心に残ります。

余談ですが、鯉のぼり、七夕、イルミネーションと、四季折々に仮設校舎の入口を彩ってくれたフェンスに、意外な出番がありました。朝ドラ「あまちゃん」の主人公役がやって来て、小学生と一緒に「わたしたちは未来の設計者」「夢をもって一歩前へ」という2つの看板を制作し、このフェンスを飾ったのです。学校の正常化でお話した通り、お祭り騒ぎにはできないので、休日に、ひそひそと制作するはずでしたが、当日は、見物人でごったがえしていました。SNSで情報が拡散されていたようです。人気絶頂中の「あまちゃん」の訪問でした。

豆まきは盛大に！

3学期は、節分の日に豆まきを盛大に行いました。豆は、投げても食べられるように殻付きのピーナッツにしました。大槌中学校では各学級に3袋、合計27袋、気仙中学校では業務用の12キロ入りのピーナッツを用意しました。担任や学年長も、鬼に扮して生徒を楽しませてくれました。

節分の日の豆まきは、以前、大槌中学校に勤務したときも行っていました。当時、中学校には、ピーターさんというスコットランド人の若い英語助手がいたので、彼に袢を羽織らせて「国際豆まき大会」と称して体育館で盛大に豆をまいたのです。

学年行事でしたが、7クラスの生徒による盛大な豆まきで、生徒と職員が豆を投げあったり、逃げ回ったり、広い体育館に歓声が響いたのを覚えています。いわゆる学校荒廃から立ち直った時の豆まき大会でした。

被災校での豆まきは「集団のケア」が目的でしたが、豆まきは、私には、集団づくりには欠かせないツールでした。

四季折々の行事を少し工夫するだけでも学校は明るくなります。ともあれ、四季折々の行事を疎《うと》ましく思う人はいないはずです。私自身も、生徒と一緒に、七夕や豆まきで癒されていました。

5　思い出プリント作戦

教師にできる心のケアは、他にも色々ありました。生徒の活動をカメラで記録し、写真やビデオとして残してあげることもその一つです。

家を流された生徒たちは、大切なアルバムも流されました。被災した大槌中学校の体育館では、瓦礫の中から見つかった写真を修復し持ち主に返してあげるボランティア活動が行われていましたが、一度失った写真はほとんど戻らないのが現実です。

なので、大切な写真を失った生徒たちに、新たな記録を残してあげることは、とても大切なことだと思いました。

中学生になってからの写真など珍しくないのですが、被災地の生徒にとっては、彼らが大人になった時、自分の子どもや孫に見せてあげられる一番古い写真になるかもしれないのです。

このことに気づいたのは、修学旅行の写真撮影からでした。

写真を流された生徒たちへのプレゼント

赴任して間もなく、校長として初めて修学旅行に同行した時のことです。引率長は不慣れだったので記録係に徹し、2泊3日の旅行期間中に撮りためた写真から、帰りの新幹線で、400枚ほどを選び出し、BGMを付けて25分ほどのビデオ（スライドショー）にまとめてみたのです。

新幹線を降りてから学校までは、さらに2時間弱のバス移動だったので、出来立てのビデオを携帯したノートパソコンで再生し、バスの中で近くの座席の生徒に見せました。思いの他好評だったので、学校に帰ってから、学年集会と授業参観日に上映し、ビデオに使用した写真はすべて印刷して生徒にあげました。

そして、そのとき「ひょっとすると、この修学旅行の写真は、彼らがお父さん、お母さん、あるいはお爺ちゃん、お婆ちゃんになったとき、自分の子どもや孫に見せてあげられる一番古い写真になるかもしれない。修学旅行に限らず何気ない日常の写真が、被災地の生徒にとっては、これから貴重な写真になっていくかも知れない」ということに気づいたのです。

その時から私は、生徒の学校生活をカメラで記録し、生徒にプレゼントすることを始めました。これが「思い出プリント作戦」の始まりです。

写真のプリントは、最初は個人のプリンターで行っていましたが、生徒１人に１枚印刷しても２６７枚になります。

そこで、思い切って支援者に声を掛けさせて頂いたところ、高価なインクや光沢紙が次々と届き、１眼レフのカメラまで寄贈して頂きました。

横浜市立茅ヶ崎中学校の生徒とＰＴＡの皆さんからは、光沢紙とインクに加えて、新品のプリンターを三台も提供して頂き、校長室から始めた「思い出プリント作戦」は、学年や生徒会担当の先生方も、いつでもカラープリントができるようになり、生徒会行事の「三年生を送る会」では、１、２年生が、先輩一人一人に記念の写真（画像ファイル）を選び、その写真をプリントし、きれいな額縁に入れてプレゼントしていました。

こうして、転勤するまでに生徒にプレゼントできた写真は、体育祭や部活動、職場体験や秋祭りなども含めると８、０００枚にもなり、プリントできなかった写真は、ＤＶＤに全部詰め込んで卒業生に贈りまし

２年間で８千枚の写真をプリント

た。ＤＶＤ、ＤＶＤケース、ラッピングセット、そして、ＢＧＭの著作権処理と、これらの経費も、すべて支援者にご協力して頂きました。お陰で1年間に撮りためた写真は、卒業生だけでなく、1、2年にも記念に手渡すことができました。

支援者から寄せられたインクや光沢紙

先に、3・11の負の記憶は消せないけれど、楽しい思い出をつくってあげればフォーカスは変えられるという話をしましたが、写真にもフォーカスを変える力があると思っています。

大槌中学校では、学校通信もカラー印刷で配付してきました。保護者の励みになればと思ったからです。大槌中学校の学校通信「RESTART（復興）大槌」は、Ａ４サイズ、両面刷りで、裏面はすべて生徒の活動の写真です。

毎月、約３００部、両面カラーの学校通信は異例なのですが、この活動も、全国の支援者に支えて頂きました。

学校通信のカラー印刷は、気仙中学校でも続け、被災地から戻ってからも続けました。保護者の反応を見ていると、今更止める訳にはいかなくなったのです。ただし、被災校ではない厳美中学校ではまた、私財による印刷に戻りました。

卒業記念ビデオ

話は少し変わりますが、元々カメラやビデオは、趣味の一つだったので、震災以前から、自分が受け持った生徒（学年）が卒業する時は、卒業生に、3年間撮りためた映像を一本のビデオテープやＤＶＤにまとめプレゼントしていました。ポータブルのビデオカメラがやっと発売された頃からなので、最初にプレゼントした生徒たちは、40代半ばになります。

その卒業生の一人から、震災後、突然電話がありました。電話の内容は、「自分のように家を流された同級生のために、手元に残ったビデオテープをＤＶＤにコピーして同級生に配りたい」というものでした。

彼は、仙台で一人暮らしをしていて、大槌町の実家と家族は流され、手元に置いていた卒業記念のビデオテープだけは残ったと言うのです。30年前のビデオが、こんな形で現れるとは思ってもみませんでした。

被災しながら、同級生のことを気遣う彼の友達思いの優しさは、中学生の頃のままでした。それにしても、仙台で、一人で暮らす彼が不憫でなりません。

このビデオには、震災後、もう一つ出番がありました。震災前の被災地を映像で振り返るＮＨＫの特集番組に取り上げられたのです。

当時の卒業生が何人か集まり、ビデオを見ながら対談するという番組でした。私は、収録には参加せず、自宅で番組を拝見したのですが、懐かしいビデオより、被災した卒業生たちの不遇の方に胸が痛みました。家族や同級生と思い出を語る時、一枚の写真から話に花が咲くことはよくあることです。卒業アルバムから中学校時代の思い出を振り返る人も多いと思います。

番組のように津波で貴重な写真やビデオが流されてしまった生徒の気持ちを

卒業生に贈ってきたビデオ

思うと切ないのですが、震災後に記録した写真も、いつか皆で懐かしむ日が来てくれたなら嬉しいと思いました。

ところで、ビデオ編集にはまり始めた私の部屋は、再生用デッキ、編集機、録画用デッキ、さらに、効果音のための音声ミキサー、字幕を入れるための機械と、いずれも安い民生機ですが、編集機器とビデオテープに占領され、編集機器が並ぶラックの裏は配線が縺れ合い、この様子がインスタントラーメンに似ていることから、当時は、「ラーメン族」と呼ばれていたようです。いわゆるオタクの類です。

リモコンも散らばっていたので、ある日、部屋に遊びに来た同僚が、テレビのスイッチを入れようと、リモコンによく似た電卓を押していたことがありました。笑い話です。

情報を発信する

撮影や編集したビデオは、時々、テレビ局からも放送されました。民間テレビ局のニュースメイト（視聴者カメラマン）に登録して頂いたことと、NHKの視聴者コーナーも利用させて頂いたからです。茶の間のテレビで自分のビデオを見る生活が、10年近く続いていたので、テレビに登場したビデオは、延べにすると百本は優に超えました。

地域の話題も取材しましたが、放送して頂いたビデオのほとんどは、生徒と一緒に企画した行事や体験活動がほとんどで、たとえば、生徒会が海外の里親制度に参加した「フォスタープラン」、生徒が古い街道「塩の道」をトレッキングしながら郷土史を学ぶ「塩の道を歩く」、環境調査に取り組む科学部の活動をまとめた「ふるさとの川を見守る」、さらに、「津波防災学習会」、「修学旅行で大使館訪問」、「国際交流まめまき大会」、「高原での立志式」と言ったタイトルです。私の撮影基準は被写体（生徒）が輝いていることで、これに、話題性が加わっていれば、放送局は喜んでビデオを流してくれたように思います。

放送の効果は大きく、ニュースに取り上げられることによって、子どもたちは自分たちの活動を再評価し、自信や誇りを持つようになっていきました。図らずも、放送が活動の振り返りの場面になっていたのです。生徒の活動が度々紹介されることで、保護者や地域の学校に対する評価も変わっていったような気がします。

テレビや新聞の利用を、パフォーマンスと捉える先生方も多いのですが、学校を大きく変える必要に迫られた時は、テレビや新聞を上手に利用させて頂くことも大事だと思っています。

放送は別にして、30年前に編集した卒業記念ビデオを囲んで、教え子たちが、それぞれの場面を思い出として心に刻んでいる様子を見ると、日常生活を記録として残してあげることも大事なことだと改めて思いました。

さて、今は誰でもスマホ一つでカメラマンに成れる時代ですが、当時は珍しく、毎月のように茶の間に自作ビデオが流れていた私は、今で言えば、人気ユーチューバーといったところでした。だだし、ローカルユーチューバーですが…。

実際に、ビデオ撮影と編集がきっかけで、「自作ビデオの役割と放送の効果」というテーマで放送教育の全国大会に招待されたり、「新春教師が語る」というラジオの全国放送にも出演させて頂いたりもしていました。

そのお陰で、放送教育や環境教育で全国的に活躍されている人たちとの交流が始まり、自分自身の考えや活動を振り返る機会になりました。

いろいろ勉強になったのですが、一番勉強になったのは、自分が「井の中の蛙」であったことがよく分かったことです。また、全国の実践者に触発されて、この頃から教育の本質を考え始めたようにも思います。

ラーメン族としての最盛期は、たぶん、教育センターでビデオ編集の講座を担当したり、スタジオに腰を据え、放送衛星（スパーバード）のチャンネルを使用して、教育センターから全国の教育機関に生放送を配信したりしていた時だったように思います。

誰もが経験できることとは思いませんが、これらの経験を通して「情報を作る側、発信する側に立たなければ見えてこないものがあること」を学びました。被災地で、生徒が自ら情報を発信する活動を意図的に仕組んできたのは、自ら情報を発信することの大切さに気づいて欲しかったからでした。

支援に感謝する写真展

生徒の日常を撮影し始めたら、いつの間にか、仮設校舎で暮らす生徒たちの笑顔が山のように記録されていました。

この笑顔を、支援者の方に見て頂けたら、きっと活動の励みになるのではないか。そう考えて、気に入った写真をA３サイズまで引き伸ばし、支援者団体が主催するイベント会場に、「皆さんからの支援で大槌中学校の生徒はこんなに頑張っています」というメッセージを添えて、展示させて頂きました。これが支援に感謝する写真展（感謝の写真展）の始まりでした。

最初に写真を展示して頂いたのは大阪府河内長野市のラブリーホールで、「大槌を支援する河内長野市民の会」が主催する「絆コンサート」に、大槌中学校の吹奏楽部が招待された会場です。１、２００人を収容するホールが満席となった会場の大きな待合室に写真が展示されたのです。

東日本大震災の支援者の多くは、自分たちの支援が生かされている場面を見る機会はほとんど無く、河内長野の皆さんも同様で、写真とは言え、それまで支援してきた大槌中学校の生徒の様子を直接見るのは初めてで、何より、生徒の笑顔に驚き、ほっとした様子でした。

震災から一、二年の間は、どんなに支援しても被災地に大きな変化が見られず、支援者の中には、自分たちの活動は「砂漠に水を巻くような無力感を感じた」という人もいたほどです。河内長野の写真展は、そんな時期の写真展だったのです。

ボランティアは「無償の愛」と言われていますが、ボランティアを継続して頂くためには、たとえ「無償の愛」と言われても、その行為に対する何らかのリアクションは必要だと感じました。

河内長野市での「感謝の写真展」を見ていると、写真だけでも、支援者を勇気づけられると強く思いました。

河内長野市の次に写真展が企画されたのは岩手県紫波町にある中学校で、同校は、大槌中学校の生徒による「語り部」や校内での写真展を企画し、さらに、生徒会が中心となり町内の交流館でも写真を展示して頂きました。

河内長野での写真展は、普通紙や光沢紙に写真を印刷したものをそのまま展示していましたが、この時は、写真を専用のパネルに貼り付けたので展示し易くなりました。と、言ってもプロの写真展とは違い、「感謝の写真展」は、被災地の様子を伝えるのが目的なので、パネルは、テーブルに置いたままでも、壁に立て掛けても、手に取ってご覧になって頂いても構わなく、空き教室の机の上に置いて頂くだけでも目的は十分果たせました。

それから、パネルは、紫波町内の全中学校、県南の中高一貫校で展示され、さらに、東京国際文化会館、朝日新聞社、軽井沢へと「一筆書き」のコースで、県外に旅立って行きました。

パネルの配送を「一筆書き」でお願いしたのは、主催者どうしが話し合えばパネルの送料は、着払いか、送料か、いずれか一方の負担で済むと思ったからです。被災校も写真展の度にパネルの発送と受取を繰り返す必要がなくなります。

東日本大震災の写真展と聞くと、皆、震災当時を記録した悲惨な写真を想像し、特に被災地と縁のある人たちは、写真展は気になるものの恐る恐る会場に足を運んだと聞きますが、大槌中学校の「感謝の写真展」は、どれも生徒の笑顔が写った写真ばかりなので、会場を訪ねて来た人たちは意表を突かれたように、胸を撫で下ろしながら写真に見入っていました。

私が、講演で被災地の様子を話す時、プレゼンテーションで紹介するのは、この「感謝の写真展」と同じもので、被災しても明るく生きる生徒たちの笑顔は、震災直後の生々しい写真とは違ったインパクトを支援者に与えているようでした。

余談ですが、東京国際文化会館で写真展を開催して頂いたとき、会場で日本を代表する写真家の石内都さんとお会いすることができました。後ほどご紹介しますが、主催者代表の堂園涼子さんの周りには、大臣経験者をはじめ、各界で活躍される方々や今をときめく女性たちが集まっていたのです。

被爆地広島をテーマした石内さんの写真展は、私たちがいつもイメージする広島とは違っていて、彼女が被写体に選んだのは、原爆が投下された日に女性たちが身に着けていたワンピースやブラウスなどの洋服でした。

形が崩れ、千切れ掛けた洋服の写真が、その日の朝まで普通に生活していた彼女たちに起きた悲劇を写し出し、被爆者や原爆ドームの写真と同じように、原爆の惨状を訴え掛けてくるのです。

テーマは違うのですが、瓦礫の町や壊れた建物を取り上げなくても、被災地の現状を伝える写真があることを石井さんに教えて頂きました。

支援に感謝する写真展（河内長野市）

6　心のケアと交流の制限

被災校の校長として、生徒の心のケアのために断り続けていたことがあります。それは、意外に思うかも知れませんが、学校間の交流です。被災校との交流を希望する学校は沢山ありましたが、学校間の交流は、ほとんど断りました。もし、私が支援者側の学校の先生でボランティア活用や復興教育を担当していたら、

①義援金や支援物資を贈る。
②次に、生徒どうしがメッセージを交換する。
③そして、被災校を訪問して義援金や支援物資を届ける。

というような安易なシナリオを描いていたかも知れません。

しかし、被災校に赴任してみると、生徒どうしの交流はもちろん、メッセージの交換さえ、時間的にも精神的にも難しいことがよく分かりました。震災直後であれば、なおさらだったと思います。

被災校は、県内だけでなく全国の学校から支援されています。仮に、すべての支援者に丁寧に礼状を差し上げれば、生徒会の1年間の活動は礼状作成だけで終わってしまうような状況だったのです。

生徒どうしの交流も、年に数回なら対応できましたが、担当の先生には大きな負担となり、支援者との交流は、自ずと制限せざるを得なかったのです。

それでは、学校間の交流は全くなかったのかというと、そうではありません。実際は、大槌中学校や気仙中学校を訪れ、双方の生徒が笑顔になれた交流もあったのです。たとえば、大仙市立大田東中学校は、仮設校舎の周りに花（プランター）を添える支援活動を続けていました。

生徒と保護者、先生が一緒になって秋田から仮設校舎に花を届けにくるのですが、被災校に迷惑が掛からないようにとプランターを並び終えると、そのまま秋田に帰っていきました。花の季節が終わると、今度は別の学年がプランターを回収に来て、同じように作業が終わると直ぐに帰って行きました。

この太田東中学校との交流を企画したのは、同校の活動に対応していた学年長の先生で、恐らくですが、太田東中学校の姿勢に、自然と気持ちが動いたのだと思います。

彼は、太田東中学校の先生と事前に相談し、プランターの作業が終えた太田東中学校の生徒を仮設校舎に招き入れたのです。

八幡平市立安代《あしろ》中学校との交流会は、安代中学校の生徒が特産のリンドウの花と透き通った歌声を届けてくれました。交流会が終わると、安代中学校のバスに大槌中学校の主幹教諭が乗り込んで、安代中の生徒に被災地した町や宝来島（ひっこりひょうたん島）を案内して回りました。

太田東中学校のボランティア活動

この交流会を成功させたのは、安代中学校の小野永喜校長と大槌中学校の職員で、バスに乗り込んだ主幹もその一人です。

小野校長は大槌中学校の前校長で、生徒どうしの交流を傍らで見守った先生方は、主幹も含め震災を小野校長と一緒に乗り切った職員だったのです。この交流は、親どうしが親しい家庭の子どもたちが、兄弟のように遊ぶのとよく似ていました。同じように、紫波第二中学校との交流も、仲を取り持ったのは転任された先生でした。

先に紹介した気仙中学校を訪問し体育館で「空〜ぼくらの第2章〜」を一緒に歌った船橋市立三山中学校との交流は、震災当時の越校長、次の吉家校長、そして私と4年掛かりで実現しています。吉家校長は、広田中学校から気仙中学校に異動していました。

気仙中学校では、金沢市立芝原中学校と同医王山中学校との交流を続けていましたが、両校と気仙中学校を結んだのは「けんか七夕祭り」でした。

芝原中学校と医王山中学校は郷土芸能に全校で取り組まれ、その太鼓演奏と手踊りは見事で、8月7日の七夕の日に、三校は、気仙町を見下ろせる神社の境内で一緒に昼食を食べ、けんか七夕の山車の前で太鼓や手踊りを披露し合ったのです。このように被災地で実現した数少ない学校間交流は、何らかの縁が有り、あるいは、縁ができたことによって、意図的というより、自然に実現したものだけでした。さらに、交流までには準備と時間が掛けられていました。また、支援者と被災者という構図をつくらず互いに対等という形で交流していたことも共通点でした。

学校間の交流では、「交流の構図」に気を使いました。支援者側の生徒が義援金と支援物資を携え被災校を訪問するのは、一見、温かい交流に見えるのですが、被災した生徒たちには、胸を張って返せるものがありません。「困っているのだから、ありがたく頂いて置けばいい」と思われる方もいらっしゃるかも知れませんが、それは違います。人は、何かを頂くことよりも、

郷土芸能を披露し合った医王山中学校と芝原中学校（左上、右上・下）
合唱交流会が実現した三山中学校（左下）

何かを与えることに喜びを感じ、成長していくのです。生徒も同じです。

義援金を頂いて励まされるだけの交流会では、被災校の生徒は立つ瀬が在りません。ましてや、震災の日が話題になり、交流会の片隅で、肉親の死に直面した生徒や、未だに震災のことを口に出せない生徒が耳を塞ぎ、体を震わせていたのでは、本末転倒の交流会になります。

これから、もし、被災校との交流を本気で考えていらっしゃるのであれば、まず、指導者が被災地に足を運び被災地と被災校の現状に触れられることをお勧めします。

そして、できれば、生徒たちにも、交流の前に、被災地に足を運ばせて、被災地の生徒を取り巻く環境を肌で感じ取らせ、その上で、自分たちに何ができるか、現実的で、両者が共に育つことができる交流を考えさせて上げれば、被災校との交流はきっと上手くいくはずです。

それでも、事前準備に十分時間を掛ける交流は、支援される側はともかく、被災校側にはおのずと限界があるので、結果的に、学校間の交流には制限があることだけは忘れないようにしなければなりません。学校間の全校交流に比べると、部活動やリーダーどうしの交流は、ハードルが少し低くなっていました。

たとえば、大阪府箕面市の生徒会と大槌中学校の生徒会のリーダーどうしの交流は、後ほど紹介しますが、生徒が打ち解け合うまでに時間は掛かりませんでした。し、サッカー部や吹奏楽部のようにスポーツや文化を通した交流は、学校間だけではなく、様々な団体を介して盛んに行われていました。

支援する側の生徒を励ます

全国には、震災直後から寒い日も、暑い日もコツコツと街頭募金を集めてくれた小学生、中学生が沢山いました。被災地だけでなく、この全国の小さなボランティアたちの気持ちも大切にして上げたいと思いました。

交流は難しくても、何とかして、彼らの気持ちに応えて上げたいという気持は、いつも心のどこかにありました。

交流が難しいのであれば、瓦礫の残る被災地を、１人でも多くの児童生徒に見せたいとも思いました。あの光景を目にしただけでも、彼らの生き方に大きな影響を与えられるような気がしました。

被災者の感情に配慮するのであれ、遠くからでも構わないし、日中の訪問が、復興工事の妨げになるのであれば、早朝でも、深夜でもよかったように思います。

残念ながら、震災からわずか二、三年で、被災した建物はほとんど解体され、被災地は更地と瓦礫の山に変わり、東日本大震災の惨状を肌で感じることは難しくなっていきました。

被災者の感情を考えれば、いずれも難しかったことは承知しているのですが、私に、こんな考えができたのは、前にもお話したように、自分が、半分だけ被災者だったからだと思っています。

交流も、被災地の見学も難しいのなら、せめて、被災地の様子だけでもと考えて始めたのが「感謝の写真展」で、終章で紹介する「語り部」活動も支援者側の気持ちに応えるために始めたものでした。

箕面市の生徒との交流会（パネルで学校生活を紹介）

7 「学校の正常化」と芸能人・著名人との交流の制限

震災直後、県に神戸から1通の手紙が届きました。手紙には「一日でも早く学校を再開してほしい」と書かれていました。差し出し人は、阪神淡路大震災を経験された先生で、彼女によれば、震災後、彼女が知る学校が荒れたというのです。そして、それは、学校の再開が遅れたことと、全国から沢山の芸能人・著名人がボランティアに訪れ、日常と非日常が逆転したことに一因があるという内容でした。この手紙が、震災直後に出会った阪神淡路大震災の最初の教訓でした。

手紙を読ませて頂いた時から、被災地の学校再開が気になりましたが、ほとんどの被災校は4月半ばか、下旬には始業式、入学式を終え、まだ多くの生徒が体育館や公民館などの避難所で生活している中で、驚異的な速さで学校再開を成し遂げていたのです。

大槌中学校も、3年生は大槌高校、1、2年生は吉里吉里中学校と離れての学校再開にはなりましたが4月20日には始業式、25日には入学式を実施していました。

余談になりますが、大槌中学校が、吉里吉里中学校の体育館で行った入学式の記念写真には、小学校の運動着を着た生徒と防寒着に身を包んだ保護者が写っていました。

この写真に、運動着で写っていた生徒の一人が「自分には制服があったけれど、制服を着られない友だちのことを考えると、自分だけ制服を着る訳にはいかなかった」と、後に担任に語ったそうです。彼らの入学式に立ち会った先生が転任される時に打ち明けた話です。彼は、涙ながらに、震災直後の入学式を振り返り「いい生徒に出会えた」と言い残して大槌中学校を去って行きました。

生徒と一緒に震災に遭遇した先生方の胸中には、入学式に限らず、震災から1年後に赴任した私には知り得ない多くの辛苦、ドラマを秘めているようです。

さて、手紙から教えられたもう一つの気がかりは、芸能人・著名人によるボランティア活動でした。

東日本大震災の被災地にも、テレビや新聞の報道から、連日のように沢山の芸能人が訪れていることが分かり、皆、善意からのボランティア活動なのですが、手紙に書かれていたように「日常と非日常が逆転」しないようにと、被災地の生徒や先生を心配する日々が続きました。

芸能人のボランティア活動について、震災を経験された先生は、「学校が再開された直後は津波のことが頭から離れず、授業は50分どころか、10分進めるのも大変だった」と語り、「震災直後の芸能人や著名人のボランティア活動には、生徒だけではなく職員も救われた」と振り返えっていました。おそらく、こうした活動に、被災地全体が励まされていたのだと思います。

しかし、時間と共に状況は変わります。被災から1年後に赴任した私の役割は「学校の正常化」で、芸能人、著名人との交流を制限して行くことでした。

特に、授業を割いての交流は、ほとんど断らなければなりませんでした。どんなに著名な方の講演でも、有名人でも、学校が教育活動として授業で行うためには「必然性」が求められ、何より、被災校のペースで無理のないように実施する必要がありました。

支援活動のオファーそのものは、とてもありがたいことだったので、支援者の気持ちを害さないように断らなければならず、断るだけでも、ずいぶんと時間を割いたような気がします。それでも、丁寧に説明すれば、ほとんどの人は被災校の現状を理解してくれました。しかし、中には、授業時間中の交流を迫る芸能人もおれば、「昨年は義援金を贈らせて頂いた」と前置きされながら、半ば交流を強要されるケースもありました。交流を断ることは本意ではなかったのですが、「学校の正常化」のためには、時には、心を鬼にする必要もありました。

教師が板書して、生徒がノートを取る。板書とノートは授業の基本で、これが普通の学校です。昨今は、グループ活動や話し合い、探求活動も取り入れられていますが、部活動や行事に比べれば、授業は決して楽しいものではありません。それでも、子どもたちは、将来に夢を抱き、夢に近づくために勉強しているのです。

被災地でなくても、仮に、毎日、入れ替わり立ち代わり芸能人が遣ってきて、学校がお祭り騒ぎになったら、子どもたちはどうなるでしょうか。

80年代、90年代の学校荒廃を経験された先生であれば、一度、机を離れた生徒たちを教室に戻すことが如何に大変なことかは皆承知しているはずです。神戸からの手紙は、このことを思い起こさせてくれた貴重な教訓だったのです。

幸い、芸能人や著名人との交流は、大槌中学校も含め、東日本大震災の被災校の多くが適切に対応し、学校の正常化を取り戻していきました。神戸の教訓が生かされたように思いました。

災害は全国各地で起きています。災害直後の慰問活動は本当にありがたいのですが、学校は、日常と非日常が逆転しないように早期の正常化を目指しています。

被災地、被災校を対象とした慰問活動は、ボランティア側も受け入れ側も、このことを常に念頭に置きながら、適切に実施する必要があります。

訪問者（交流校の生徒）を花道で送る大中生

8　保護者へのエール「旭山運動会」

5月に行われた運動会で、ビデオカメラやデジタルカメラを手にされた保護者を、観客席からトラックの中まで案内し、我が子を自由に撮影して頂きました。種目は大綱引き。砂埃が舞い、生徒の息遣いが聞こえる特等席での撮影許可です。

北海道旭川市の旭山動物園で動物を間近で撮影する観光客に似ていたので「旭山運動会」と名づけました。さしずめ、生徒は観光客の目の前を横切るペンギンやアザラシと言ったところです。「旭山運動会」の目的は、撮影許可ではなく保護者の心のケア、再起を誓い子育てに奮闘する保護者へのエールでした。

被災地の保護者は、家を流され、仕事まで失った状況で、小学生、中学生の育ち盛りの子どもを養わなければなりませんでした。当時の大槌中学校は、生徒の心のケアと同時に、保護者の心のケアも必要な学校だったのです。

そこで思いついたのが「旭山運動会」でした。ほとんどの保護者がカメラを手にして行事に参加する時代ですが、観客席からトラックの中のわが子までは遠すぎて、普通のカメラでは、迫力のある映像は撮れません。私もカメラが好きなので、一歩でも近づいてシャッターを切りたいという保護者の気持ちはよく分かります。そこで、旭山動物園からヒントを頂いて、トラックの中に保護者を招待してみたのでした。

「本当に中に入っていいのですか？」と、最初は2、3人だけの保護者が恐る恐る観客席から出てきたのですが、競技が始まると数10人の保護者が、文字通り「砂被り」の特等席から我が子を撮影しました。中には、撮影を止めて、我が子を夢中で応援する保護者も現れて「旭山運動会」は無事終わりました。

トラックに保護者を入れることに渋い表情を見せる職員もいましたが、親が子どもの成長を楽しみにしているのは、皆、同じです。綱引きを頑張るわが子に、カメラを向けてシャッターを切る。こんな些細なことで、将来の不安や震災のことを一瞬でも忘れることができるのならば、何度でも、トラックの中に招待したいと思いました。

経済産業省と総務省が発表した「２０１２年経済センサス」で、東日本大震災の影響で廃業や休止に追い込まれている事業所は、２００９年比で宮城県南三陸町が69・0％、岩手県山田町が60・0％、同陸前高田市が46・6。津波被害が大きかった自治体は、どこも企業活動の再開が遅れていましたが、大槌町は72・5％と、特に際立っていました。大槌中学校の保護者が置かれている大変な状況は数字にも現れていました。

「旭山運動会」は、気仙中学校の運動会でも、被災地から戻った厳美中学校でも続け、厳美中学校では、スタートとゴール地点も変えてみました。新しいゴール地点は、勢いが余ると生徒が保護者席に飛び込むような場所で、保護者は、観客席から我が子の迫力のある映像を撮影できるようになりました。

被災地に限らず、保護者の立場から学校行事を見直すことは、とても大切なことです。

保護者のケア「旭山運動会」

９「３・11追悼の日」のメッセージ

この章では、教師には臨床心理士やSCのような心のケアは難しいこと、それでも、「集団のケア」なら教師の得意分野を活かしてできること、さらに、心のケアにはカウンセリング以外にもいろいろなアプローチの仕方があることを紹介させて頂きました。

大槌中学校には、東日本大震災で恐怖や衝撃、喪失感や無力感に襲われた生徒が沢山いたはずです。その生徒たちが、二度目の追悼の日を迎えようとしていました。

災害や事故、事件が起きた日が近づくと、アニバーサリー反応（記念日反応）を起こし、ＰＴＳＤの症状が現れたり、様々な反応が現れたりすることが指摘されていたので、追悼の日は、慎重に迎えたいと考えました。

追悼の日の持ち方は、ＳＣを始め関係者と事前に相談し、大槌中学校では、特に行事は設定しないで、校長からの講話という形で、全校生徒と、震災について静かに向き合うことにしました。

同じ追悼の日に、芸能人が訪れてステージで踊った被災校もあったようですが、大槌中学校にとって３月11日は、津波で亡くなった生徒の命日です。生徒によっては、家族や親戚、知人の命日でもあります。追悼の日の持ち方は、被災校がそれぞれ決めることですが、アイドルグループのステージ発表は、大槌中学校では考えられないことでした。

「集団のケア」で説明したように、学校は、生徒の心の傷にふれるより、彼らが安心して過ごせる学校、集団をつくろうという方針で取り組んできたので、全校生徒に、震災について直接語りかけるのは始めてでした。

講話の内容も、職員やカウンセラーと相談し、委員会や臨床心理士の先生にも助言を頂きながら慎重に検討しました。心のケアの在り方について考えてきたこの章の結びに、２０１３年3月11日、赴任して初めて迎えた追悼の日に、全校生徒に語りかけたメッセージを紹介させて頂きます。内容は、原文のままです。

講話は、静かに切り出しました。

「今日は、3月11日です。皆さんにとっては、二度と思い出したくない日ですが、決して忘れてはいけない日でもあります。いつも明るく生活している皆さんを見て、これまで震災については触れてきませんでした。逆に、七夕や焼肉カーニバル、豆まきをしながら、学校生活を楽しめるように心がけてきました。しかし、今日、3月11日は、震災を振り返る日です。少し時間をください」

そして、震災で3年生の同級生が2人、本来であれば、1年生に入学するはずの生徒1人が犠牲になっていることに触れました。その生徒たちの名前をあげさせて頂きながら、彼らのことを決して忘れてはならないと、大槌中学校が、震災から2年目の年も、行事に黙祷を欠かさなかったことの意味を説明しました。

「黙祷をすると、彼らが私達を見守ってくれるような気持ちになります。そして、彼らの分までしっかり生きなければならないという気持ちにもなります」

この年の3月11日は、大槌中学校には、生徒、町民にとって故人の三回忌になります。大槌中学校には、身近な人を亡くした生徒が沢山いて、家族が未だに行方不明のままの生徒もいました。そのことを念頭に、次のように話を続けました。

「お盆に墓参りをするように、今日は、そして、来年も、再来年も、3月11日は、亡くなった方、行方不明の方に祈りを捧げる日です」

追悼の日の2日後が卒業式の予定だったので、卒業を控えた3年生には「進学し、社会人になれば、今の友達と離れ離れになる。大槌出身者ということで、好奇心から震災のことを聞かれ、嫌な思いをするかもしれない」と前置きし、

「震災を一緒に体験した友達がいるうちに、胸に溜めているものを語り合ってほしい」

と呼びかけました。思いを吐きだすことによって、アニバーサリー反応やトラウマを少しでも予防できればと思ったからです。

最後に、それまでの大槌中学校の生徒の活躍を称えながら、震災を体験した者には、語り部として、次の世代の命を救うという義務、使命があること、そして、何があっても1人で悩みを抱え込まないことに触れて、講話を結びました。

「今は、無理でも、いつかは、5年後でも、20年後でも構わないから、3月11日に何があったのか、後輩や次の人たちの命を守るために、皆さんの言葉で語り伝えてほしい」

「どんな小さなことでも、悩みごと心配ごとがあったならば、家族や友達、先生方、必ず誰と相談してください」

一人で悩みを抱え込まないで欲しいと語ったのは、震災の難を逃れながら、二度目の春を迎えることなく自ら命を絶った教え子がいたからです。中学校時代の彼は、真面目で同級生から親しまれるスポーツマンでした。震災後は、家族を失いながらも地域のために先頭を切って活躍している様子をテレビで見て安心していたのですが、帰らぬ人になってしまいました。震災後、彼と話しができなかったことが残念でしかたがありません。彼には、相談相手が必要だったのです。

この講話を、生徒は身動きせずに最後まで静かに聞いてくれました。2日後の卒業式に、にこやかに臨んだ表情とは対象的でした。今になって振り返ると、3月11日は、大槌中学校の生徒たちにとっては、卒業式よりずっと「重い日」だったのかもしれません。

平成 24 年度卒業式（城山公民館体育館）

第四章

支援者との関わり

芸能人や著名人はもちろんのこと、学校間の交流も断らざるを得ないという状況で、被災校が支援者とどのように向き合っていたのか、今後の被災地支援、被災地との交流に、ぜひ参考にして頂きたいという願いから、支援者との関わり方について執筆してみました。

支援者の中には、被災校に出向く前に門前払いをされた方も多いと思います。現場の忙しさからやむを得ないことでしたが、支援者が仮設校舎を訪れた時は、どんなに忙しくても、私の場合、支援者の話を伺い、最低でも30分は対応し、通常は一時間から一時間半の時間を割いていました。行事や会議が無ければ、被災した校舎や町を案内するようにも心掛けました。

支援者の話に耳を傾けていると、彼らが、なぜ、貴重な週末に、あるいは私財を費やしながら、被災地に足しげく通われるのか、彼らの人柄や生き方が垣間見えてきます。

ここで紹介させて頂くのは、そんな支援者との交流です。もちろん、支援者との交流で恩恵を受けたのは、被災地の子どもたちです。

解体前の被災校舎を清掃する岡山のボランティアの皆さん（右上）
サッカー部を指導する元日本代表の久保竜彦選手（左）
実家を失いながら母校に図書券を届け続ける八戸在住のご夫妻（右下）

1　支援者に生徒を託した交流事業

『いまいる。プロジェクト』

ある日、校長室に二人の女性が訪れました。お洒落なデザインの名刺を差し出され、「歌《うた》です」「織田《おりた》です」と自己紹介され、一瞬、芸能事務所の方かと思ったのですが、織田さんはデザイン事務所の社長さんで、歌さんは彼女のママ友でした。

用件は、彼女らが主催する『いまいる。プロジェクト』が、大槌中学校の野球部を北海道音更町に招待したいというものでした。

仮設住宅と学校を往復している生徒に「一人でも多く町外、県外に出してあげたい。被災地の外の空気を吸わせたい」そう考えていた時だったので、「顧問と生徒、保護者が承諾すれば是非お願いします」と即答しました。話は順調に進み、その年の夏休みに、野球部は飛行機で北海道に渡り、音更町の皆さんに歓迎されながら、地元の中学生と交流試合をしたり、バーベキューをご馳走になったりと一生の思い出となるような素敵な夏休みをつくって頂きました。

織田亜由美さんと歌智子さんは、音更町立下音更中学校野球部の保護者でした。

同校の野球部は、平成24年度の全日本少年軟式野球北海道大会で優勝し、初戦から決勝まで全試合無失点だったので全国大会での活躍も期待され、寄付金を集めたのですが、残念ながら、全国大会は初戦で敗退してしまい、そこで、大会のために集めた寄付金でプロテクターやレガーツを購入し、被災した大槌中学校の野球部を支援されていたのです。

音更町は、十勝川をはさみ帯広市の北側にある町で、岩手県軽米町出身の大川宇八郎が開拓の祖という縁から、震災後、音更町は岩手県の被災地を積極的に支援していました。これが、大槌中学校にプロテクターやレガーツが贈られた理由の一つですが、「いまいる。

プロジェクト」が大槌中学校の野球部を支援する理由は、他にもありました。

織田さんは、震災で、当時、大槌町で水産加工業を営んでいた弟さんご夫婦と長男（甥）を亡くされていました。あの震災で弟一家を一度に失った支援者だったのです。

それから間もなく、彼女の母親が、息子がお世話になった大槌のために何かしてあげたいと、靴下カバーを編み続ける姿を見た織田さんは、自分も「弟が築いてくれた大槌との縁を大切にしたい」と有志を募られ「いまいる。プロジェクト」を立ち上げられたのです。「いまいる」には「今、居る」という存在の証と、「今、要る」ものを被災地に届けたいという二つの願いを込めたと話されていました。織田さんの大槌に寄せる特別な思いと、その思いに共感した歌さんたちが野球部

「いまいる。プロジェクト」の皆さん

の招聘事業を推進されていたのでした。

招聘事業から二カ月後の10月、北海道滝川市で大槌中学校の「語り部プロジェクト」と講演があったので、その翌日、北海道の友人にお願いし、滝川市から音更町まで送って頂きました。「いまいる。プロジェクト」の皆さんに感謝状を手渡したかったからです。

音更町を訪れて初めて分かった事ですが、「いまいる。プロジェクト」のメンバーは、野球部の招待が「被災校には迷惑だったかも知れない」とずっと悩んでいて、不安を抱えたままの事業だったので、大槌中学校の野球部が飛行機から降りてきた時は「本当に来た！」と、皆で、歓声を上げげたと言うのです。「感謝状は思いもよらなかった」と、目に涙を浮かべるメンバーを前にして、こちらが恐縮してしまいました。被災校との交流は、支援者側も気を使い、悩み、模索しながら実施されていたのです。

この年の冬に、音更から「食卓に秋刀魚が並んだ」という便りが届きました。大槌中学校野球部の保護者が招聘事業のお礼に、港町大槌から秋刀魚を送ったの

音更町に招待された野球部（交流試合）

です。

織田さんらの熱い思いから始まった交流は、その後も続き、翌年の2月には下音更中学校で被災地を学ぶ学習会が開催され、夏休みには、大槌中学校と隣の吉里吉里中学校との両校の生徒が「語り部プロジェクト」で音更町を訪問しています。


織田さんと、歌さんが大槌中学校を訪問されたとき、忙しさを理由に、彼女らと会っていなければ、野球部が音更町に招待されることはなく、大槌で肉親を亡くされた北海道の一家族の話も知ることも無かったと思います。

岩手堅田財団

ところで、滝川市から音更町まで車で送ってくれた友人というのは、旭川市に住む堅田隆博という大学時代の同級生でした。

北海道に土地勘のない私は、滝川市、音更町が隣どうしに見え、気軽に運転をお願いしたのですが、滝川市から音更町までは、富良野を経由して日高山脈の狩勝峠を越えるという半日掛かりの長旅でした。

彼は、長旅を承知の上で案内役を買ってくれたばかりか、途中で炭鉱の町に立ち寄ったり、昼食は帯広名物の豚丼の店を選んだりと同級生をもてなし、さらに、驚いたのは、彼は音更と岩手の関係を調べていて、音更町に着いた私を最初に案内した場所は、音更町開拓の祖と言わる岩手県軽米町出身の大川宇八郎の記念碑だったのです。同級生とはいえ、身に余る「おもてなし」に感激しました。

翌日も、音更町から新千歳空港まで、運転をお願いしていました。帯広と新千歳も近いと思っていたからですが、結局、彼には、2日間で600キロも運転させてしまい、罪深さを感じながらも、同級生とは、ありがたいものだと感謝いたしました。

彼は大学を卒業後、技術者としてダム建設に携わっていたのですが、資産運用や経済の仕組みに興味を抱き、地元、北海道で建築や不動産事業を展開する会社に転職し、社長の運転手をしながら仕事を学び、現在は、重役として会社を支えているようです。

仕事にゆとりができた彼は、「学生時代にお世話になった岩手に恩返しがしたい」と、時間を見つけては、被災地に足を運び、そして、彼が支援活動をしていた拠点が、偶然、大槌町だったので、これが、彼との再会のきっかけになったのです。

彼は、いつも「岩手は僕の第二のふるさと」「岩手に恩返しがしたい」と語り、これまでに築いた財産を「岩手の子どもたちのために役立てたい」と、この春、岩手堅田財団を設立しました。

彼の思い、生き方に共感したので、私も、財団の事務局の1人として協力させて頂いています。

財団の具体的な事業はこれからですが、事業の基本は、返済義務の無い奨学金（助成金）です。ただし、奨学金は、日本育英会を始め多くの財団が取り組んでいるので、岩手堅田財団は、たとえば、学士論文（卒論）に取り組む大学生の研究費や、海外留学を志す中学生や高校生の応援、被災地支援、県内で先進的な教育活動に取り組む団体の助成など、これまで手が届き難かった分野の支援をしていきたいと考えています。

奨学金の具体的な内容や財団の事業計画はホームページで公開しています。岩手の子どもたちと教育を応援する岩手堅田財団へのご理解と支援を、よろしくお願いいたします。

さて、音更町からの帰路は、早朝、帯広のホテルを出発し、途中、南夕張で土産を買っただけですが、新千歳を飛び立ち、いわて花巻空港に降り立った時にはすっかり日が暮れていました。空港から大槌までは、駐車場に留めていた車に乗り換えて、さらに2時間の旅路です。

飛行機を利用してもこれだけの時間が掛かります。「いまいる。プロジェクト」の皆さんが、遠くから時間をかけて支援に駆けつけられていたことを肌で感じる旅にもなりました。飛行機を利用しない鉄道やフェリーの旅なら1昼夜は掛かります。「音更消防署・ホテル大平原」と書かれたスクールバスが大槌町に届けられた道のりを考えると、支援者の方々への感謝の気持ちがまた新たになりました。

絆コンサートIN河内長野市を挙げての吹奏楽部招聘事業

次は、大阪府河内長野市の皆さんと大槌中学校吹奏楽部との話です。

大槌中学校吹奏楽部は校舎が被災し楽器も失い、「風前の灯」同然でしたが、全国から支援を受け見事に復活しました。復活した彼女らの演奏は、被災地の内外で、多くの人たちに夢や希望を与え、吹奏楽部と支援者との交流を見ていると、音楽の持つパワーをを感じました。

吹奏楽部に纏わる話題は尽きませんが、ここでは「絆コンサートIN河内長野」について紹介させて頂きます。

「絆コンサートIN河内長野」は、震災の翌年2012年の夏に大阪府河内長野市のラブリーホールで行われました。先に紹介した「感謝の写真展」は、この会

絆コンサート（河内長野市ラブリーホール）

場が最初でした。

この吹奏楽部の招聘事業は、河内長野のＲＣ（ロータリークラブ）と大槌町ＲＣの交流から始まっています。

河内長野のＲＣは震災の年、大槌町ＲＣを通して大槌中学校の吹奏楽部に楽器を寄贈され、その縁で河内長野のＲＣの辻秀和さんと、当時大槌ＲＣの会長だった佐々木寅夫（故人）さんとの間に、吹奏楽部の招聘事業の話が動いていました。佐々木さんは、伊藤正治教育長（震災当時）の前の教育長です。

辻さんに最初にお会いしたのは、佐々木前教育長が仮設校舎に彼らを案内してきたときで、そのとき、彼らが持ち掛けてきた企画は9泊10日で、広島や神戸や京都まで足を伸ばす内容でした。招聘事業自体は、とてもありがたかったのですが、さすがに、9泊10日は、顧問や生徒に負担になってしまうので、申しわけないと思いながら3泊4日まで短縮させて頂きました。

市役所前で職員に歓迎される吹奏楽部

市役所前での記念写真

それから夏休みまでは、とても、慌ただしい日々が続きました。と、言うのも、招聘事業の調整は、顧問も含め職員には負担が大きいと思い、事務局を引き受けてしまったからです。

幸い、打ち合わせはメールが中心で、辻さんも私も、日中は仕事があり、お互いに早起きだったので、早朝、5時前後のメール交換で、何とか乗り切れました。

招聘事業の初日は、8月6日。吹奏楽部員の生徒43人と一緒に新大阪駅に降り立つと、「歓迎岩手県大槌中学校」の横断幕を広げた辻さんと河内長野市の皆さんが、額に汗をにじませながらホームで待ち構えていました。午後4時、陽は傾きかけていましたが、大阪は、それでもまだ茹だるような暑さでした。

新大阪駅から河内長野市まではバスで移動し、最初に案内された河内長野市役所では、玄関前に勢揃いしていた職員に拍手で迎えられ、RCの交流から提案された招聘事業は、「大槌を支援する河内長野市民の会（石倉保彦会長）」が主催する文字通り市を挙げての大事業に変わっていました。

コンサートに向けた練習のあいまに、辻さんが、ご自身が総代を務められる地元長野神社に子どもたちを案内し、境内には、本来であれば秋祭りしか登場しない「だんじり」と、その奥には、この日だけのために、お好み焼き、たこ焼き、にぎり寿司、金魚すくいといった縁日に登場する屋台がずらりと並んでいました。町内会や氏子の皆さんが総出で、被災地の子どもたちのために準備して下さったのです。

絆コンサートは2部構成で行われ、前半は河内長野の高校生による創作太鼓からスタートし、高校生バンドによるフォークソング、社会人によるダンス、オカリナ、そして、同市の美加の台中学校約60名によるブラスバンドの演奏が行われました。

大槌中学校の吹奏楽部は後半に登場し、最初に岩手県大会の課題曲、自由曲を演奏し、続いて定番の「ひょっこりひょうたん島」、さらに「上を向いて歩こう」「ありがとう」などを披露しました。前にも紹介しましたが、人形劇のモデルとなった宝来島を持つ大槌中学校の吹奏楽部にとって「ひょっこりひょうたん島」は演奏会では欠かせない曲でした。

彼女らの演奏は、いつも、2人組のMCで「こんにちは！　吹奏楽部です！」という元気な挨拶から始まります。会場に響く彼女らの澄んだ声には魔法の力があり、参加者は皆、この一言から、演奏に引き込まれていきます。

当日、1300人を収容できるという会場は満席で、会場に詰めかけた人たちは、被災地から遣ってきた子どもたちの演奏に目頭を押さえながら拍手を送っていました。

最終日には、初日に市役所で出迎えられた芝田啓治市長（当時）が、早朝にも関わらず、わざわざホテルまで足を運ばれ、子どもたちに手を振って下さいました。

それから、河内長野市を出発したバスは、新大阪駅ではなく金閣寺、清水寺へと向い、子どもたちは京都で懐石料理までご馳走になって帰路につきました。

「だんじり」前で記念写真（長野神社境内）

復興商店街に現れたたこ焼きコーナー

絆コンサートから1年が過ぎた秋に、「大槌を支援する河内長野市民の会」の石倉会長さんたちが、吹奏楽部の定期演奏会を応援するために、大阪から遠路はるばるバスで遣ってきました。演奏会は午後からだったので、午前中は、「被災地で本場大阪のたこ焼きを振る舞いたい」と、具材も道具も全部車に積み込んできて、仮設商店街の駐車場にたこ焼きの屋台が登場しました。

一行の最高齢は90歳というお婆さん。お医者さんでもある石倉さんは、お婆さんのために救急セットまで準備されていましたが、ここまでして河内長野市の皆さんを大槌町に惹きつけたのは、あの魔法の言葉「こんにちは！　吹奏楽部です！」だったのかも知れません。その後も、新校舎に続く通学路に街灯を設置してくれた方もいて、河内長野と大槌の交流は長く続いています。

演奏会の準備の合間に、私は講演をお願いされたのですが、その席で「被災地の校長は大変でしょう」と尋ねられた時、「いや、この子たちに出会えたのは、宝くじに当たったような気持ですよ」と答えていた私も、彼女らの魔法にかけられた1人だったようです。

被災地の外の空気を吸わせたい

支援者の熱い思に生徒を託した交流の事例として、北海道音更町に招待された野球部と、大阪府河内長野市の「絆コンサート」に招待された吹奏楽部との2例を、感謝の気持ちを込めながら、紹介させて頂きました。この他にもサッカー部が北海道滝川市に、テニス部が大阪府枚方市にというように招聘事業は沢山ありました。

大槌中学校には全国大会に出場する相撲部があり、横綱の胸を借りた生徒もいました。

協会の組織力の違いだと思いましたが、運動部では、サッカー部の招聘事業が突出していたように思います。

気仙中学校でも、県中文祭や全国中文祭で「けんか七夕太鼓」を演奏したり、全国中文祭でお世話になった栃木県宇都宮市でお礼の太鼓を披露したり、と被災地の外に出掛ける機会がありました。

名古屋市と兄弟協定を締結している陸前高田市では、夏に名古屋市の中学生を受け入れる形で、冬は市内各中学校の代表生徒が名古屋市を訪問しています。

この他にも被災地では、阪神淡路大震災を経験した神戸や、スマトラ地震の被災地バンダー・アチェと交流している生徒や学校もありました。

中には、学校以外の窓口を利用して、支援団体が公募する派遣事業に直接応募し、ロンドン（オリンピック）や米西海岸、ハワイまで出掛けた生徒もいました。

被災校側の負担感から実を結ばなかった招聘事業も多かったのですが、悲惨な体験を強いられた生徒たちが、仮設住宅と仮設校舎を往復している姿を見る度に、被災地の外に出掛けて、本来であればそれが普通であるはずの「日常の風景」に触れることや、支援者と直に接することはとても大切なことだと思いました。

被災地の外に出掛けるという意味では、修学旅行や宿泊研修も、被災校では特別な行事になります。

仮設住宅での生活が続き、経済的にも苦しい状況だったので新幹線に乗ったことのある生徒は半数程度で、震災前であれば、週末に、大槌町なら釜石市に、陸前高田市なら大船渡市やお隣の気仙沼市まで出掛ける生徒が普通にいましたが、震災後は、鉄道が無くなり、町も消えてしまったことから、隣町に移動する機会さえ無くなっていたのです。

このような状況だったので、生徒にとって修学旅行は、ディズニーランドはもちろんのこと、目に入るもの全てが夢の

早池峰山登山（2014 年）

国、お伽の国に見えたようです。

修学旅行と同じように、宿泊研修も被災地では特に大事にしたい行事でしたが、再開する場合でも、新たに企画する場合でも、被災した保護者からの集金には心が痛みました。

そこで、「被災地の生徒を外に連れ出したい。40万円あれば一泊二日の宿泊研修ができる」と支援を募ったところ、直ぐに、沢山の方が支援の手を差し伸べてくれました。40万円の根拠は、「青少年の家」などの研修施設を利用すれば1人当たりの宿泊費は２０００円前後で百人利用しても20万円で、大型バスのバス代を20万円前後と見積もったからです。

義援金を頂いたことで、保護者や学校の負担は軽減され、宿泊研修の企画だけでなく、本来は登録選手だけが遠征費の対象となる県大会にも、登録選手以外の部員も選手と一緒に宿泊させることができました。

地区大会の団体種目だけでも10チームが優勝した大槌中学校では、部活動だけでも、二年間で延べ３００人近い生徒が、県内各地、つまり、復興工事の重機も瓦礫の山も見えない場所に出掛けることができたのです。ぶどう狩りや酪農体験、登山も楽しむことができました。ありがたいことでした。

ロータリークラブ・ライオンズクラブの底力

「絆コンサート」は河内長野市を挙げての招聘事業になりましたが、この事業を支えていたのは前段で紹介したように河内長野のＲＣ（ロータリークラブ）でした。

詳しく紹介できませんでしたが、サッカー部の招聘事業では北海道滝川市のＬＣ（ライオンズクラブ）にお世話になり、他にも、気仙中学校が「ぼくらは生きる　ここで　このふるさとで」と被災した校舎に掲げた横断幕の費用や、「けんか七夕太鼓」を継承するための篠笛の代金など、ＲＣやＬＣから受けた支援は数え切れません。しかも、どれも、ダイナミックな支援ばかりでした。

県内のロータリークラブで特にお世話になったのは、

盛岡北ロータリークラブに所属する田口良一、絢子ご夫妻です。夫妻には何度も大槌中学校や気仙中学校を訪問し、その都度、「何か必要な物はありませんか」と優しく声を掛けて頂き、全国のＲＣ会員や、時にはＬＣ会員も紹介して頂きました。

第２回焼肉カーニバルが本場北海道滝川市の松尾ジンギスカンになったのも田口夫妻の仲介によるものでした。ご夫妻は、カナダのビクトリア市の支援団体とも親交があり、大槌中学校を含む沿岸被災校はカナダからも支援を受けることが出来たのです。

ご夫妻の紹介で支援の輪は広がり、大槌中学校と気仙中学校では、次から次へと支援の輪が広がり「こんな支援を希望している会員がいる」とか「これくらの額を準備しているが何か必要な物はないか」という話が舞い込んで来ました。

ＲＣもＬＣも社会奉仕団体です。会員の方々と話を交わしていると良く分かるのですが、彼らは、「被災地に何かできることがないか」と、常に考え、支援要請に応える準備をしていたのです。

被災地は、彼らの結束力、行動力にもっと頼ってよいのではないかと思いました。

盛岡ビクトリア友好協会の皆さんと田口夫妻（右から２人、３人目）

2　生徒と膝を交えてくれた演奏者

第三章で、「学校の正常化」のためには、芸能人や著名人の訪問は断らざるを得なかったと話しましたが、そうかと言って、芸術鑑賞や講演を全く無くしたのでは、学校生活から潤いが消えてしまいます。芸術鑑賞や講演会は、生徒の心身の成長のためには欠かすことのできない大切な授業です。

被災地で難しかったのは、芸術鑑賞や講演会を受け入れるさじ加減でした。そのさじ加減は、今でもはっきり答えられませんが、受け入れ側にも、そして、ボランティア側にも今後の活動のヒントになることを願い、大槌中学校で実施した二つのコンサートを紹介いたします。

午後のコンサート

NHK交響楽団のトロンボーン奏者吉川武典さん、トランペッターの井川明彦さん、そして作曲家・ピアニストの髙嶋圭子さんらのボランティアによる「第一回午後のコンサート」が、2012年10月6日、大槌中学校の仮設体育館で開催されました。

このコンサートは、演奏者（支援者）から声を掛けて頂いたものではなく、被災校側から演奏をお願いしたものです。「必然性があった」と言えば大袈裟ですが、このコンサートが開催されるまでには一つの流れがありました。

吉川さんたちは、私が大槌中学校に赴任する前から、吹奏楽部の演奏指導を続けられ、休日になると、彼らは東京から新花巻駅まで新幹線で移動し、新花巻駅から大槌中学校まではレンタカーに乗り換えて来られました。愛用の楽器を常に持ち歩かれるのでトランクは満杯です。

彼らの演奏指導は、学校に到着する昼過ぎから始まり、途中、生徒のために持参したおやつで休憩を取りながら夕方まで続き、陽が沈むころになるとレンタカーの返却に間に合うように急いで帰って行かれました。

このボランティアの世話人は、サントリーホールシニアプロデューサーの竹森道夫さん。竹森さんはＮＨＫの音楽プロデューサー、ＮＨＫ交響楽団演奏企画部長として活躍された方で、奥さまはクラリネット奏者、ご子息はドラム、お嬢様は女優という芸術一家で、大槌中学校の演奏指導には、いつもご家族で参加され、吹奏楽部の定期演奏会やコンクールの会場にも駆けつけて下さいました。

吉川さんは、楽器を流された大槌中学校の吹奏楽部に、ご自身のトロンボーンを寄贈されています。

そのトロンボーンは、彼がベルリンフィルに留学されるとき、首席奏者のヴォルフラム・アルント氏に師

午後のコンサート（上）
吉川さんと彼のトロンボーンで練習する生徒（中）
クラリネットの演奏指導（下）

事するために、竹森さんにお願いして買い求めた記念の楽器で、その大切な楽器を「大槌中学校にあげたい」と聞かされた彼の仲間は「本当にいいのか」と念を押されたそうです。

それでも、彼は寄贈を躊躇せず、彼のトロンボーンは、吹奏楽部の生徒と一緒に、定期演奏会で町民を励まし、県民会館のステージに上がり、絆コンサートの会場となった河内長野市にも旅しています。

吹奏楽部と吉川さんたちとの間には、大きな絆が出来ていたように思いました。「午後のコンサート」は、このご縁から、中学校からお願いしたものでした。

そして、その年の10月7日の土曜日に、吹奏楽部の定期演奏会を応援するために、吉川さんたちが来町されると伺ったことから、前日の金曜日（6日）にコンサートを開催して頂くことにしたのです。

コンサートを依頼をした時、日本を代表する演奏家に失礼とは思いながら、生徒と演奏者との距離感を大事にしたかったので「ステージはつくらず生徒の膝が楽器にふれるような会場にしたい」とお願いしたところ、快く承諾して頂き、午後のコンサートは、生徒が吉川さんや井川さんを弧の字に取り囲み、トロンボーンやトランペットの先端が生徒に触れるような会場で行われました。吉川さんの奥さまでホルン奏者の美雪さんも会場の傍らで演奏会を見守られていました。

曲目は、静かで穏やかなクラッシックを中心に、子どもたちに人気の曲も織り交ぜられ、ピアノの髙嶋圭子さんが作曲された「春の呼ぶ声を聞く」、「ふるさとの歌」には鎮魂の響きがありました。

被災校にとって「午後のコンサート」は、音楽セラピーでもあったのです。焼肉カーニバルや豆まき大会とは、切り口は違いますが、こちらも「集団のケア」の一つです。

岩見淳三&YAYOI

「午後のコンサート」に協力して頂いた2人の演奏家は、日本ジャズ界を代表するギタリストの岩見淳三さんと奥さまでジャズボーカリストのYAYOIさんです。

岩見淳三さんは、日本を代表するビッグバンド「原信夫と♯&♭」のギターを長年担当され、平成21年に開催された天皇皇后両陛下のご成婚50年奉祝行事で御前演奏をされています。皇居での御前演奏と言えば、天皇即位の時の嵐が記憶に新しく、前の天皇陛下御即位10年のYOSHIKIなど、当代きってのアーティストが招待されるステージです。

YAYOIさんは、20歳でデビューされたのですが、結婚と育児のために一旦休業し、5人の子育てが一段落してから再デビューされたという異色のママさんボーカリスト。岩見さんの演奏とYAYOIさんの伸びのある艶やかな歌声がマッチした「岩見淳三&YAYOI」は、ジャズファンから唯一無二のディユットと称されています。

お二人は、毎年全国ツアーに出掛けられ、ツアーで集めた募金で、被災地やボランティア団体を支援されていました。大槌中学校はもちろんですが、原発事故の被害を受けた福島や熊本地震の被災地も支援され、最近では、貧困の子どもを救済する活動にも協力されています。全国各地で「岩見淳三&YAYOI」のツアーを楽しみにしているファンは、二人の生き方に共感するボランティアでもあるのです。

岩見さんの支援は、これまでの支援とは少し形が違い、義援金をお金ではなくアマゾン（Amazon）のギフト券という形で管理して頂いたので、学校は、その時々に必要なものを、お金ではなく岩見さんからの贈り物として頂くことができました。次の章で紹介するネット時代の新たな支援方法です。

岩見さんと大槌中学校を結んでくれたのは、被災地でボランティア活動をされていた筒井尚美さんという方で、筒井さんは、大学生を案内しながら大槌に何度も通われていました。

たまたま、彼女の自宅が岩見さんのご近所というご縁から、大槌中学校が岩見ご夫妻の支援を受けることになったのです。そして、お二人の東北ツアーが始まり、ツアーの合間に大槌中学校に立ち寄れると伺ったことから「岩見淳三&ＹＡＹＯＩ」の「午後のコンサート」が決まりました。

生徒にとって生のジャズは初めての体験だったので、曲目は「シング、シング、シング」や「聖者がまちにやってくる」等のジャズの定番から始まり、即興で校歌をジャズ調にアレンジしたり、愛用のギターを生徒に握らせてレッスンをしてくれたりと、生徒にジャズの魅力をたっぷり伝えて下さいました。余談ですが、被災地での4年間の勤務を終えた私は、一度、二人のコンサートを覗いてみたいと、旅すがら、神田のジャズクラブを訪ねてみました。「ジャズ通」が集い、ベースやドラムが共演する本格的なジャズでしたが、客席との一体感やＹＡＹＯＩさんのＭＣは大槌中学校や気仙中学校での語り口と変わりませんでした。

ジャズクラブの入口には募金箱が置かれ、お金が沢山入っていました。「岩見淳三&ＹＡＹＯＩ」のファンが、被災地の支援者でもあることを実感する旅になりました。

ジャズはライブが基本です。「ＷＩＴＨコロナ」の時代、岩見さんに限らず、アーティストの皆さんの苦悩が目に浮かびます。コロナ禍が去るまで頑張って欲しいと願うばかりです。

大槌中学校と気仙中学校を支援してくれた岩美夫妻

気仙中学校でのコンサート

3　支援者たちの横顔

コンサートや招聘事業は、生徒が支援者と直接交流できるのですが、義援金や支援物資を届けてくれる支援者は、生徒と交流する機会は滅多にありません。町や校長室には幾度となく出入りされても、生徒から見れば、目には見えない「あしながおじさん」の1人に過ぎませんでした。

ここでは、そんな「あしながおじさん」たちの横顔を紹介させて頂きます。

招聘事業と同じように、「あしながおじさん」も沢山いらっしゃいましたが、紹介が数例に留まることは、どうかご容赦願います。

RKH（神戸から東日本大震災まで活動を続ける支援者）

RKHは「リメンバー（R）・神戸（K）&東日本（H）」の頭文字です。阪神・淡路大震災のときに結成した「サポート神戸」が前身で、一旦解散したのですが、改称後の「リメンバー神戸」が、東日本大震災を受けRKHとして、大槌町と宮城県山元町との医療支援を目的に活動を再開させていました。

RKHのモットーは「Face to Face」「Direct to Direct」で、「何かしらの御縁があれば、場所・施設にはこだわらず、きめ細かい、密度の濃い支援を実行する」というボランティア団体です。

RKHの方に最初にお会いしたのは、彼らが、新入生の保護者に案内されて仮設校舎を訪れた時でした。赴任して間もない時期でした。「ご迷惑でしょうから、5分で帰ります」と何度も繰り返し、その通り用件を伝えると、足早に立ち去られたのを覚えています。学校が支援者対応に追われていることをよく知る支援者のようでした。

用件というのは「震災直後から支援を続けてきた大槌町立赤浜小学校の児童が大槌中学校に入学したので、彼らを宜しくお願いします。出来れば、3年後の卒業式に立ち会わせてほしい」と言うものでした。

この僅か5分の出会いが、RKHが言うところの「何かしらの御縁」となり、以来、RKHには、その都度、きめ細かで、密度の濃い、学校では手が届き難い部分への支援を受けることができました。

先に紹介した「感謝の写真展」も、県外で本格的に開催されたのは、RKHが主催した国際文化会館での写真展が最初で、そこから全国に展開していきました。

写真をA3サイズに印刷するための光沢紙やインクの購入にも協力して頂き、パネルの在庫が切れると直ぐに送って頂きました。

RKHの支援は、その時々に学校が必要としているものを必要な数だけ届けてくれると言う「マッチング」の見本そのものでした。「マッチング」については次の章で詳しく紹介させて頂きます。

RKHには、気仙中学校でも支援して頂き、修学旅行隊を都内のホテルで出迎えて頂き、帰郷時には、駅弁や手土産を用意して上野駅から見送って頂いたり、京都のLCから「けんか七夕」で吹く篠笛90本を寄贈して頂いたときには、篠笛奏者を気仙中学校に派遣したりして頂きました。

その他にも、経済的に困窮している生徒や、悩みを

RKHが主催した国際文化会館での「感謝の写真展」

抱えた生徒に個人的に対応して頂き、中には高校を卒業するまで経済的な支援をして頂いた生徒もいます。全員ではありませんが、職員に、県外での研修の機会も提供して頂きました。

上野駅で生徒を見送る堂園さん（左）と山口さん

ＲＫＨの代表の堂園涼子さんは産婦人科医で、ＩＭＣ（インターナショナル・メディカル・クロッシングオフィイス）というクリニックを開業されています。ＩＭＣという病院名に、ご出身の慶応大学の恩師はいぶかったそうですが、高校や学生時代にスコットランドや米国で生活し、医師になった後も米国で研究を続けたという彼女は「国籍を問わず、職業を問わず、いろいろな人たちが往来する場所（病院）にしたかった」とおっしゃっています。

彼女の願い通りＩＭＣには医療を超えた人達が集い、彼女が代表を務めるＲＫＨには、日本の第一線で活躍する女傑や大企業の役員が沢山集まっていました。

ＲＫＨの副代表は、ソニー初の女性管理職をされた落合良さん。落合さんは、芥川賞作家丸谷才一の姪御さんです。顧問は、女性の地位向上に大きく貢献され、文部大臣も務められた赤松良子さん。被災地を訪れる時、いつも一緒の山口積恵さんはセブンイレブンの元取締役です。鈴木敏文前会長とセブンイレブンを立ち上げたお１人で、山と渓谷社の文庫本『怖いもの知らずの女たち』（吉永みち子著）に彼女の波乱万丈の半生が紹介されています。

山口さんは、大槌中学校の「語り部プロジェクト」の支援者として、カナダ・ビクトリア市での講演にも協力して頂きました。「5分で返ります」と言って最初に訪問されたのは堂園さんと山口さんでした。

若い世代の啓発・育成もしたかったという堂園さんは、「IMCのMCにはメデカル・クロッシングの他にミュージック・クロッシングという隠し味を添えた」と語り、IMCは音楽好きの若者が集う場所にもなっていました。

本業が医師ということもあり、RKHの支援は、被災地の医療機関、医療関係者の支援が中心で、大槌町と宮城県山元町に、医薬品や医療器具を届けていました。悩みを抱えた生徒を託せたのは、彼らが医療チームでもあったからです。

堂園さんの周りには人垣ができていますが、支援のお礼に尋ねた広尾の病院は、医師1人、看護師1人の慎ましい構えでした。

英語が堪能なので、周辺の各国大使や、大使のご家族が安心して治療に訪れ、往診もされているようでした。医師というとお金持ちを連想してしまいますが、彼女は食べていければよいのだそうです

病院の待合室に、鹿児島で開業していた彼女の父、堂園壮意が残したというメモが貼られていました。その内容が、彼女の生き方そのものに見えたので、ご紹介させて頂きます。メモの中の堂園休次郎は、彼女の祖父で、小学校の教員をされていたそうですが、「もっと世の役に立ちたい」と思い立ち、医師に転身されたと言います。祖父から孫へと続く堂園家のファミリーヒストリーは、興味深いものがあります。

コロナ禍の中、堂園さんは、山口さんと一緒に、新型コロナウイルス対策に最前線で奮闘していらっしゃる医療従事者が必要としている物品調達を支援する支援団体SMF（サポート、メディカル、フロンティア）を立ち上げられ活動されています。こちらの顧問は元

厚生労働大臣の小宮山洋子氏です。

待合室の貼り紙から

中谷義雄博士の絶筆の辞（父より）

一、医者に良心があれば従来の医学だけが唯一の治療法でなく、まだ今の医学には欠陥があると考えるべきである

一、病名は医者のつけた符号であり病名が分からねば病気が治せないと云ふのはおかしい。病名が分からなくても治せるが本当の医学であると考えているが如何なものでしょうか

一、患者の訴えを真剣にきかず検査と注射薬物を与えるのに熱心な医者は営業医である

一、患者さんの知りたい事を教えてあげる医者は感謝される医者である

一、科学や医学は進むことは良いが哲学や宗教心がなければ狂気となる可能性がある

一、医者は宗教家であって欲しい

一、病気を見て病人を見ずは本当に困る

一、病気は治ったが病人は死んだと云ふことばがある

一、医者が病気を治すのではない、治りやすい方向にむけてやることであり、患者さんの精神力と体力が治すのであらう

父（堂園休次郎）の遺訓

一、仕事を仕事と思うからきついのだ、どんな仕事でもそれは天命と思え

一、人間は楽しようと思えば何時でも出来る、働ける間は人のために社会のため一生懸命に働くことだ

一、仕事をして腹がすけば何でもうまい、おいしく食べること、それが一番のご馳走だ

一、急用のとき以外は歩くこと、自分の足で歩くこ

とが一番の健康だ
一、何事も自慢してはならない、己の評価は他人が
するものだ
一、勉強に終わりはない、生きている間は勉強する
ことだ

堂園壮意

RKH の設立メンバー
左から堂園さん、赤松さん、落合さん

IMC の創立 30 周年記念

赤浜小学校から中学校に入学した生徒との再会

鮭Tプロジェクト・鮭Tグッズを企画・販売チーム力で

鮭Tプロジェクトは、三陸特産のナンブハナマガリサケと岩手の詩人、宮澤賢治の「雨にも負けず」の詩をモチーフにした寄付金付きのTシャツを販売して活動されている支援団体で、活動の拠点は長野市ボランティアセンターです。

彼らは、震災直後から週1回のペースで代わるがわる長野市から大槌町にボランティアに出掛け、震災以来、連休と私生活を被災地に捧げたような生活をされていました。

プロジェクトの提案者は村田憲明さんという方で、彼は、当時の吉里吉里中学校の校長から「保護者が被

鮭Tのメンバーの鮭Tシャツ

災し、部活動の活動費を集められなくなった」という話を伺って、この活動を思いつかれたと言います。

震災から5年間、寄付金つきのTシャツや関連商品を約1万8、000枚販売し、支援の総額は881万円にものぼりました。その募金は吉里吉里中学校や大槌中学校、小学校へ大槌学園ができるまで贈り続けられました。

メンバーが「サケノスケ」と名づけた鮭のデザインは、太いまつげに大きな目をしていて、「雨にも負けず」と傘をさしています。大きく鼻先が曲がった鮭は「ナンブハナマガリサケ」の特徴で、「サケノスケ」をよく見ると、傘に、雨雲から雨が降り注いでいます。

その雨粒は「雨だれ」の点々で、左が3粒、右が2粒。3粒の方は「3月」を、2粒の方は「11日」を表しているのだそうです。

「サケノスケ」のアイディアは皆で出し合い、イラストレーターの長野亮之介さんがデザインを担当され、長野さんは「傘をさして雨を笑い飛ばす鮭に、復興への願いを込めた」と語っていました。

大槌への支援活動や鮭Tグッズの販売など「鮭Tプロジェクト」は、チームワークの良さが光ります。ラグビーの日本代表チームに例えると、まさに「ワン・チーム」の支援団体です。

鮭Tの募金活動に協力する人たち

これは、ＲＫＨも、次に紹介する「スローチャリティ」も同様なのですが、被災地を支援しながら、支援者どうしの絆を深めている支援団体は、どこか、人間的な魅力、温かさを感じさせてくれました。

そのチームワークを生かして、鮭Ｔプロジェクトは「売れるところなら何処でも」「頼める人ならば誰にでも」と精力的に活動され、Ｔシャツの他にも、手ぬぐいやバッグなど姉妹品グッズも加えながら、全国各地はもちろん、天安門広場やピラミッド前でも販売され、鮭Ｔシャツに袖を通された人たちのアルバムが寄付金と一緒に届けられました。

鮭Ｔプロジェクトの支援は大槌町に限定されていましたが、異動後も彼らとの交流は続きました。「新しい鮭Ｔグッズができました」と、嬉しそうに見せてきた風呂敷には「慾ハナク　決シテ瞋ラズ　イツモシズカニ　ワラッテヰル」という長い名前がつけられ、鼻の曲がった11匹の鮭が描かれていました。「鮭が11匹…、ひょっとして…」と、その風呂敷をよく見ると、中心から渦を巻くように3つの海草が芽生えていました。また、メンバーが集まり「海藻の芽生えを復興に例えよう。復興をサケノスケが喜んでいる図柄にしてはどうか」などと、話し合っている様子が目に浮かぶようでした。

当時、長野県松川町立松川中学校に防災教育にとても熱心な先生がおられ、昼に軽井沢町、夜に長野市で講演を行った翌日、半日時間が空いていたので、同校で授業を行ったことがありましたが、この時、私を松川中学校まで送ってくれたのはメンバーのお一人の倉石さんという方でした。北海道を移動した時のような距離を快く運転してくださったのを覚えています。本当に温かい人たちでした。

メンバーが皆さん仕事をもっていたので、一年限定のプロジェクトだったそうですが、あまりに好評で惜しくなり、「帰ってきた鮭Ｔ」と、ウルトラマンのように名前をかえながら、活動期間を二度、三度と更新し、活動期間が長く続いているのも鮭Ｔプロジェクトの特徴です。

鮭Tプロジェクトのメンバーからは、次へとアイディアが湧き出し、メンバーが考えた日めくりカレンダー「3・11カラハジマルカレンダー」は、平成28年度第67回全国カレンダー展で大臣賞に次ぐ「経済産業省商務情報政策局長賞」を受賞されています。

この3・11からはじまる日めくりカレンダーは、パラパラ漫画のようにイラストが雨にも負けずの詩に沿ってキャラクターが描かれ、クラウドファンディングを利用することで集まった全国からの応援メッセージが載せられています。日めくりカレンダーは、その年の卒業生全員に渡され、私も一冊頂いたのですが、毎日破るのがもったいなく、カレンダーではなく、記念品になってしまいました。

２０１９年、長野市が台風に襲われ、同市の小学校や中学校の校舎や体育館が大きな被害を受けた時、鮭Tプロジェクトのメンバーは、すぐさま、雨ニモマケズ「ながの龍神Tシャツプロジェクト」を立ち上げ、長野市の子どもたちへの応援を呼び掛けています。

全国カレンダー展で入賞した「3.11 カラハジマルカレンダー」

余談ですが、鮭を1匹丸々塩水に漬け寒風に晒した保存食「新巻鮭」は、大槌が発祥の地とされています。大槌の廻船問屋前川善兵衛（吉里吉里善兵衛）は、この新巻鮭で財をなし、江戸時代の一時期、前川家は、酒田の海鮮問屋「本間様」と肩を並べる程栄えたと言われ、南部藩の財政も支えています。大槌町吉里吉里には前川善兵衛の代々の墓が残されています。

大槌には、南部藩の要所として代官所が置かれ、釜石が製鉄で栄える前の陸中海岸の中心地は大槌だったのです。ちなみに、以前お世話になった時の学年長と彼の伯父にあたる元町長さんは「お代官様」の末裔でした。

スローチャリティ
腰を据えたボランティア活動

スローチャリティは、東京に拠点を置く支援団体です。スタッフは上野めぐみさん、大場渚子さん、野村美香さん、平松清嗣さんの4人で、大学や外資系のIT企業に勤めている方々で、野村さんは大学病院の臨床心理士でした。彼らが仮設校舎を訪問した時、大槌中学校の被災した校舎を案内したことが、その後の交流につながっています。

彼らの活動目標は「継続」で、東日本大震災の被災

左から平松さん、上野さん、上野さんのお嬢さん（お二人）、大場さん（被災した校舎前）

地に対して「何かしなければ…」という想いを抱いている人に声を掛け、食事をしながら語り合い、その際に、ちょっと高めの食事代を頂き、実費を差し引いたお金を義援金に充てるというのが彼らの活動方法でした。

　食事会は小さなレストランで行われ、音楽の演奏や支援活動の報告も行われていました。活動のペースは年に2回程度です。

　メンバーの1人の平松さんは、バイオリンを演奏し「アーリーバード・カルテット」という弦楽団のメンバーでもあったことから、この弦楽団による演奏会でも寄付を募られていました。

気仙中学校で演奏するアーリー・バード・カルテットの皆さん（左から２人目は平松さん）

　スローチャリティには、気仙中学校でも大変お世話になり、生徒が参加する大船渡新春駅伝大会の応援や、アーリーバード・カルテットによる弦楽器体験教室、さらに、陸前高田市立第一中学校との統合を控えた1、2年生に新しい制服を贈る活動にも協力して頂いています。鮭Tプロジェクトのように、スローチャリティも独自のチャリティグッズを制作・販売され、天使をモチーフにしたグッズのデザインは、イタリアの大学で建築デザイン学んでいた上野さんのお嬢さんが担当し、彼女も、被災した大槌中学校の校舎に足を踏み入れています。

　一般に、義援金の多くは被災者に直接届けられるか、日本赤十字やユニセフなどに寄付されます。スローチャリティも最初は、大槌中学校に義援金を携えて来られたのですが、彼らの行動力を買って、義援金の管理の方法について「スローチャリティが集めた募金を、被災校に届けず、スローチャリティ側で基金として管理して頂けないか」と相談させて頂きました。この方法にすると、被災校が現金（義援金）を扱わずに済むからでした。

こちらの願い通り、以後、義援金は受け取らず、スローチャリティが集めた募金は「スローチャリティ（SLOW charity）基金」として管理され、被災校が必要とする支援物資は、基金が購入し、被災校には「物」が届くという仕組みを作って頂きました。被災した校舎の案内から始まったスローチャリティの支援は、気仙中学校が閉校するまで続きました。

義援金の基金化

被災校で4年間の経験から、義援金は基金（ファンド）として、支援者に管理してもらうのが一番良い方法だと考えています。被災校はお金ではなく、必要な時に必要な物が欲しいだけですから、キャッシュレスの方がありがたいのです。支援者の方には、新たな活動となりご迷惑をお掛けするのですが、今後の被災地でも、義援金の「基金化」は歓迎されるように思います。たとえば、気仙中学校では、手元に現金がなくても、皆で「焼き芋」をしたいと思ったときには、スローチャリティが、基金から「紅芋」を購入して届けてくれました。

支援物資ではなく、交通費や参加費でも、被災校の要請で基金が発注者となり、基金が請求書を受け取り、基金から支払いが行われれば、学校が現金を管理する必要がなくなります。

基金ではありませんが、大槌中学校の「スマイル体育館」の暗幕とカーテンは、鮭Tプロジェクトが発注者となり、支払いも行ってくれました。支援物資を頂くのと同じように暗幕とカーテンを設置できたのです。

基金のもう一つの利点は、義援金の使途や管理が透明化されることです。義援金を「基金」として管理する支援団体は、いずれも、収入（寄付金）、支出（支援内容）、残高といった基金の運用状況をインターネットに公開しています。

次に紹介する「気仙すぎのこ基金」に、気仙中学校は大変助けて頂きましたが、「気仙すぎのこ基金」でも、支援者からい頂いた協賛金の使途をしっかり紹介、公開することを重要な活動の一つとして、基金の収支を四半期毎にネットに公開していました。

スローチャリティや「気仙すぎのこ基金」には、大変助けて頂いたのですが、同じ基金でも、公的な機関が寄付金や義援金を「基金化」すると話は変わってきます。

支援物資のミスマッチでも紹介しますが、住民サービスの公平性、平等性が基本の役所が基金をつくってしまうと、基金の使途や優先順位を決めるための会議が増え、柔軟性や機動力を失ってしまいます。職員や担当者の負担にもなり、組織が大きければ、支援対象が広がり事業費も高額になるため、負担はさらに大きくなります。

基金を活用した事業が決まると、今度は、準備のための調整や渉外が待ち構え、予算規模が大きな事業であれば、その事務量は膨大になります。それでなくても多忙な被災地では、新規事業の提案や予算執行は控える傾向にあったので、結果的に、公的な機関が義援金を「基金化」すると、復興基金や奨学金のような形で蓄積されていきました。

数千万、億単位で蓄積される基金の報道を見ながら、「義援金は、震災直後の子どもたちのために、使用して欲しかった」と語る現場の先生は少なくありませんでした。

里親基金

ここまでの「基金」の話は、被災地での話ですが、被災校という枠を超え、全国の小、中学校が学区内の企業や、同窓生から里親基金として経済的な支援を受けられるようになれば、学校はもっといろいろな活動ができると考えています。

意外に思われるかも知れませんが、学校はお金が無いのです。たとえば、職員室の壁には、「文書のコピーは10枚まで」、「20まで」といった貼り紙がされ、それ以上の枚数になると先生方は、印刷に切り替えているのです。カラープリンターが整備されてもインクカートリッジの購入費に苦労している学校も沢山あります。いわんや講演会や演奏会となると、僅か数千円の旅費や謝礼の捻出ができずに断念しているのが現実でした。

このような状況で、焼き肉や豆まきの予算を、校長が教育委員会に要求したら笑い種にしかなりませんが、焼き肉はとにかく、子どもたちには、「いい話」「いい演奏」を聞かせてあげたいのです。里親基金は、この問題を解決するための一つの方法に思えました。

PTA会費の利用も考えられるのですが、少子化で児童数、生徒数が減少している学校では、会員から1人1万円の会費を集めたとしても、年間の予算規模は100万円以下で、この予算を、広報費、研修費、部活動の奨励費等、様々な事業費に分けていくと、講演会や鑑賞会に回せる予算は無くなるのです。

それどころか、部活動や文化活動で生徒が活躍すると会費は瞬く間に底を尽き、臨時集金や寄付金集めに奔走しなければならないのです。

校長として最後にお世話になった厳美中学校も、学校規模の割には生徒の活躍が目覚ましく、在任中に男子卓球部は全国大会に4度も団体で出場し、女子バレーボール部は今年度の県新人戦で優勝しています。

過疎化、少子化が進み児童生徒数が減少した厳美中学校のような地域では、これまでのように保護者の力だけで、児童生徒の活動を支えていくことが難しくなっているのです。こうした地域では、保護者だけでなく、地域全体で子育てを支えるという発想の転換が必要だと強く思いました。

地域の中で経済的に一番苦しいのは子育て中の若い保護者です。この子育てに奮闘する若い夫婦に、たとえば地域の人たちが全員PTAの準会員となって一緒に会費を納めてあげるのです。そうすれば、その地域は、安心してできる子育てし易い地域と評価され、過疎化の歯止めにもなるかも知れません。

実際に、少子化が進む県内では、学区の全世帯がPTAの準会員となっている地域が増え始め、厳美中学校でも、地域の協議会が児童生徒の活動を応援するしくみができつつありました。

この動きと里親基金の構想がマッチすれば、小規模校でも、中央から講師を招くことができるし、バスでの移動や宿泊を伴う事業でも、保護者の負担は軽減されるはずです。仮に、被災校である大槌中学校が、この方法で「仮設校舎から新校舎に移るまで被災した生徒の里親になって欲しい」と呼び掛ければ、ふるさと納税のような見返りは無くても、沢山の里親（支援者）が現れたような気がしました。

実は、この里親基金は、アイディアに止まらず、地元のある方に、基金の趣旨と管理についてご理解を頂き、内諾まで漕ぎ着け、あと少しで、「大槌中学校里親基金」として実現するところでした。残念ながら、その数日後、異動の内示を頂いてしまったのです。前例の無い初めての事業で、しかも、立ち上げ途中の事業を、後任の校長に引継ぎするわけにはいかないと思い断念していました。

気仙すぎのこ基金　遠く横浜から母校を支援

「気仙すぎのこ基金」は、気仙中学校の卒業生で横浜市の自動車会社に勤務される真野陽子さんが、母校の気仙中学校と気仙小学校、そして同じ気仙町の長部小学校の児童生徒が、一日でも早く普通の学校生活が送れるようにと、各校の同窓生に呼び掛けて立ち上げられた基金です。副代表は、佐々木希さんと村上秀夫さん。皆さん、1987年度の気仙中学校の卒業生です。

基金の原資には、個人及び活動に協賛した企業・地域団体・震災支援に関わる団体からの寄付金の他に、祭りやイベント会場にブースを設置し、その売上金や募金、さらには、協賛者から頂いたギフト券、図書券、プリペードカードなどの金券や、書き損じハガキ等で、「気仙すぎのこ基金」の活動は多岐にわたり、支援を受けた者からすれば感謝に堪えないのですが、逆に、真野さんは、同じイベントに繰り返して出させて頂いたことや、新たな支援者に出会えたことに感謝されていました。

「気仙すぎのこ基金」が解散するまでに集めたお金は800万円近くに上り、基金の使途は、事務局と3校の関係者の間でそのつど検討しながら決められていて、震災の年には、小学校では、教材費や課題図書の購入費等に充てられ、気仙中学校では、生徒全員の半袖の運動着や、辞書の購入費などに充てることができたと言います。

その後は、中学校では、卒業アルバム代も「気仙すぎのこ基金」から支払って頂いていました。生徒数が少ない気仙中学校では卒業アルバムの単価は割高となり1冊当たり1万5、000円を超え、卒業アルバム代の肩代わりは、被災した保護者にとってもありがたい支援になっていました。

真野さんたちは、地元陸前高田市の経済復興（生業の再生）も視野に入れられ、小、中学校から「気仙すぎのこ基金」に支援物資の希望が寄せられると、できるだけ市内の企業や業者から物資を購入するように心がけていたようです。

気仙町の子どもたちのために募金活動に取組む
「気仙すぎのこ基金」の皆さんと協賛者
下の写真中央が真野さん

「気仙すぎのこ基金」の名前は、特産の「気仙杉」が由来です。陸前高田市気仙町は９００年の伝統を誇る「けんか七夕」が有名であることを前に紹介しましたが、他にも気仙の名前を冠したものに「気仙大工」と「気仙杉」があります。

漁業の町として栄えた気仙町には、広田町と同じ様にお寺と見間違えるような瓦葺の大きな家が立ち並んでいましたが、これが有名な「気仙大工」の仕事で、この仕事を支えていたのが良質な「気仙杉」でした。「気仙杉」は「市の木」にも指定されています。

真野さんは、「気仙杉」が真っ直ぐに成長する様子に、子どもたちの成長を重ね、基金に名付けたとおっしゃっていました。

震災が起きたとき、真野さんは横浜で生活されていたのですが、彼女の実家は津波で流されました。遠く離れた町で肉親を失い、帰る場所も失ったご無念は、察するに余りあります。

その真野さんが、失意に負けず同級生や職場の仲間に声を掛け合って立ち上げられたのが「気仙すぎのこ基金」で、彼女は支援者であり被災者でもあったのです。弟一家を大槌町で亡くされた「いまいる。プロジェクト」の織田さんを思い出しました。

気仙中学校を訪問された真野さんと、震災前の高田町や気仙町の街並みの話を交わしているうちに、彼女が、私が第一中学校に勤務していた時の教え子の従姉であることが分かりました。旧姓も教え子と一緒でした。

そこで、彼女に、教え子と家族の消息を尋ねたところ、教え子と２人の従妹弟は実家を離れていて無事だったけれど、ご両親は亡くなられたと聞かされました。自動車整備工場を営みながら、３人の子どもたちを全員医者に育て上げた立派なご両親でした。真野さんも、教え子も、家族だけではなく、親戚、知人も多く亡くされました。

東日本大震災では、真野さんのように遠くで暮らしながら実家を流されてしまった人たちが沢山いらっしゃいます。同級生に卒業記念のビデオをＤＶＤにコピーしてくれた教え子もその１人でした。

気仙中学校には、「帰る実家は無くなったけれど、母校の子どもたちのため役立ちたい」と、毎年、高額の図書券を手渡して帰られるご夫婦がいました。ご主人は、既に退職され、現在の住まいは青森県八戸市と伺いました。

彼らは、ホテルや旅館に泊まられるか、親戚や知人の家にお世話にならなければ、故郷に帰れなくなった人たちです。それでも、故郷に通い続け、あるいは、故郷を思い続け、故郷から遠く離れた地で、故郷のために支援に奔走される方が沢山いらっしゃったことを、「気仙すぎのこ基金」は、教えてくれました。

軽井沢町

軽井沢と言えば日本の避暑地、別荘地の代名詞のような存在ですが、その軽井沢が町を挙げて大槌町の支援に取り組んでいます。

平成25年1月の『広報かるいざわ』の巻頭一面が「岩手県大槌町の復興支援」という見出で飾られ、藤巻進町長が大槌町を継続して支援していきたい」と挨拶されていることは、「町を挙げて」の意味とお分かり頂けるかと思います。

この時の広報には、「大槌」という言葉が13回登場し、カットには被災した大槌町の写真が大きく掲載され、大槌町の新春広報と見間違えてしまうような紙面でした。

藤巻町長は「被災者と支援者との顔の見える関係づくりが重要」と町民に説明し、軽井沢町の被災地支援を大槌町に絞

日本の避暑地「軽井沢」

った経緯と、今後10年は支援を継続するという力強い宣言をされています。

町長の強い決意を示すように、その年の4月から、軽井沢町は職員2名を大槌町に派遣しています。

この一連の流れのきっかけとなったのは、軽井沢町社会福祉協議会が、震災直後から実施した大槌町での「ボランティアバスパック」でした。

福祉協議会が用意したバスに、20人前後のボランティアが乗り込んで金曜日の夜に軽井沢を出発し、土、日に、海岸清掃や復興花壇の整備、復興グッズの販売などを行い、月曜日の夜に軽井沢に戻るというのが「ボランティアバスパック」です。

この「ボランティアバスパック」を毎回のように利用し地道に支援活動を続けていた「3・11軽井沢つむぎ隊」というボランティア団体が、たまたま、仮設校舎を訪れたときから、軽井沢町と大槌町との交流が始まりました。

仮設校舎を訪問されたのは、菅原元さん、山岸征男さん、飯塚まゆみさんの3人で、いつものように、被災地や仮設校舎の様子を紹介させて頂いたのですが、軽井沢に戻られた彼らは、軽井沢町の公民館で大槌中学校の「感謝の写真展」を企画され、同時に、本書のタイトルと同じ「子どもたちは未来の設計者～被災地からの報告～」という演題で、私も軽井沢町に招かれたのです。

左から飯塚さん、菅原さん、山岸さん

軽井沢での私の話は、仮設校舎で話している内容と変わりませんでしたが、この時は、被災した校舎に残

奇跡のピアノと対面する軽井沢町藤巻町長（右手前）と同荻原教育長（2人目）

されているグランドピアノにも触れました。校舎の解体が迫っていたのですが、このピアノの預かり先が見つからず困っていたからです。

大槌中学校も含め被災地はどこも仮設校舎で、グランドピアノを置く余裕はなく、内陸の学校にも電話を掛けてみたのですが、内陸では学校の統廃合が急激に進み、どこも「ピアノは余っているので勘弁してほしい」という回答でした。

震災から二度目の冬を目前にして、調律師には、ピアノのコンディションは限界に近いと忠告されていました。

軽井沢町でこの話を紹介したところ、このグランドピアノの引き受け手に軽井沢町が名乗りを上げられたのです。理由は「震災を風化させないシンボル、防災教育の象徴として預かりたい」「軽井沢には浅間山があり、自然災害とは無縁ではない」というものでした。この時から、軽井沢町は町を挙げて大きく動き出しました。

写真展と講演会が行われたのは2月でしたが、4月には、軽井沢町から藤巻進町長、荻原勝教育長を始め関係者が大槌町を訪問し、被災校舎に残されたグランドピアノと対面され、翌、5月には大槌町の支援方針を議会に提案。さらに、6月には復興支援の調査費を計上しています。信じられない早さで、ピアノの引き受けだけではなく、軽井沢町による大槌町への支援体制が整えられていきました。後で分かったことですが、2月の講演会には、藤巻町長、荻原教育長を始め、町会議員さんや県会議員さん、さらには、老舗のホテル関係者など、軽井沢の主だった方々が出席されていたのでした。

その後、彼らは、ピアノが軽井沢町に送られるまでに3度、大槌町を訪問されました。

被災地を支援するだけでなく、民間の活動を行政が素早く察知し、町長自らがその活動を評価し、町を挙げて強力にバックアップする。これが軽井沢町の大槌町支援の原動力、チームワークでした。

官民一体の支援活動を象徴するように、軽井沢町から遣ってくる「ボランティアバスパック」には、町民と行政関係者が混乗し、小、中学生や高校生も参加していました。

民間の活動も、さらに活発になり、軽井沢町では、イベントの度に大槌町の物産展が軒を連ね、日が暮れると「浜娘」を嗜む会に明かりが灯ったと言います。「浜娘」は、後ほど紹介しますが、酒蔵を復活させた大槌赤武酒造の地酒です。

旧軽井沢ホテル音羽ノ森の鈴木健夫支配人も熱心な大槌支援者のお1人で、彼は「全従業員に一度は被災地大槌町を見せたい」と熱く語り、震災から今日まで、毎年欠かさず、従業員の先頭に立って大槌町を訪問されています。

ホテルのマネージャーの若林敦子さんや料亭の店長、避暑地軽井沢の発祥地とされる「軽井沢ショー記念礼拝堂」の土井宏純司祭は、鈴木さんの良き理解者で、いつも行動を共にされていました。

同ホテルは大槌町を支援する関係者が集う「大槌会」の会場にもなっていて、代表を務める鈴木さんは、2018年、長野県佐久市、軽井沢町で開催された「ボランティア全国フォーラム軽井沢2018」で、軽井沢町のボランティア活動について中間発表をされています。
鈴木さんには、本書の出版にあたって、巻末に、励ましの言葉を寄せて頂いています。

軽井沢町は防災教育にも力を入れ、東部小学校、中部小学校、西部小学校の三つの小学校と軽井沢中学校がありますが、すべての学校で被災地大槌町を学ぶ学習会を行い、軽井沢中学校の文化祭には大槌中学校の生徒が「語り部」として招待され、震災から5年目の2016年の4月には大槌学園の9年生が修学旅行の初日に全員で軽井沢中学校を訪問し交流しています。
震災から間もなく10年になりますが、令和2年7月にも旧軽井沢ホテル音羽ノ森で「大槌会」が開催されました。新型コロナウイルスの感染予防対策から参加人数は限られましたが、テレビ会議システムを導入するなどWITHコロナ時代のボランティア活動も視野に入れながら、今なお、軽井沢町民は、大槌町の復興を温かく見守り続けています。

藤巻町長さんにお会いした時、「何があっても向こう10年間は、軽井沢は大槌町を支援する」と力強く語ってくれた言葉が忘れられません。

軽井沢町の皆さん（被災校舎正面玄関）

「大槌ファン in 軽井沢」の皆さん

「24時間テレビ」と「奇跡のピアノ」

軽井沢町と大槌町の架け橋となったグランドピアノは、その年の7月には、被災した校舎から軽井沢町に引き渡される予定でしたが、このピアノには日本武道館という思いもよらぬ檜舞台が待っていました。

このグランドピアノは、卒業式を翌日に控えた生徒たちが、震災当日まで式歌の練習していたピアノでした。そのピアノが奇跡的に被災から免れ、軽井沢町に引き取られるという話が、テレビ信州の関係者で話題になり、キー局の日本テレビから「奇跡

日本武道館に送られる「奇跡のピアノ」

のピアノ」として、24時間テレビで紹介したいという話がもち上がり、当時の卒業生と一緒に日本武道館で紹介されることになったのです。

そして、ピアノは、日本武道館に運ばれ、当時の卒業生が、卒業式の日に歌う予定だった川嶋あいの「旅立ちの日に」を、この「奇跡のピアノ」を囲んで合唱したのでした。日本武道館でピアノを弾いたのは、当時も伴奏を担当していた生徒でした。この時、日本武道館のステージにはピアノがもう1台用意され、人気アイドルグループ嵐の櫻井翔さんも一緒にピアノ伴奏をされました。

彼は、この番組を取材から担当され、本番前に大槌町を3度も訪れています。超売れっ子の彼が、東京から往復10時間もかかる大槌町を三度も訪れたのは、被災しても前を向いて生きようとする卒業生たちと出会ったことが大きいと思っています。「もう一度、皆で「旅立ちの日に」を歌いたい」という卒業生の素直な思いに、彼は、番組制作を超えて対応されていたように見えました。

放送終了後、日本武道館では、卒業生と一緒に伴奏した櫻井さんも目に涙を浮かべていたと言います。彼が出会った生徒は「津波で何もかも失ったけれど、もし、津波で得たものが有るとすればそれは子どもたちだ」と町民が口にしたあの生徒たちだったのです。

当日、地元の高校の学校行事の関係で日本武道館に行けなかった卒業生は、被災した大槌中学校の校舎前に集まり、日本武道館から衛星中継で送られてきた伴奏と歌声に合わせて一緒に歌い、その映像が再び衛星中継で全国に流されました。

私は、大槌町でその様子を見守っていたのですが、卒業生だけでなく、居合わせた保護者や番組スタッフまで涙を流していました。

思い起こせば、このグランドピアノは、震災以前に勤務していたとき、「ピアノが欲しい」という当時の生徒の願いを聞いて、校長がPTAにお願いして寄贈して頂いたものでした。

以来、震災まで20年余り、このピアノは、多くの生徒、伴奏者と出逢い、彼らの学校生活を奏で、そして、あの津波、火災に遭遇し、被災した校舎で2年間1人ぼっちでいたのです。

日本武道館の仲間と一緒に「旅立ちの日に」を歌った卒業生

数奇な運命を辿った「奇跡のピアノ」は、少し周り道をしましたが、放送終了後、軽井沢町の中学生に温かく迎えられ、軽井沢中学校が新築されるまで、同町の「木もれ陽の里」でゆっくり休むことになりました。

4　企業の社会貢献（CSR）

ここまでは、個人やボランティア団体の紹介が中心でしたが、軽井沢のホテルの支配人が「全従業員に一度は被災地を見せたい」と熱く語られたように、被災地では、至る所で企業の社会貢献活動（ＣＳＲ）を目にしました。

関東でスーパーを展開するカスミは、全社員が陸前高田市の復興を応援し、気仙町の「けんか七夕祭」の日には、社員が揃いの法被で、町民と一緒に山車を引いていました。

廃校した旧矢作小学校を改装した簡易宿泊施設を利用して、新入社員の研修を被災地で行いはじめた大手企業もありました。

後ほど紹介させて頂きますが、大槌中学校に2階建ての集会施設（スマイル体育館）を寄付してくれた東北コマツや、気仙中学校に607万円を寄付してくれたホクエイのように、被災校は企業の社会貢献活動にも助けて頂きました。

それぞれのCSR担当の方とじっくり話をしてみると、担当者の熱意はもちろんですが、企業の経営理念、つまり、経営者の考えが、その企業の社会貢献活動と深く関わっていることに気づきました。

みちのく未来基金

「みちのく未来基金」は、「震災孤児に進学の夢を」を合い言葉にカゴメ、カルビー、ロート製薬の3社により設立された震災孤児・遺児に奨学金を送る活動で、後に、エバラ食品もこの活動に参加しています。

具体的な活動内容は、震災遺児・孤児が大学や短大、専門学校に進学したときの入学金と授業料を、年間300万円を上限に給付し、多くの企業の協賛を受けながら、彼らが全員社会人になるまで、実に25年間、4半世紀に渡って継続するという奨学金です。給付型の奨学金で返済義務はありません。

私がこの活動を知ったのは、大槌中学校に赴任して間もなく「中学生の孤児や遺児が、大学や短大への進学をあきらめて高校を選択する。そうならないように、中学生にも奨学金のことを周知させたい。良い方法はないか」と、基金事務局の竹中俊之さん、山田健太郎さん、佐藤清さんにお会いしてからでした。当時、竹中さんと佐藤さんは、カゴメの東日本大震災復興支援室に、山田さんは、エバラの復興支援担当に所属されていました。ちなみに、焼き肉カーニバルのタレと飲み物をお願いしたのはこの事がきっかけでした。

中学生が高校に進学する際の奨学金には何度もお世話になっていたのですが、高校を卒業する時の奨学金までは考えたことはありませんでした。

考えてみれば、経済的な理由から高校卒業後の上級学校への進学を諦め、そのことを理由に高校を選択する生徒は沢山いたので、もし、高校卒業後の奨学金が約束されるならば、震災遺児・孤児が中学校を卒業する時の進路選択の幅は広がるように思いました。

当時、震災で親を亡くした子どもたちは岩手県内だけでも583人（孤児94人、遺児489人）に及び、東北全体では1、698人と報道されていました。震災直後に「公営孤児院」の建設話が飛び交ったときは驚いたのですが、幸い震災遺児・孤児の多くは親類縁者と暮らすことになりました。

周囲に励まされながら新しい生活を始めた彼らの次の課題は、進路選択と学費の工面で、彼らが将来の夢や希望を諦めないように、彼らの進学を支援したいという「みちのく未来基金」にはとても共感できました。4半世紀にも及ぶ長い活動ですが、きっと「みちのく未来基金」の奨学生たちは復興の継承者に成長していくに違いないとも思いました。

竹中さんたちは、できれば震災の年に産まれた乳児から小学生、中学生、高校生まで全ての震災遺児・孤児を「みちのく未来基金」の予約生にしてあげたい。予約生にすることで「本人だけでなく、里親も安心させたい。と、語っていました。

ところが、肝心の対象となる震災遺児・孤児と彼らの里親に「みちのく未来基金」のことを伝える方法が見つからず、以前、仮設校舎を訪れていた岩手放送のアナウンサーの紹介で大槌中学校を訪れたのでした。

震災当時の支援活動は、皆、手探り状態からスタートしていて、「みちのく未来基金」も奨学金の準備はできたのですが、個人情報保護の壁に突き当たっていたのです。

主旨は理解できたので、釜石・大槌地区の中学校には校長会を通して直接紹介することと、全県に周知されたいのであれば、県に相談する方が早いことを伝え、担当部署と担当者の名前を教えてあげました。それからまもなく、県教委から県内の中学校に「みちのく未来基金」の紹介文書が発信されました。

「みちのく未来基金」の奨学生は、私が被災地を離れる時点で4期生となり、当時で330人（岩手県は118人）が大学、短大、専門学校で学び、翌年には1期生が大学から社会へと初めて巣立ちました。

さらに、今後、進学する遺児・孤児のほとんどが「みちのく未来基金」の予約生となり、竹中さん、山田さんらの努力は実りました。

時々「みちのく未来基金」の奨学生が大学や短大で学業に勤《いそ》しむパンフレットが届きましたが、大槌中学校と気仙中学校で出合った子どもたちもその仲間入りをしています。

当時刊行された「みちのく未来基金設立の記録」には「神戸でやり残したことがある。こどもたちの支援ができなかった、こどもたちのために何かしないと本当の街の復興にはならない」というロート製薬会長の山田邦雄さんの発した一言に、松本晃さん（カルビー会長）、吉岡浩二さん（カゴメ会長）が二つ返事で賛同し基金がスタートしたと紹介されています。「経営哲学や社会に対する責任の認識等が共通する企業トップがいたからこそ4半世紀に及ぶ支援事業が動いた」と、基金設立に奔走した長沼孝義さん（カルビー副社長、みちのく未来基金代表理事）は回顧されています。

奨学金に関連した話ですが、「みちのく未来基金」とは別に、岩手県でも「いわての学び希望基金」を設立し、全ての震災遺児・孤児に月々の生活費に相当する奨学金を支給していました。大学でも、専門学校でも、進学するためには「学費」の他に「生活費」が必要です。「みちのく未来基金」は学費、「いわての学び希望基金」は「生活費」を支援するので、この2つの奨学金を併せて受給できれば、進学による経済負担は無くなります。ところが、「この2つの奨学金は同時に受給できない」と思い込み進学を諦めかけていた親子がいました。授業料と生活費、どちらか一方のみでは安心して大学生活を送ることはできないからです。

一般的に、奨学金の多くは他の団体の奨学金を同時に受け取る併給を禁止しています。この先入観から、親子は併給ができないと思い込んでいたのです。当初は、私も、この2つの奨学金は、併給は難しいと思っていました。しかし、併給について、双方の担当者に相談し、確認したところ「みちのく未来基金」と「いわての学び希望基金」は併給が可能だったのです。このことを教えてあげると親子はともに喜び、父親を失ったその高校生は、母親に励まされながら大学に進学していきました。もし、この親子に、奨学金や進路まで深く踏み込んで相談してくれる人がいたならば、もっと早く安心して進路を選択できたかも知れない。そう思いました。

生命保険に保険プランナーがいるように、1、698人のすべての遺児・孤児に、奨学金の相談や将来の夢への道筋をつけてくれる生活プランナーが必要と強く感じました。「誰かが面倒を見ている」という思い込みから、支援の手が届かない生徒が生まれないことを祈りました。

中学生フォトブックプロジェクト

「中学生フォトブックプロジェクト」は、カメラメーカーのニコン（NIKON）の社会貢献活動です。ニコンは「写真の力で復興支援」をスローガンに、被災した地域の中学校にデジタルカメラを贈り、そのカメラで生徒たちが自由に撮影した写真にキャッチコピーを考えさせる活動に取り組んでいました。

出来上がった作品はフォトブック（写真集）にまとめられ、プロジェクトに参加した生徒全員に寄贈されます。フルカラーで40ページという本格的な写真集で、この活動に参加した中学校は、震災の翌年で、岩手県、宮城県、福島県の中学校47校、約3、200人の中学生が被災地の今を記録し、フォトブックの制作に携わっていました。

被災地の生徒は取材されることが

ニコンの小松さんとフォトブック

あっても、自ら情報を発信する機会はあまりありません。生徒が、日々変わりゆく被災地を自分で撮影し記録することは貴重な体験で、完成したフォトブックは被災地の記録にもなると考え、大中槌学校もこのプロジェクトに参加させて頂くことにしました。

被災地を一校一校訪問されながら、この活動を広めていたのは、同社のCSR総括部社会貢献室の6人のメンバーで、大槌中学校でお世話になったのは、小松俊也さんでした。「中学生フォトブックプロジェクト」では、写真撮影の講習会やパソコンを使った編集指導も活動の一つで、小松さんは自ら講師も務め、各校が制作したフォトブックの写真展の開催にも奔走されていました。

被災地を離れた駅や新幹線の車内でも偶然出会ったことがあったので、彼の行動力、行動範囲はかなりのものだったと思います。半袖シャツに日焼けした肌が印象に残り、彼は、今日も被災地のどこかの学校を駆け回っているような気がします。

ニコン「フォトブックプロジェクト」と小松さんには、大槌中学校と気仙中学校と合わせて4年間お世話になりました。

ところで、大槌中学校では、このプロジェクトに参加する前に、写真家のシギー吉田さんとご縁があったので、写真撮影の講習会は彼にお願いしました。

シギー吉田さんは、片手に松葉杖を握るカメラマンで「松葉杖の写真家」と呼ばれていました。高校時代、日本代表に声がかかるラグビーマンだったという彼は、練習中のケガで頸椎を損傷し、しばらく寝たきりの状態が続いていたのだそ

シギーさんによる撮影講習会

うですが、そこから這い上がられ、戦禍を被ったパレスチナや東日本大震災の被災地の写真を撮り続けられていました。

その彼が、元ラガーマンという大きな体を松葉杖で支えながら、生徒に写真の撮り方と写真の魅力を教えて下さったのです。

この年のフォトブックには、「被災地の今」だけでなく、絶望の淵から這い上がったカメラマンと、被災地を記録する生徒とたちとの出会いも記録されています。

5　作家たちの活動「12の贈り物」

震災の年、まだ教育センターに勤務していた時のことです。被災地支援を終えて陸前高田市から一関市に向かっている時に、車のラジオから作家の高橋克彦さんの対談が流れました。

北上山地の峠筋で電波の受信状況が悪い場所でしたが、彼が「同じ作家たちが支援に乗り出す呼び水にしたい」と、1,000万円を寄付されたという話は聴き取れました。

高橋克彦さんは江戸川乱歩賞、吉田英治文学賞など数々の文学賞を受賞され、大河ドラマ『炎立つ』、『北条時宗』の原作も担当された日本を代表する小説家です。「どろ亀さん」の愛称で知られたエッセイストの高橋喜平さんは彼の伯父さんです。

この頃、突然、涙が流れることがありました。被災地では、あれだけの災害、不幸を目にしても、何故か涙は流れなかったのですが、一人になり、被災地のことを思い返したり、テレビドラマの感動場面や悲しい場面を見たりするだけで涙が流れるのです。

高橋克彦さんの話を聞いたときも、不意を突かれたように、涙が頬を伝わっていました。皆、それぞれが、其々の立場で被災地と向き合っている……、そのことに感動したのかも知れません。

ラジオの対談に心を動かされた私は、ちょうど教育センターの機関誌『教育研究岩手（第99号）』の編集に携わっていたときだったので、高橋克彦さんから、被災地で頑張っている先生方はもちろん、県内の先生方にエールを送って頂けないだろうかと考え、この機関誌の巻頭をお願いしてみることにし、早速、ラジオで彼と対談していた放送局のアナウンサーに「高橋さんの連絡先を教えてほしい。難しいときは、原稿依頼の手紙を、彼に届けてほしい」と手紙を送りました。

県内在住とはいえ、面識は無く、住所も電話番号も分からなかったからです。

ほどなく、彼の秘書から「原稿の執筆は難しいが、対談の機会ならつくれます。そこから原稿を起こしてはどうか」という返事が届き、作家高橋克彦さんとの対談が実現しました。

対談で、高橋さんは「震災直後、書店やCDショップが閉じられているのを見てショックを受けた」と話され、「本は平和なときでないと売れないことを痛感した。だからこそ、作家たちは今頑張らなければならない」と作家としての震災への思いを語られ被災地の子どもたちの様子に触れながら「教育は目に見えないもの、心を育てるものですから、直ぐに成果は出ないかもしれません。でも、沿岸部被災地の小学校、中学校、高校の子どもたちは、みんなすばらしい子どもたちだったということは、期せずしてこれまでの教育の指導が間違いではなかったことを証明したと思います」と、復興に尽力する県内の先生を励まして下さいました。

高橋克彦さんの作家としての行動は寄付だけではありませんでした。彼は、県内在住の小説家に、震災の犠牲者への祈りと文化復興支援のために小説を持ち寄よることを呼びかけ、震災の年の8月に、短編小説集「12の贈り物」を出版されています。「12の贈り物」の印税は、被災地の図書館を復興するために寄付されました。

「12の贈り物」には、短編毎に、作者の震災にまつわるエピソードが、その冒頭に綴られています。

「3月11日、わが家も停電しました。まだまだ寒い季節、真っ黒な中で度々襲ってくる余震に浅い眠りを繰り返し、ようやく窓から光りが差しこんだ時の安堵感は忘れられません。その夜やっと電気が復旧し、テレビをつけたとたん飛び込んできた映像に、言葉を無くしました。真っ黒な波が町を呑みこんでいく。この世にこんな禍々しい黒が存在するのかと、信じられない思いでした。（略）。（石野晶。「ツツジとドクロ」を寄稿。九戸村在住）」

短編「愛の記憶」を寄稿された高橋さんは、次のように綴っています。

「せめてこれからは、苦しい現実と立ち向かっている人々が温もりを感じるような物語を多く心掛けるようにしよう。絶望や悲しみは、私が書かなくとも皆が知っている」

余談になりますが、高橋克彦さんの秘書で「12の贈り物」の編者でもある道又力さんは大槌町の出身でした。彼は、震災以来「絵本ボランティア」として沿岸被災地で活動されていました。後に「12の贈り物」の後書きから知ったことですが、大槌町出身の彼は叔父や従兄弟だけでも6人を亡くされていました。

その道又さんが、ボランティアとして活動し、県紙岩手日報に「文学の國いわて」を連載したり、年末の盛岡の風物詩となった「盛岡文士劇」の脚本を書いたりと、若手のホープとして活躍される姿は、被災地の子どもたちに勇気と希望を与えてくれています。

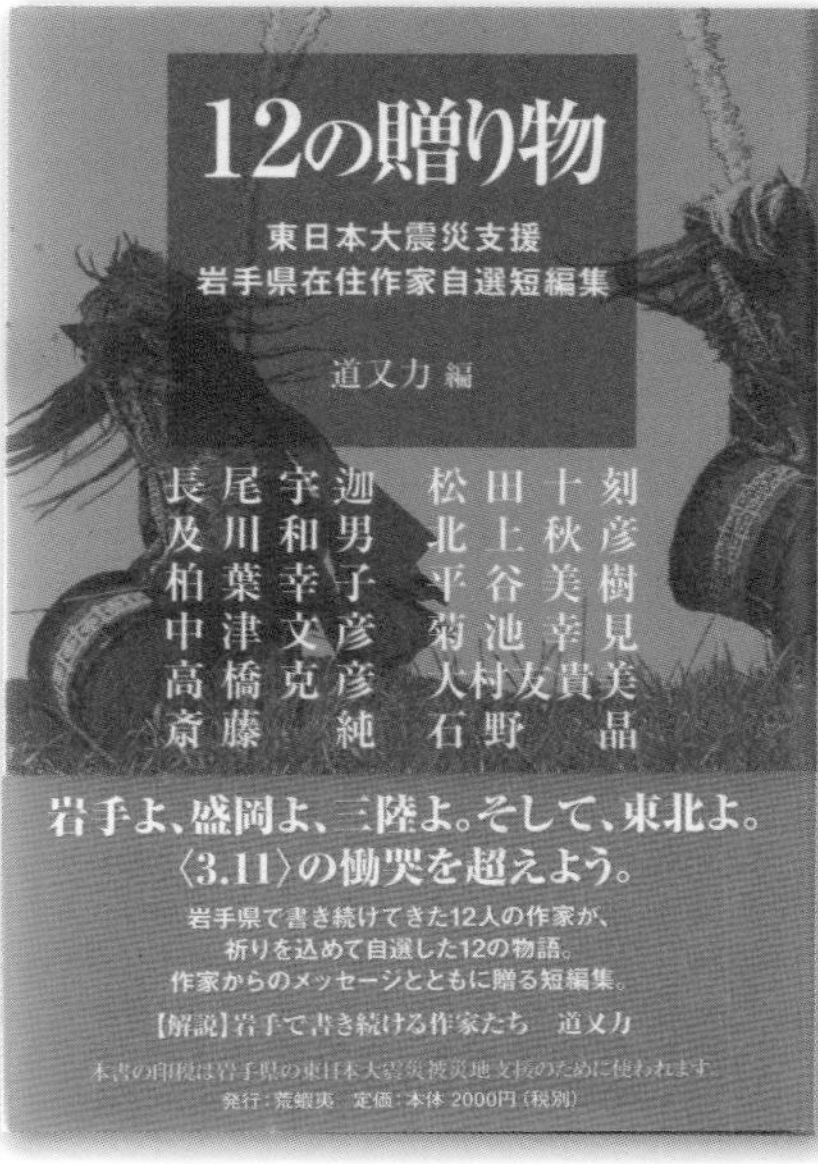

「12の贈り物」荒蝦夷

第五章

支援物資のミスマッチと「マッチング」

空き教室や廃校に山積みにされる文房具や古本は、支援者と被災者との間に起きていた「構造的な」ミスマッチによるものです。

「構造的な」という意味は、誰かの責任という訳ではなく、きちんと対策を取らなければ、今後も、いつでも、どこにでも起こり得るという意味です。

本章では、構造的なミスマッチの事例と、その解決策について、いくつか提案させて頂きました。

1 被災地で起きていたミスマッチ 廃校に山積みされる文房具

震災直後から、被災地に大量に送られたのがノートや鉛筆といった文房具でした。ところが、その文房具は、震災から1年経っても山積にされていました。数が揃わなかったことや、同じ物が多かったことなどが理由ですが、支援者には思いもよらなかったことと思います。

これらの文房具は、個人から寄せられたものもありましたが、多くは、学校や、学年、学級の取り組みとして組織的に被災地に送られた支援物資です。

大規模災害では、全国から支援物資が寄せられます。

支援物資の仕分け作業（教育センター体育館）

このとき、「被災地では、文房具が足りない。衣類が足りない」と考え、「とりあえず何か送ろう」と直観的に行動すると、文房具が山積みされるようなミスマッチが起きるのです。

私も、教育センターの体育館で、所員総動員で、地元の高校生にも協力して頂きながら、文房具の仕分けをした経験があるのですが、仕訳そのものも簡単な作業ではありませんでした。人手が足りず仕分けをする場所も無い被災地ではなおさらだったと思います。

支援物資のミスマッチは阪神・淡路大震災の時も指摘され、「支援物資の処分費用に2、300万円をかけた」市もあったと言われます。さらに、北海道南西沖地震では「5、000トンを超える救援物資が送られ、そのうち1、200トンの衣類などが焼却されたり、埋め立てられたりした」と言われています。

本県でも、震災から確か半年後のことだった思いますが、県が支援物資の中から賞味期限の切れた食品やカビの生えた衣類を処分するという記事が新聞に掲載され、その費用が膨大なことに県民は驚きました。

このように記述すると、支援物資の仕分け担当者を責めているように思われるかも知れませんが、決してそうではありません。

なぜかと言うと、支援物資を大量に処分した県の施設では、最盛期には24時間体制、二交代制で常時60人もの方々が必死で支援物資の荷受、仕分け作業をしていたことを知っているからです。

支援物資のミスマッチを減らしていくためには、このミスマッチが、個々の担当者の考えや行動によって起きるのではなく、構造的に起きていることをまず理解する必要があり、この構造的なミスマッチに真剣に向き合わないと、支援物資のミスマッチは、これからもいろいろな被災地で繰り返されることになります。大規模災害の時は、直観や思いつきで支援物資を送ってはいけないように思いました。

仕分けも大変でしたが、支援物資の配付にも困った問題が起きていました。被災地の生業《なりわい》の再生を妨げてしまうのです。たとえば、支援者から頂いた文房具を児童生徒に配付し続ければ、地元の文房具店が営業を再開することができなくなり、自転車やヘルメットも同じで、支援が続く限り、地元の自転車屋さんの営業は難しくなるのです。地元の商店街や会社が再開しなければ、保護者は失業したままになります。

先に紹介した「気仙すぎのこ基金」のように、被災地の生業の再生を支援するためには、できるだけ、地元の業者から購入して送ることが大事になります。

本の寄付にもミスマッチがありました。震災後に被災地に全国から寄せられた本の数は、恐らく数万冊に上り、図書館が被災した市町村や、仮設校舎に蔵書スペースは無く、行き場を失った古本は、山間の廃校や空き室に野積みにされていきました。

大槌中学校では、「野積みにするよりは」と思い、集まった本を廊下に並べ、生徒に自由に持ち帰らせることにしました。津波で家が流され、生活環境から本が消えていたと思ったからです。この発想に立つと、逆に支援者からの本の寄付が待ち遠しくなりました。

本に限って言えば、有難いのは、本よりも図書券でした。ある程度図書券がたまると全校生徒に「好きな本を自分で買いなさい」と、図書券を平等に手渡すことができるのです。生徒は好きな本が買えて、地元の本屋さんの応援にもなります。

本の寄付で特に印象に残っているのは「こぼん」です。「こぼん」は、児童文学の吉村喜彦氏の作品で、RKHが町内の一頁堂という書店に発注し、中学校に文庫本300冊が届けられました。理想的な支援の形です。

それから程なく、作者の吉村氏が、有美子夫人とご一緒に大槌中学校を訪れ、すでに「こぼん」を読破した生徒たちが作者と対談できました。「あのキャラクターが好きだった」とか、「あの展開は気になった」と生徒が話すと、吉村氏は「『こぼん』には自分の経験も生かされているし、最後の展開は妻と相談した」と応答し、生徒は弾けるような笑顔でうなずいていました。

恥ずかしながら、筆者が開高健、山口瞳が勤めたというサントリー宣伝部にも勤務されていた吉村氏の偉大さを知ったのは、それから2年後、朝ドラのマッサン（竹鶴正孝）を見てからでした。

公平性が引き起こすミスマッチ
仕分と配送に苦慮する自治体

「生業の再生」への配慮の他にも、支援物資の配付で自治体が苦慮することがありあました。それは、住民サービスの平等、公平性からくる問題です。

自治体が予算の中から被災者に「平等に」支援物資を届けるのであれば特に問題ないのですが、住民サービスの平等を基本とする自治体が、被災者全員には行き渡らない支援物資を受け取ってしまうと、配付方法に頭を抱え、身動きが執りづらくなることがあるのです。

一般的な話ですが、自治体が支援物資を配付する時は、各避難所や各学校に支援物資の在庫情報を照会し、それぞれの希望を調整します。全国から毎日届く膨大な支援物資をこのような手続きで仕分けし配送するので、自治体に届いた支援物資を被災地に迅速に届けるのは難しいのです。

しかも、避難所や学校と綿密に連絡を取ろうとしても、震災直後は、情報手段もままならず、支援物資もある程度数と量が揃うまでは被災地に情報を照会できないため、結果的に、数と量が揃わない支援物資は山積されて行き、その内に、食糧品は賞味期限が切れ、梅雨から夏にかけて衣類にはカビが生えたのです。

支援物資が山積されたのは県だけではなく、市町村も、学校も同じです。学校でも、生徒の数だけ揃ったノートや鉛筆ならば直ぐに支給できるのですが、赴任した時、被災した小学校の2階で見た文房具の山は、色や形が不揃いで数も疎《まば》らなものでした。その中には教育センターで仕分けした文房具もありました。

被災地で暮らしてみると、住民サービスの平等が求められる自治体や公的な機関は、支援物資の仕分けや配付には、そもそも不向きなような気がしてなりませんでした。

NPOやボランティア団体でも公平性、平等性は必要ですが、被災地に送られて来る支援物資の動きを4年間見て来た経験から、支援物資の仕分け、配付は、行政よりNPOやボランティア団体の方が、はるかに柔軟に対応出来ていたように思います。

真偽を確かめたわけではありませんが、釜石港から陸揚げされた支援物資は陸上自衛隊が担当し、彼らは独自の判断で避難所への配付を行ったと言われています。支援物資の仕分けは、自衛隊やNPOのように、ある程度独自の判断で行動できる組織が向いているように見えました。これから支援物資のミスマッチを減らしていくためには、行政があらかじめ、NPOやボランティア団体と協定を結び、支援物資の仕分けを彼らに全面的に委ねる（一任する）ことも一つの方法だと思います。

支援物資のミスマッチの話から少し逸れますが、東日本大震災では、自治体が指定した避難所以外の公民館や民家（個人宅）にも多くの人が身を寄せられていました。たとえば、陸前高田市内の教え子の家には母屋に32人、工場に45人が避難し、釜石市内の老舗の料亭では、「座敷を避難者に開放し、食事の対応で避難者が疑心暗鬼にならないように、冷蔵庫の中をすべて見せながら避難者と一緒に生活した」と、女将から伺いました。

県や市町村は、こうした小さな避難所も一つ一つ把握していきましたが、このような避難所は、支援者からは気づかれず、支援物資も限られ、なかば自給自足の避難生活を余儀なくされていたようです。

このような小さな避難所まで、支援物資を行き渡らせるためには、中核となる避難所に溢れるほどの支援物資を届ける必要がある思いました。そうしないと、特に食料品などは備蓄をゼロにはできず、心理的な不安も重なるため、他の避難所に分けてあげ難くなるようです。

先ほど、支援物資を大量に送ると破棄される場合があることを説明したばかりですが、逆に、少なくても課題が生じます。支援物資のミスマッチを無くすのは難題です。冒頭で、「きちんと対策を取らなければ」と述べたのはこのためです。

ランドセルのミスマッチ

支援物資のミスマッチを象徴する出来事にランドセルがありました。東日本大震災では、全国の小学校や個人からランドセルが続々と届きました。

そのランドセルの仕分けも担当したことがあるのですが、送られて来たランドセルの中には新品のノートや鉛筆が詰め込まれ、ランドセルを提供して頂いた児童からメッセージも添えられていました。卒業を目前にした小学生が、自分が6年間背負った大切なランドセルを、被災地の小学生のために送ってくれたものであることは、直ぐに分かりました。

ところが、同じ時期に、大手スーパーから被災地に数千個の新品のランドセルが送られて、被災地に「新品」のランドセルと「お下がり」のランドセルが同時に届いたのです。

津波で何もかも流された子どもと保護者が、どちらのランドセルを希望したのかは、言わずもがなです。あのような状況で「せめて、子どものランドセルぐらいは新しいものを」と、思う親の気持ちは、誰も責められないでしょう。

結果的に、小学生の優しい思いが詰め込まれた「お下がり」のランドセルの一部は、行き場を失ってしまいました。これも、震災直後に被災地で起きていたミスマッチでした。支援者と被災者との間の構造的なミスマッチは、企業も巻き込んで起きていたのです。

私事ですが、我が家でも、仕事から帰ると、母親と姉妹が、物置からランドセルを持ち出して被災地に送る準備をしていましたが、私は、娘たちに事情を説明し、ランドセルを送ることを止めさせました。

タイムラグによるミスマッチ
被災地のニーズは刻々と変化する

被災地から遠く離れた支援者が、支援物資の荷造りをしている間に、被災地のニーズは刻刻と変化し、支援物資が届いた頃には、不要になるものも出てきます。被災地のニーズの変化に気づかず、タイムラグ（時間差）によっても支援物資のミスマッチは起きていました。

たとえば、食べる物が何も無いような発災直後は、「冷たくても、流れ着いた物でも、とにかく食べ物や飲み物が欲しかった」と、知人は話していました。しかし、二日目、三日目になれば、「温かい物が食べたくなり、栄養も考え始めた」とも言います。

衣類も、津波で体まで濡れた時は、古着でも、多少汚れていても、寒さを凌げる物なら何でも着たかったと思うのですが、こちらも、衣類の支援が本格的に始まると、同じ衣類なら古着より新品を選ぶようになり、このことを象徴するように、東日本大震災では、古着の受け入れを断った自治体もあったと言います。

テレビの報道では、震災の当日の夜は、段ボールやごみ袋で寒さを凌いだ人もいましたが、翌日から、被災者のニーズは変わっていくのです。つまり、発災直後の被災地を想像して、食料や衣類を全国から送れば、タイムラグによって大量の不要品が生じてしまうのです。

恥ずかしい話ですが、私自身、数週間後に古着を被災地に届けた1人です。被災地がまるで難民のような生活をしているようなイメージがあったのです。被災者からは、笑顔で受け取って頂きましたが、きっとその後の処分に苦労されたに違いありません。発災当時、被災地にいなかった私には、支援物資のミスマッチのことなど、考えも及ばず、浅墓な判断で行動していました。

東日本大震災では、発災直後に被災者におにぎりを届けたり、山を越えて米や野菜、古着を届けたりすることができたのは被災を免れた近所の人たちや、車で駆けつけることのできた一関市や奥州市、遠野市といった近隣市町村の人たちでした。

全国の支援者は、被災地でこうした緊急支援が行われているときに、緊急時に必要な支援物資の発送準備を始めていたことになります。後に処分の対象になったものが少なくなかったと考えられます。被災地のニーズが変ってから届いた支援物資の多くは、被災地のニーズが変ってから届いたものが少なくなかったと考えられます。

被災地との関係、距離や時間によっても、支援者としての役割は変わってくるのです。

ボランティア受け入れのミスマッチ

平成30年の西日本豪雨の時、「受入れ体制が整わない」「避難指示が出されている」等の理由から「ボランティアお断り」のニュースが流れました。既に、被災地周辺までボランティアが集まっていた時で、このニュースは、後の「ボランティア不足」に大きく影響したように思いました。

同じ日に、家の中まで土砂が入り途方に暮れている老夫婦の番組も流れました。猛暑の中、たった2人で後片付けする老夫婦を見ていると、「誰でもいいから助けて欲しい」「土砂を取り除いてほしい」「人手が欲しい」という悲鳴が聞こえてくるようでした。

ボランティアを必要としている人がいるのに、ボランティアを断らざるを得ない。これも、被災地で度々《たびたび》見られたミスマッチで、東日本大震災でも起きていました。おそらく、熊本地震や北海道胆振東部地震、令和元年の台風15号、19号の被災地でも起きていたに違いありません。

被災した自治体がボランティアを直ぐには受け入れられないのは、大規模災害が発生した自治体では、全職員が総動員で情報収集や復旧作業に当たるために、ボランティアに対応する人的なゆとりが無くなっているからです。

仮に、早期にボランティアの受け入れができたとしても、通信手段が混乱し情報が錯綜している状況では、被災状況の把握も困難を極め、ボランティアを現場に派遣させることはできなかったかも知れません。避難指示が出されている場所はもちろんのこと、ボランティアの安全が確保できない場所であればなおさらです。

それでも、ここ数年は、かなり迅速にボランティアの受け入れが行われていると感じています。相次ぐ天災を経験して、日頃の防災対策の中に、ボランティアの受け入れ方法まで加え始めていることの現れだと思いますが、当時は、災害時のボランティア対応の部署を設置し、ボランティアの受け入れ訓練まで行っていた自治体は、それほど多くなかったと思います。

ボランティアの受け入れ態勢が事前に整えられていけば、新型コロナウイルスの収まりどころにも因りますが、ボランティアは被災地にとってなくてはならない存在になっていくに違いありません。

その上での話ですが、東日本大震災の教訓を生かすためには、被災した自治体がボランティアを受け入れるのではなく、予め広域連携などで近隣市町村と協定を結び、被災していない近隣自治体がボランティアを受入れ、そこにベースキャンプを張り、そこから被災地に急行させることや、あるいは、予めＮＰＯ等にボランティアの対応を一任しておくようなしくみが必要だと思います。

　支援物資の仕分けや配布と同様に、ボランティアの受け入れをＮＰＯ等に一任できれば、行政は、本来の役割である調整、渉外に力を発揮できるはずです。

2　ICT時代の被災地支援

　被災地が、ある程度、落ち着きを取り戻し、流通が回復し、被災地の情報が入り始めたなら、支援物資は、可能な限り「必要な場所に」「必要な物を」「必要な数だけ」届けることが理想です。そうしないと、これまで紹介したように、せっかくの善意が焼却や廃棄され、保管し続ければ膨大な保管費が発生します。

　支援物資のミスマッチを減らすためには、被災者と支援者が積極的に意志疎通を行うことが大切で、両者の希望が一致したときに資金や物資を動かすようにすれば、無駄の無い理想的な支援になります。これがマッチングの考え方で、マッチングにはＩＣＴが役に立ちます。

ホームページやSNSの利用

　遠く離れた支援者、見ず知らない支援者に具体的な支援をお願いする簡単な方法はホームページやＳＮＳを利用することです。

　実際に、大槌中学校ではホームページを利用して、積極的に支援をお願いしていました。仮設校舎の生活に必要な物が生じれば、ホームページに「何が」「何個」欲しいと掲載するのです。これだけで、早ければ週内に、遅くても1、2週間もすれば、支援者が現れました。

　支援物資を届けるのは、中学校が返事をした後にお願いし、学校に支援物資が届けば、ホームページにお礼を掲載したので、同じ物が他の支援者から届けられることはありませんでした。

　このように、ホームページは、マッチングには欠かせない道具の一つですが、これからホームページを作られるのであれば、個人的には、第七章で紹介するネット・コモンズ（NetCommons）か、エデュマップ（edumap）をお勧めいたします。

ネット・コモンズは、手元にデジタルカメラで撮影した画像があれば、一太郎やワード（Word）で文章を作成するように簡単にホームページの更新ができ、このネット・コモンズの機能を制限し、学校にホームページ用のサイトを無償で提供しているのがエデュマップ（edumap）です。大槌中学校では、ネット・コモンズを利用していました。

ホームページは難しいというのであれば、機能は限られますが、ＳＮＳと呼ばれるツイッターやフェイスブック、ＬＩＮＥでも、支援物資のマッチングには十分役立ちます。＃（ハッシュタグ）を付けて支援を呼びかければ、支援者の輪は必ず広がるはずです。

ＳＮＳもネットも難しい時は、次に紹介するインターネット通販サイトのアマゾンの「ほしいものリスト」を利用すると便利ですが、いずれにせよ、「マッチング」を実現させるためには、支援者は被災者のニーズの把握に努めることが大切で、被災者側も、支援者に積極的に情報を発信する努力が必要です。ホームページやＳＮＳは、その道具の一つに過ぎません。

ほしいものリスト

ネット通販のアマゾンのサイトには、「ほしいものリスト」という便利な仕組みがあります。アマゾンに掲載されている商品から、ほしいものを選んでリストに登録すると、リストを見た家族や友人が商品を購入し、商品は、リストを登録した本人宛に届くという仕組みです。

この仕組みを利用して、被災地を応援していたのが、アマゾン（Amazon.co.jp）の「【被災地】ほしいものリスト」です。頭に【被災地】と付いているので、支援者がネットで検索し易くなっていました。

「ほしいものリスト」には、「被災者が必要としている数以上の商品は届かない」という仕組みがあり、たとえば、プリンターのインクを10個希望すると、リストには「希望10」「所有０」と表示され、誰かが３個購入すると「希望7」「所有3」と表示が変わり、全て購入されると「購入完了」となり、インクが10個以上届くことはなく、究極の「マッチングサイト」に見えました。

さらに、この「ほしいものリスト」は、登録された商品を支援者が1個単位で購入できるので、たとえば、前記のインクが1個1、000円だとすると、1人で支援すれば1万円になりますが、1人1個ずつ10人で購入すれば、一人1、000円から支援が出来るのです。匿名で支援したいときは、購入者の名前を伏せることもできます。

このリストを利用して、大槌中学校として最初にお願いしたのは、電源装置7台でした。半年前に建てられたばかりの仮設校舎には、教材備品が十分揃っておらず、理科の先生は、電源装置を借りに隣の学校まで出かけていました。そこで、「【被災地】大槌町立大槌中学校」の名前で、電源装置7台を募ったところ、月曜日にリストに登録したのですが、週末には新品の電源装置が届いたのです。

その後も、このリストを利用することで、ビデオカメラやプリンター用のインクの他、七夕飾りや豆まき用のピーナッツまで、支援して頂きました。

被災地支援を目的とした「ほしいものリスト」があることを教えてくれたのは、震災直後に岩手県立高田高等学校に赴任した教育センターの三田正巳という同僚でした。

高田高校は、校舎が全壊し隣の大船渡市にある廃校を借用して学校を再開しましたが、廃校にはコンピュータ室がありませんでした。

そこで、教育センターで情報教育の研修に携っていた三田さんは、このリストを利用して、サーバーやケーブルを調達し、自力でコンピュータ室を作り上げていたのです。

彼が急ごしらえで作ったコンピュータ室で、高田高校の生徒は、震災に直面した「生の声」を綴り、貴重な資料として残されました。「生徒に自分の気持ちを吐き出たせ、将来の夢や希望を持たせたかった」と、三田さんは語ります。その彼が、1年後に大槌中学校への赴任が決まった私に、餞別代りに教えてくれたのが、「ほしいものリスト」だったのです。

このプログラムは、東日本大震災の被災地支援を目的としていましたが、現在は、震災に限らず、支援を必要としている団体や施設を広くサポートするための新たな活動「Amazon『みんなで応援』プログラム」が始まっています。「みんなで応援」で検索してみてください。

「ほしいものリスト」は、被災者だけでなく、支援者団体も利用していて、彼らは、被災地に足を運び、そこで聞き取った要望を、支援団体として「ほしいものリスト」に登録し、送られてきた支援物資を避難所や被災校に届けていたのです。先に紹介した「気仙すぎのこ基金」や、遠野市に拠点をおく「プロジェクトNext」等も「【被災地】ほしいものリスト」を利用していた団体でした。

高田高校に赴任した三田さんも、私も、教育センターで情報教育を担当していたので、ネットの利用には戸惑うことはなかったのですが、ネットに自信が無い時は、「気仙すぎのこ基金」や「プロジェクトNext」のように「ほしいものリスト」を利用している支援団体に、「代理」でお願いするのがよいと思います。

ウエブベルマーク

ウエブベルマーク（Web Bellmark）は、ウエブベルマークのサイトから協賛会社の商品を購入、もしくはサービスを利用すると、利用した金額に応じて、協賛会社からウエブベルマーク協会に協賛金が寄せられるという新しい支援のしくみです。

この方法は「アフィリエイト」といい、サイトを通して利益を受けた企業が、その対価としてサイト運営者に協力金を支出します。アフィリエイトの率は協賛会社、商品によって異なりますが、設立当時の数字ですが、たとえば、本の場合は購入金額の3・85%が、ホテルに予約して宿泊すると最低でも宿泊料金の0・81%が協賛金として「ウエブベルマーク協会」に送られます。

ベルマーク教育助成財団、朝日新聞社、タグボート、博報堂、博報堂DYメディアパートナーズの5社が中心となり一般社団法人「ウエブベルマーク協会」を設立し２０１３年の9月から運用を開始しています。

大槌中学校が朝日新聞社の読者ホールで語り部プロジェクトを実施したご縁と、ウエブベルマークによる義援金が被災校支援に役立てられると伺ったことから、このプロジェクトには、企画の段階からキックオフイベントまでご協力させて頂きました。

ウエブベルマークに限らず、ネット社会の進展により、被災地支援や募金方法は大きく変わっていくように思いました。

これまで学校で行われてきたベルマーク運動とは別のものですが、「被災地を支援したい」という思いがあれば、誰でも手軽にできるボランティア活動で、私は、「大人でもできるベルマーク」「大学生から始めるベルマーク」と、支援者や友人に紹介してきました。

＊東日本大震災から10年の節目となる２０１２年3月11日、ウエブベルマークは、サイト名称とロゴマークがリニューアルされ、子ども・教育関連のプロジェクト分野に特化したクラウドファンディングサービス「ウェブベルマーク・クラウドファンディング」が追加されました。

https://crowdfundbellmark.en-jine.com

3　校長室の役割

支援者と被災者とのミスマッチを減らす上で、校長室の役割は大きかったと感じています。支援者との窓口が校長室になることが多かったというのがその理由です。

本来であれば、支援者との渉外は、支援の対象となる校務分掌を担当する職員が行うのが一番望ましいのですが、被災した生徒たちを受け持ち、学級指導、生徒指導に奔走する職員に、毎日のように訪れる支援者の対応をお願いすることはできませんでした。

この章の締めくくりに、校長室の役割について少し触れさせて頂きます。

スマイル体育館

校長室から支援者に直接お願いすることで実現したものの一つに、2階建ての第二体育館（集会スペース）がありました。

一階には柔道ができるように畳を敷き、2階には会議や授業ができるようにテーブルとイスを揃え、窓には暗幕も取りつけました。

仮設校舎には無かった念願の集会スペースと格技場で、「スマイル体育館」と名付けたこの施設は、新校舎に移るまで毎日利用され、県内初の小中一貫校の開校に向けた小学校と中学校の先生方との会議もここで行われました。

この高価な施設を寄付して頂いたのは「東北コマツ」です。仮設校舎は、どうしても集会スペースが足りなく、「できれば第二体育館が欲しい」と、だめ元承知で、支援者が訪問する度に話題に

完成したスマイル体育館

出させて頂いたところ、「仮設校舎の不便さを解消してあげたい」と、同社から支援の手が差し伸べられたのです。

ところが、第二体育館を建てて頂けることに有頂天になっていたとき、町役場では「使用後の解体費は誰が負担するのか」ということが話題になっていたのです。教職の私には、建設費や契約は未知の世界で、解体費のことなど考えてもいなかったので、この話は無理だと思い、校長室の役割どころか、関係者にご迷惑を掛けてしまったことに落ち込んでしまいました。

最終的には、解体費も会社側が負担してくれることになったのですが、この時、同社の紹介から解体費の調整までご尽力頂いたのは、大阪箕面市の派遣職員の方でした。彼に限らず派遣職員の皆さんには、様々な場面で大変お世話になりました。

ところで、第二体育館を考え始めたのは、小学校と中学校の仮設校舎の間にちょうどよい空きスペースがあったからでしたが、建設の話が進むと、今度は、お隣の小学校から、「空きスペースには、遊具を設置する予定だった」という話が出てきたのです。第二体育館を建てても遊具を設置するスペースは残るはずでしたが、小学校側の仮設校舎には校長が4人、こちらは一人と多勢に無勢で、折角の話がまた消えかかりました。

結局、敷地については、教育委員会の采配で、第2体育館は予定通りの場所に建てられ、翌年の5月に、「スマイル体育館」は完成し、安渡保育所の仮設保育所と一緒に開所式が行われました。安渡保育所も同社の支援で建設されていました。心配された遊技場も間もなく完成し、「スマイル体育館」の横で小学生が楽しそうに遊んでいました。

「スマイル体育館」開所式

グレース夫妻の贈り物

さて、第二体育館は完成しましたが、中身は、入居前のアパートの様に空っぽでした。

1階は集会スペース兼柔道場、2階は集会スペース兼研修室をと考えていたので、1階には畳、2階にはテーブルとイス、さらに、プレゼンテーション用の暗幕とカーテンが必要でした。

このうち、暗幕とカーテンは、長野の「鮭Tプロジェクト」の皆さんに購入から支払いまでお願いし、テーブルとイスは別の支援者からアマゾンで購入して頂いたので、残ったのは畳、50畳でした。

畳の件で、最初に相談させて頂いたのは、教育事務所の保健体育の担当者でした。格技（柔道）は必修教科なので県の復興関係の予算が使えないか当てにしてみたのです。

残念ながら、彼から頂いたのは「今年度の予算要求は終わったので来年まで待って欲しい」という回答でした。当てが外れて、仕方がないとは思いましたが、来年度の予算では、生徒が卒業してしまいます。そこで、支援者にも当たってみたのですが、畳の見積もりは凡そ百万円で直ぐには現れませんでした。

この窮地を救って頂いたのは、カリフォルニア州ナパでワインを生産されているグレース夫妻でした。グ

グレース夫妻（大槌中学校）

レース夫妻は、ワインで貯めたお金をチベットやインドをはじめ世界中の恵まれない子どもたちのために寄付され、インド洋大津波や四川省大地震の被災地を訪問し学校の建築にも尽力されていました。そして、次の支援先に選んで下さったのが、東日本大震災で被災した大槌中学校だったのです。

　ワインのことはよく分かりませんが、夫妻のワインは「カルト・ワイン」と呼ばれ、葡萄畑から手作りされ、生産量の限られた夫妻のワインを常時数千人が注文待ちしているということでした。

　震災翌年の歳の瀬に、グレース夫妻は、大槌中学校を支援するために貴重なワインを携えて来日され、東京でチャリティーディナーを開催し、それから数日後、夫妻は、チャリティーディナーの益金４６０万円の目録と、現金19万円を手渡すために大槌中学校を訪問されました。

　現金は、ディナーショーで空いたワインボトルにグレースさんがサインをされたところ、参加者が19万円で落札したと言うお金でした。チャリティーとは言え、空瓶でもこの金額です。中身の入ったボトルのオークションは驚きの落札価格と伺い、「カルト・ワイン」と称される意味が少し分かったような気がしました。

　グレース夫妻の寄付によりスマイル体育館に畳が入り、生徒は新品の畳の上で柔道に取り組むことができました。この時、女性の体育の先生を手伝う形で、生

畳が入ったスマイル体育館

徒に柔道を指導して下さったのは、最初に畳みの購入を相談した教育事務所の担当者でした。

考えてみれば、自分が担当者でも、年度途中の予算の工面は難しかったと思います。それでも、彼は、被災地の教育行政職という多忙の中で、柔道着を持参し、仮設校舎に駆けつけてくれたのです。

彼を見ていると「それぞれが、自分のポジションで、今できることを、精一杯する。それが復興教育だよ」と話された神戸の先生の言葉を思い出しました。柔道が専門の彼は、彼なりに、自分のできることで被災校を支援しようとしていたのです。その姿勢には、頭が下がる思いでした。

グレース夫妻から頂いた残りの寄付金はノートパソコン40台と周辺機器の購入費にもあてることができました。「(寄付金は)ＩＴ時代に生きる子どもたちのために使ってほしい。できれば、パソコンなどの情報機器の購入費に充てて欲しい」という夫妻の願いに沿ったものです。

実は、寄付金で畳を購入することに、当初、夫妻は難色を示されていました。お国柄の違いだったと思うのですが、「柔道はスポーツで、スポーツは個人の責任ですること」と、受け止められていたようです。

最終的には、快諾して頂いたのですが、それは、夫妻の友人で、夫妻に大槌中学校を紹介し頂いた中川恵さんという方が「体育は授業であり、柔道は日本の国技。そのために大槌中学校は畳を必要としている」と、丁寧に説明して頂いたおかげでした。

大槌中学校を訪問したとき、グレース夫妻は、これまで支援をしてきた国々の子どもたちの写真を手にされながら、自分たちの活動を嬉しそうに説明されました。寄付の文化が根付いているお国柄とはいえ、夫妻の自愛に胸が熱くなりました。

夫妻が中学校を訪問される時、中川さんから「夫妻は高齢で夫のディックは病を患っているから面会する部屋を温かくしていてほしい」と言付けられました。

希望どおりに校長室を温めて待っていたのですが、面会後、夫妻は、生徒と一緒の食事を希望され、妻のアンと仮設校舎の教室で給食を食べて帰りました。ディック&アン・グレース夫妻の子ども好きの一面が垣間見えたような気がしました。

スマイル図書館

仮設校舎に無かった図書館は、アミューズ事務所の岸谷五郎さんと、寺脇研さんらのご協力で、小学校側の空き教室に小、中共用の「スマイル図書館」として開館することが出来ました。この頃から小、中学校が共用する施設には頭に「スマイル」をつけて使用するようになっていました。

この「スマイル図書館」には、児童生徒が寝そべってくつろげるスペースがあります。学力日本一として知られる秋田県東成瀬村の小、中学校を視察したとき、学童保育の図書館に炬燵があったのをヒントにしたものです。

アミューズ事務所の寺脇さんと岸谷さんらは、毎年、年末に日本武道館でチャリティーボランティア「アクト・アゲインスト・エイズ（Act Against AIDS）」を開催されていました。エイズ啓発運動で、「エイズについて考えよう」「エイズをもっと知ろう」「エイズについてできることをしよう」を合言葉に、お二人が中心となり1993年から活動を続けられ、多くの歌手やアーチスト、小学生や中学生もこの活動に参加されています。

この年のチャリティーコンサートには福山雅治さんも参加され、その年に集めた寄付金が、震災以前から国内外でボランティア活動を続けていた大槌中学校の教え子を介して、東日本大震災の被災地である大槌中学校に寄付されることになったのです。

この寄付金が「スマイル図書館」の原資になりました。ただし、中学校側の仮設校舎には図書館に改修できる空き教室が無かったので、寄付金はすべて小学校に託し、小、中学校共用の「スマイル図書館」ができたのです。

この話がまとまったとき、岸谷五郎さん、寺脇研さんは、休日に大槌中学校を訪問され、ちょうど体育館で部活練習中のバドミントン部の生徒と一緒に汗を流され、その後は、校長室で、被災校の話に熱心に耳を傾けてくれました。彼らが休日を選ばれたのは被災校への配慮からです。

寺脇さんは初代「相棒」の俳優です。岸谷五郎さんは、当時、NHK木曜時代劇「ぼんくら」の主人公だったので、支援に感謝しながら、教員住宅で一人夕食をとりならが、時代劇を楽しんでいました。

保護者の支援・ホクエイ

気仙中学校に赴任していたとき、市教委の課長から1本の電話が入りました。「支援者の訪問を受け入れて欲しい」という内容でした。震災から4年が経過し、どの学校にも、多かれ少なかれ支援者との対応に時間を惜しむような雰囲気が漂い始めていた時期でした。

課長の意を察した訳ではありませんが、私は、直ぐに承諾し、スケジュールも空いていたので、いつものように、子どもたちの生活をプレゼンテーションで紹介させて頂きました。

ホクエイの担当者は、寺牛誠さんという方でした。彼から「何かお手伝いできることはありませんか」と、支援の準備があることを相談されたので、「本校（気仙中学校）は、閉校したばかりの学校をそのまま利用しているので教材・教具は比較的整っています。今、一番、心配しているのは保護者の経済状況で、特に子どもたちの遠征費の負担が大きい」と、気仙中学校の現状を説明しました。それから、約1か月後、ホクエイから気仙中学校に607万円の振り込みがありました。ホクエイは毎年社会貢献活動をされていて、気仙中学校を訪問された寺牛さんが、会社に戻られ社長と相談した結果、この年の支援対象を気仙中学校（保護者）に決めたということを知らされました。

寄付金があまりにも高額だったので、気仙中学校だけでいただく訳にはいかないと思い、ホクエイさんには申しわけないと思ったのですが、市内の中学校で分け合うことを市教委に具申したのですが、課長から「支援者の気持ちを尊重するように」と諭され、全額気仙中学校で使用させて頂くことにしました。

ホクエイの寺牛さんが来校されたのは、２０１４年10月６日、義援金の贈呈式が行われたのは、翌月の14日でした。贈呈式後、時間があったので、ホクエイの関係者の方々を被災した気仙中学校から広田湾の対岸に当たる陸前高田市小友町までご案内させて頂きました。寺牛さんから伺ったお話ですが、ホクエイの新年会は、社員が一堂に会して行われ、前年の会社の社会貢献活動を振り返るのが習わしと言うことでした。訪問の翌年の新年会では気仙中学校の様子が紹介されたようです。

寄付金は、気仙中学校が第一中学校と統合するまで練習試合の遠征費や、課外活動の旅費など充てられ、言うまでもありませんが、保護者の負担は大きく軽減されました。

ホクエイから義援金を預かる気中生

北限の異端児

校長室の役割で取り上げたように、体育館を建てたり、畳の費用を工面したり、寄付金をお願いしたりすることが「校長の仕事」かと問われれば、返す言葉はないのですが、もし、答えがあるとすれば、「自分のポジションで、今できることを、精一杯遣った結果」ということだけなのです。別に、意図的に取り組んだわけでも、用意周到に取り組んだわけでもないのです。

被災地での4年間は、被災した生徒や保護者を目の前にして無我夢中の毎日で、支援者と交換した名刺は千枚を超え、送信メールも千通以上ありました。

だからと言って、校長室で寄付や支援だけを募っていたわけではないのです。メールの送受信は、早朝、深夜がほとんどで、最終退庁者名簿にも名を連ねていました。

それでも、被災の校長が、テレビや新聞に登場すると、まるでゴシップ記事でも見るように、関係者からは、心無い評価をされることがありました。

少し考えて頂ければ分かるはずなのですが、被災地のど真ん中とも言える大槌中学校では、取材は日常茶飯事で、全校生徒の8割が家を失った気仙中学校も同様でした。

ましてや、どん底まで落とされた生徒たちが仮設店舗で職場体験をしたり、自ら情報を発信したりすれば、その姿が報道対象になるのはごく自然なことで、体育館や図書館を人知れずに寄付して頂くわけにもいかないのです。支援して頂いた方に対しても失礼な話です。

被災校がテレビや新聞に度々報道されるのは、別にパフォーマンスではなく「結果」に過ぎず、しかも、報道に取り上げられた活動は、教育活動のほんの一部に過ぎず、学校の先生方は日々の授業にも、生徒指導にも、キャリア教育や情報教育にもきちんと取り組んでいるのです。

私自身も、管理職の仕事に穴を開けたつもりはなく、時間があれば生徒が利用するテキストや教材を作成し、保健室に通う生徒とは、校長室や別室で日常的に会話を交わしていました。

ただ、人に言われるまでもなく「変わっているのは、どちらか?」と自問すれば、多忙化解消が叫ばれる時代に行事を増やし、校庭で焼き肉をしたり、豆まきをしたり、メールを中心に情報交換を行い、校長室に落ち着かない私の方であることは明らかでした。

自分とすれば、メールや携帯電話の時代に、校長室の椅子を温めることが校長の仕事には思えず、学校で大事なことは、会議で確認したことが実行され、期待どおりの成果を上げることで、目標を設定して進捗状況が管理できていれば、校長の居場所は関係ないと思うのですが、校長室にいる時間が少なく、帯電話やメールで仕事を進めるスタイルは、当時も、今も、残念ながら「型破り」に見られ、つまり、私は、校長としては「異端児」だったのです。しかも、残念なことに、自分が異端児だと思い当たる節は、過去にもありました。次の章で紹介しますが、教育センターに勤務していた時に、県内の学校、教職員を結ぶネットワークの構築をめざし、その必要性を関係者に説き歩いていたとき、「私はメールを信じない」と間髪入れずに返答されたことがありました。

教育センターとは言え、出先機関の一職員が、県のネットワークに口を挟むこと自体、異端児の為せる業なのですが、校務の情報化に関心が無ければ「大事なことは、メールではなく直接お会いして」という彼の言い分の方が正しいのです。それでも、自分の中には「メールで済むのであればメールの方が…」という思いは消せず、立ち話だったので、後退りしながらその場を離れました。

こんなこともありました。

生徒間や保護者間で、ネットを介したトラブルが起き始めていたとき、「これからは情報モラルの指導が大事になる」と、別の先生に話かけたところ、「携帯電話を買い与える親が悪い。家庭の責任」と一蹴されたのです。今度は、私が後退りする前に、面倒な話に思われたのか、彼の方が不機嫌そうに、その場を立ち去っていきました。

こうして過去を振り返って見ると、自分は、被災地に赴任する前から、この世界では異端児だったようです。被災地の校長として異端児だったのではなく、「北限の異端児」だったのです。「北限」には特に意味はないのですが、「北限」を付けると、少し希少価値があるように感じて、なぐさめになりました。

北限の異端児は、既に退職しましたが、退職後も「ネット社会の安全と安心」という演題で児童生徒や保護者を対象にした授業や講演依頼が続き、昨今は、プログラミングや、オンライン研修の講師依頼も舞い込んでいます。

先ほど、「メールを信じない」と話された先生が、WITHコロナの時代になり、会議や研修が中止になっていく中で、「メールで済ませるところはメールで」と職員に話されていると伺い、北限の異端児も、今のような時代なら、もう少し評価されていたかも知れないと思いました。遅咲きですが、北限の異端児にも少しは希少価値があったようなので、正直ほっとしています。

長距離運転と単身赴任

我が身の話が続いて済みませんが、もう一つだけ話させてください。長距離運転と単身赴任の話です。

単身赴任の大槌町と自宅のある一関市までは片道百30キロの距離があり、1週間の始めと終わりには、長距離運転が待っていました。

仕事を終えて大槌町を出発する時は、瓦礫の町の中心を抜け、途中、被災した釜石東中学校や、明かりの消えた釜石湾、大船渡湾を眺めます。一時間半ほど運転するとやっと高田町に入り、再び瓦礫の町を走ります。瓦礫の町は、車のライトだけが頼りで、ときにはタイヤに釘が刺さっていたことがありました。余震による津波が心配だったので車のラジオはつけたままにしていました。

俗っぽい幽霊話が出回た頃には、「夜中に瓦礫の中を運転して怖くないのか」と聞かれこともありました。このことに関しては全く平気でした。たぶん、身内の墓参りで墓地を怖がる人がいないのと同じだったと思います。震災後、体育館が遺体安置所になった学校がありましたが、学校再開と同時に、その体育館には子どもたちの賑やかな声が戻っています。このことを支援者に話すと驚く人が多いのですが、子どもたちにとっても、体育館に安置されていたのは遺体ではなく、大切な身内だったのです。怖がる理由はなく、夜の被災地も同じことでした。

高田町を抜け北上山地の峠を越えると、ようやく一関市です。時刻は、午後8時か9時、大槌町で夜の会議があれば11時、12時にもなりました。作家の高橋克彦氏の対談を聴いたのは、赴任前にこの峠道を走っている時でした。

瓦礫の町とは反対に、深夜の山越えはとても気味が悪く、暗闇に対する恐怖心のようなものが突然目覚めるのです。工事中の立看板が人影に見えたりすることも何度かあり、特にトンネルを走っている時は、バックミラーは見ないように運転していました。瓦礫の町を走っているときは何も感じないのに不思議でした。峠の前後で、気持ちが切り替わっていたのかもしれません。

週明けは、逆の道を辿り、早朝、5時前には家を出るので、今度は夜明けの被災地を見ながら、三陸沿岸を北上します。2時間半の運転なので、季節によって日の出の位置が変わりました。日の出の時刻が7時を過ぎる冬は、暗闇の中を出発し、釜石や大槌まで運転すると、ようやく太平洋から日が昇り、夏は、出発して間もない一関市内で、春や秋は、途中の高田町で日の出を迎えました。こうして、教え子や知人を亡くし

早朝の被災地（陸前高田市高田町）

た被災地を毎週通り抜けながら2年間を過ごしました。片道二時間半、往復２６０キロのドライブでした。途中で休憩を取り3時間の旅になり、疲れて駐車場で寝てしまうと深夜に目が覚めることもありました。

震災後に、かつてお世話になった土地に赴任できたことには、心から感謝しているのですが、この長距離運転には閉口し、仕事以上に体に堪えていました。

実は、このような生活が、大槌中学校に赴任する前から長く続いていました。

一関市から花巻市の教育センターまでは、高速通勤を続け、こちらは片道約75キロ、往復１５０キロを、延べ11年間、毎日運転していたのです。

途中、教育センターから教頭として大船渡市立越喜来中学校に赴任したのですが、同校までは、往復約百90キロの距離がありました。教育センターに二度目にお世話になったのが平成11年で、それから、越喜来中学校、教育センター、大槌中学校、気仙中学校と異動し、気仙中学校の勤務が終わる平成28年の三月まで17年間、長距離通勤と単身赴任生活が連続していたのです。この間に長女が小学校に入学したのですが、その長女は、私が被災地から戻る前に大学に進学したので、長女とはもとより、平日に、家族揃ってゆっくり夕飯を食べた記憶は、ほとんどありません。高速道路だけでも40万キロ、時速百キロで換算すると４千時間運転した計算になります。運転中に体を動かすことはないので、筋力は衰え、ふくらはぎには静脈瘤が浮いています。

被災地2校目の気仙中学校までは片道45キロもありましたが、これまでの通勤から見れば、散歩道のようなものでした。

こんな風に、遠距離通勤と単身生活が長く続いていたので、大槌中学校の内示を受けた時は、被災地のど真ん中に赴任するという気負いと同時に、正直なところ体力的な不安にも駆り立てられていました。

今、自分にできることを精一杯する

さて、「校長室の役割」に話を戻しますが、私が、被災地でしてきたことは、「自分のポジションで、今できることを、精一杯遣った」だけなのです。

このことを教えて頂いたのは、元神戸市教育委員長の森本純夫さんという方で、彼は、阪神淡路大震災を神戸市立布引中学校の教頭として被災され、以後、教育委員会事務局、校長、教育次長、神戸市総合教育センター所長等を歴任され、神戸の復興教育の陣頭指揮を取られた方です。

森本先生との出会いは、発災直後の２０１１年に「阪神淡路の教訓を東日本大震災に生かしたい」という思いから教育センターの所員研修会に招待したことでした。

研修会には、センター所員の他、全県に案内を配付したので大会議室は満席となり、森本先生の講演に限らず、神戸との交流は組織、部署を超えて多面的に行われ、岩手の復興教育は、阪神淡路の教訓が随所に生かされてきました。

講演の前日に、彼を車で被災地に案内したときから親しくさせて頂き、講演会も含め、彼は震災後三度来県し、その都度激励を受け、赴任先の大槌中学校にも足を運んで頂きました。

彼が被災地に最初に携えてきた神戸の教育復興の10年を記録した「幸せ運べるように」は、阪神・淡路大震災の教訓そのもので、岩手の復興教育の道標となりました。今も大切に手元に置いています。

その彼に、大槌中学校に赴任する前に、「復興教育とは何でしょうか？」と尋ねさせて頂いたことがあります。彼は「（震災直後は）これが復興教育という目標は見えなかったが、振り返ると復興の足跡が残っていた」と答えられ、「それぞれが、自分のポジションで、今できることを、精一杯することが大事」と教えて下さったのです。

「幸せを運べるように」みるめ書房

第六章

津波防災・減災学習の課題

被災地では様々な形で避難訓練や、津波防災・減災教育が行われて来ましたが、震災後は、特に、力が入ったように思います。

震災の記憶が生々しく「羹（あつもの）に懲りてなますを吹く」ような時期に、避難訓練や防災・減災教育を行うのは比較的容易ですが、私たちが本当に考えなければならないことは、数10年後の津波を想定した持続可能な避難訓練、防災・減災教育の在り方です。

この章では、東日本大震災が発生する前、１９９３年に発生した北海道南西沖地震の教訓を紹介しながら、避難訓練や、津波防災・減災教育の課題について考えてみます。

1　一九九三年北海道南西沖地震の教訓

平成5年7月12日、午後10時を回ったところで、北海道奥尻島北方沖の日本海でマグニチュード７・８の地震が発生しました。この地震で奥尻島西岸区域の集落は大惨事に見舞われました。

この時、太平洋沿岸にも津波警報が発令されましたが、大槌町で避難した住民は６・９%。約3割の住民は、避難命令の発令にさえ気づいていませんでした。

当時、大槌町新港町に住んでいた私は、深夜の津波警報に驚かされ高台に避難したのですが、町民は誰も避難していませんでした。このことに驚いた私は、翌日から、科学部の生徒と一緒に、津波警報が発令されていた時の町民の意識調査を行ってみたのです。質問は全部で17項目用意し、調査対象は全校生徒７０１人（世帯）、地震の翌日に調査用紙を配付し、５６０人（世帯）から回答がありました。

この調査から、先に紹介した６・９%という低い避難率と、その他にも興味深い事実がいくつも明らかになりました。たとえば、津波警報が発令されているのに「津波はこないと思った」と回答した人は6割に及び、「津波が来ると思った」人はわずか13％でした。このことが、多くの住民が避難しなかった理由です。また、警報と注意報では、予想される津波の高さが大きく違うのですが、約三割の人は「津波警報」と「津波注意報」の違いを正しく理解していませんでした。

この調査結果は「1993年北海道南西沖地震に関する意識・行動調査報告書～「津波警報」「避難命令」発令時における大槌町住民の意識・行動の分析～」としてまとめられ、新聞やニュースの他、日本自然災害学会でも紹介されました。奥尻島民にPTSDが現れることを予測しその対策を訴えた林春夫先生にお会いしたのはこの時でした。

津波防災学習会と揶揄

調査の結果、津波防災の課題点が沢山浮かび上がったので、この調査結果を基にして、生徒会と一緒に津波防災学習会を開催しました。地震が発生したのは7月12日。科学部が調査を開始したのは翌13日。津波防災学習会は、調査結果が報道機関から公表されてから約1月後の8月31日に実施しています。津波防災学習会には、生徒の他、地域の方や防災関係者など約80人が参加しました。

学習会は、①科学部による調査結果の発表と提言、②昭和8年三陸大地震津波とチリ地震津波のビデオ上映、③2度の津波を経験した地元の4人の語り部による体験談の発表、の3部構成で、津波の怖さを学ぶことと、津波警報や避難命令等の災害時に使われる用語の意味や違いをしっかり理解することをねらいにしました。

余談ですが、この時、調査結果の発表に生徒が使用したのはコンピュータとスクリーンとプロジェクターでした。今日では普通の発表スタイルですが、1993年のことですから、おそらく彼らがこのスタイルでは、県内初のプレゼンテーターだったと思います。

さて、学習会はと言うと、私自身、津波の語り部の話を聞くのは初めてで、「海の底が見えて、飛び跳ねる魚を捕まえようとした人が津波にさらわれた」という体験談や、「早く逃げろ！」、「たすけて！」という声が50年以上も頭から離れないという話に驚きました。

助言者の岩手大学教授（当時）の斎藤徳美先生は、「津波を経験していない中学生が、先頭に立って津波防災に取り組んだ意義は大きい」と高く評価して頂き、「日頃から防災無線を聞く習慣を身に付けて置くことが大切。揺れが小さいと防災無線を聞き流す傾向があり津波防災の盲点になっている」と指摘されました。

翌9月1日が、「防災の日」だったので学習会の様子は大きく報道され、ラジオから生中継もされました。この調査結果と学習会を受けて、NHK盛岡放送局では津波警報と津波注意報の違いを解説するスポット番組を流して頂きました。余談ですが、当時のNHKの取材者は、大相撲中継のアナウンサーとして定着している若き日の三瓶宏志さんでした。

しかし、表向きには高い評価を受けた学習会でしたが、実のところは、津波にあまり関心の無い人たちからは「いつくるか分からない津波に大げさな学習会」と揶揄され、冷ややかな視線も向けられていたのです。近隣市町村の防災関係者の方にも声を掛けさせて頂いたのですが、参加された方はいませんでした。

考えて見れば、6・9％の住民が避難したということは、津波警報が出されても9割以上の住民は避難しなかったことになり、避難行動を取った人は少数派で、当然ながら、津波防災学習会の意義や必要性を訴える私たちも少数派だったのです。今のように津波防災を語る人たちが重宝されたのは、東日本大震災後のことで、1993年当時は、いつくるかも分からない津波に対して心配の声を上げる人間は「オオカミ少年」のように見られ、津波防災学習会が相手にしていたのは、「津波はこない」と思い込んでしまっている「恒常性バイアス」だったようにも思います。

「恒常性バイアス」というのは、自分にとって都合の悪い情報を無視したり、過小評価したりしてしまう特性で、たとえば、津波警報が出されても、周りが避難しなければ「自分は大丈夫」「今回は大丈夫」「まだ大丈夫」と思ってしまうことなどを指します。心理学で用いるバイアスは「偏見」と訳され、車内に煙が見えているのに避難しなかった地下鉄放火事件を事例に解説されることが多く、震災後に頻繁に使われるようになった言葉です。

あれから18年後、大槌町の避難対策本部の廊下で、当時科学部の部長として津波防災学習会で発表した生徒に、偶然再会しました。再会するやいなや、彼の方から「震災の時、あの津波防災学習会のことを思い出した」と話し掛けてきたのです。彼は、津波で家を流され、町役場の臨時職員として働いていました。

彼とは別の卒業生からも「地震が来たとき津波の話を思い出した」と聞かされました。彼女は、大槌中学校で支援員として働いていました。二人とも生死を分ける状況で、津波防災学習会のことを思い出していたのです。

当時の生徒と津波防災学習を振り返ることができ、苦労が少し報われたような気持になりました。

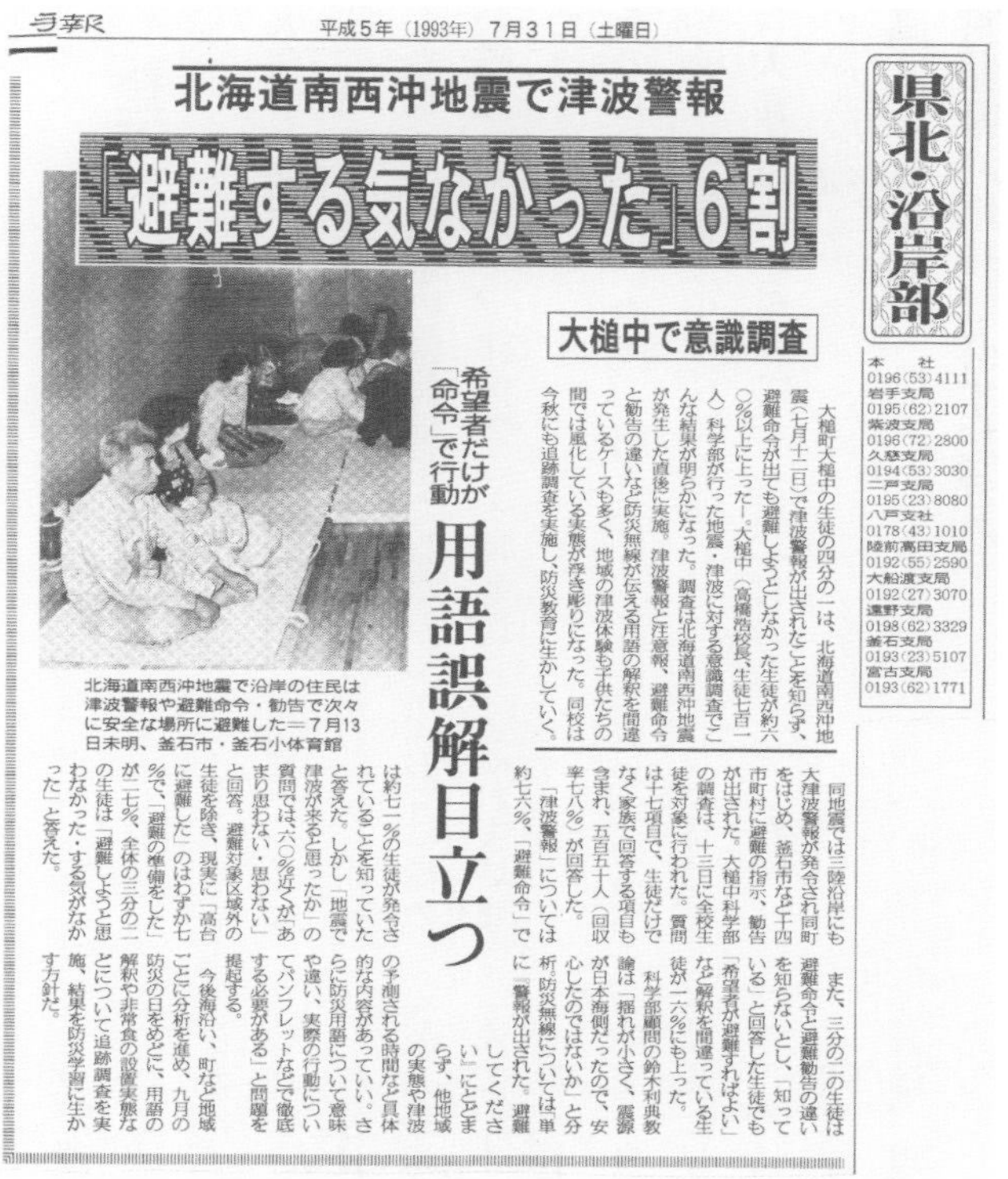
平成５年（1993年）７月31日（土曜日）

県北・沿岸部

北海道南西沖地震で津波警報
「避難する気なかった」6割
大槌中で意識調査

希望者だけが「命令」で行動
用語誤解目立つ

大槌町大槌中の生徒の四分の一は、北海道南西沖地震（七月十二日）で津波警報が出されたことを知らず、避難命令が出ても避難しようとしなかった生徒が約六〇％以上に上った—。大槌中（高橋浩校長、生徒七百一人）科学部が行った地震・津波に対する意識調査でこんな結果が明らかになった。調査は北海道南西沖地震が発生した直後に実施。津波警報と注意報、避難命令と勧告の違いなど防災無線が伝える用語の解釈を間違っているケースも多く、地域の津波体験も子供たちの間では風化している実態が浮き彫りになった。同校は今秋にも追跡調査を実施し、防災教育に生かしていく。

同地震では三陸沿岸にも大津波警報が発令され同町をはじめ、釜石市など十四市町村に避難の指示、勧告が出された。大槌中科学部の調査は、十三日に全校生徒を対象に行われた。質問は十七項目で、生徒だけでなく家族で回答する項目も含まれ、五百五十人（回収率七八％）が回答した。

「津波警報」については約七六％、「避難命令」では約七一％の生徒が発令されていることを知っていたと答えた。しかし「地震で津波が来ると思ったか」の質問では、六〇％近くが「あまり思わない・思わない」と回答。避難対象区域外の生徒を除き、現実に「高台に避難した」のはわずか七％で、「避難の準備をした」が二七％、全体の三分の二の生徒は「避難しようと思わなかった・する気がなかった」と答えた。

また、三分の二の生徒は避難命令と避難勧告の違いを知らないとし、「知っている」と回答した生徒でも「希望者が避難すればよい」など解釈を間違っている生徒が一六％にも上った。

科学部顧問の鈴木利典教諭は「揺れが小さく、震源が日本海側だったので、安心したのではないか」と分析。防災無線については「単に『警報が出された。避難してください』にとどまらず、他地域の実態や津波の予測される時間など具体的な内容があっていい。さらに防災用語について意味や違い、実際の行動についてパンフレットなどで徹底する必要がある」と問題を提起する。

今後海沿い、町など地域ごとに分析を進め、九月の防災の日をめどに、用語の解釈や非常食の設置実態などについて追跡調査を実施、結果を防災学習に生かす方針だ。

北海道南西沖地震で沿岸の住民は津波警報や避難命令・勧告で次々に安全な場所に避難した＝７月13日未明、釜石市・釜石小体育館

本社 0196(53)4111
岩手支局 0195(62)2107
紫波支局 0196(72)2800
久慈支局 0194(53)3030
二戸支局 0195(23)8080
八戸支社 0178(43)1010
陸前高田支局 0192(55)2590
大船渡支局 0192(27)3070
遠野支局 0198(62)3329
釜石支局 0193(23)5107
宮古支局 0193(62)1771

岩手日報（1993年7月31日）

2　登下校中の避難訓練

大槌中学校で津波防災学習会が開かれた翌年、私は内陸の川崎村立川崎中学校に異動になりました。川崎村（当時）は洪水の常襲地帯でしたが、津波とは縁の無い町だったので、津波のことはしばらく忘れていました。

その私が、再び津波と向き合うようになったのは、大船渡市立越喜来中学校に教頭として赴任した時でした。大槌中学校を離れてから11年目のことでした。

備えを怠るな！　宮城県沖地震は必ず起きる！

「備えを怠るな！　宮城県沖地震は必ず起きる」は、当時の大船渡市の金野大登教育長の口癖でした。大船渡市は防災教育に力を入れていて、今度は、学校の管理者の一人として避難訓練や防災・減災教育に取り組むことになったのです。

金野教育長は「地震や津波は何時起きるか分からない」と、市内の小中学校に登下校途中の避難訓練を呼びかけ、登校途中の訓練を実施した学校には「次は下校途中の訓練を」と激励していました。

教育長の意を体するように、当時の教頭会でも「津波災害時の学校の役割」をテーマに共同研究に取り組んでいました。

東日本大震災が起きたのは、それから5年後のことです。当時の教頭会のメンバーは、被災地の校長、副校長として活躍し、その奮闘ぶりは震災関連の多くの報告書に記録されています。

残念なことに、防災教育に尽力された金野大登教育長は、現場の教職員が児童生徒の命を守り抜いた姿を見ることなく震災の前年に病で他界されました。

宮城県沖ではＭ７・１～７・４前後の地震が、25年から40年という比較的短い間隔で周期的に発生し、最後に発生したのは１９７８年、すでに30年近く経っていました。

三陸海岸の津波の歴史を紐解くと、昭和35年にチリ地震津波、その27年前の昭和8年には三陸地震津波、さらに遡り、その40年前には明治三陸地震大津波、さらに、その64年前の安政八戸沖地震津波、その30年前の寛政地震津波と、津波は繰り返して来襲しています。

地球の裏側から押し寄せたチリ地震津波を除けば、これらの記録だけでも、三陸沿岸には30年から64年の間に1回は地震と大津波が繰り返し発生しているのです。

大槌中学校で津波防災学習を実施したのは、昭和8年の最後の大地震から73年後、越喜来中学校に着任した時は、既に84年が経過していました。統計的には、いつ津波に襲われてもおかしくない状態だったのです。

大船渡市を始め三陸沿岸の各学校が、あの手この手と内容を変えながら避難訓練、津波防災・減災教育に取り組んでいたのは、地震や津波が周期的に繰り返すことを歴史的に知っていたからです。

特に、スマトラ島沖でマグにチュード9・1の巨大地震・津波が発生し、インド洋沿岸部一帯で22万人以上が死者・行方不明となったインド洋大津波後は、津波に対する切迫感や緊張感が一段と高まり、避難訓練は、より具体的な内容になり、授業中の避難訓練に加え、登下校中の避難訓練も盛んに行われていたのでした。大船渡市に限らず「津波は必ず来る」という想定のもとに、学校と地域が一体となり、避難訓練や防災・減災教育に継続的に、しかも、実践的な内容に切り替えながら取り組んできた成果が、岩手県では震災当時学校から避難した児童生徒から一人も犠牲者を出さなかったという「減災」を導いたと考えています。

津波防災カードと「てんでんこ」の避難訓練

越喜来中学校でも、登下校中の避難訓練を実施したのですが、本格的な避難訓練にしようとすればするほど、様々な課題が出てきました。

一番の課題は、登下校中に地震が起きた時、生徒がどこに避難したらよいのか、指示も確認もできなかったことです。全員で学校に避難したり、同じ場所に集合したりするのであれば、直ぐにでも訓練は実施できるのですが、それでは意味がありません。「自分の命は自分で守る」、「生徒各々が自分の判断で行動する」ことが、登下校中の避難訓練の大きな目的だったからです。

そこで、時間は掛かりましたが、全校生徒一人一人に、通学途中にある市が指定している避難場所をすべて確認させ、その上で、①家から出て間もない時、②登校途中、③学校が近づいたとき、それぞれの場合に地震が発生したら、自分はどこに避難したら良いのか、ついでに、地震や津波が起きたときに家族が一緒にいるとは限らないことや家が流されてしまうかもしれないことにも触れて、「被災後に家族が集合する場所」を、家族と一緒に考えさせてみることから準備を始めました。

当然ですが、生徒の避難場所は様々で、発生時刻によって避難場所も変わりました。そもそも、「指定の避難場所が分からない」「家族と集合する場所を決めていない」という生徒も沢山いたのです。

そこで、生徒が、家族と一緒に話し合って決めた「登下校中の避難場所」と「家族の集合場所」を、厚紙に記入させ、鳩目をつけて、玄関や居間など家族が見える場所に架けられるようにして上げました。

これが「津波防災カード」です。万が一に備えて学校はコピーを控え、「津波防災カード」の裏側には、越喜来中学校区の地図と指定避難場所を印刷しています。

越喜来中学校の登下校中の避難訓練は、生徒が作成したそれぞれの「津波防災カード」に基づいて実施したので、極端な言い方をすると、全校生徒の避難場所が皆違うという避難訓練になりました。

三陸沿岸には「津波がきたら命てんでんこ」という言葉があります。「てんでんこ」というのは、めいめい、それぞれという意味で「自分の命は自分で守れ」という言い伝えです。

越喜来中学校の避難訓練は、まさに「てんでんこ」の避難訓練になりました。課題と言えば、この登下校時の避難訓練は、想像以上にハードルが高かく、準備から実施まで半年以上も費やしてしまったことです。

当時、「津波防災カード」を始め、越喜来中学校の取材に入った記者は、「登下校中の災害は津波に限りませんね」と語り、別の記者は「登下校中の災害は、沿岸に限らずどこでも起こり得ることで、わが家は、大きな災害が発生したら、職場の南側の小学校のグランドを家族が集合する場所に決めている」と教えてくれました。

登下校中や出勤途中に災害が発生する。これは、全国どこでも起こり得ることです。交通機関が麻痺したり、自宅が消失したりしたときに備え、家族が集合する場所を予め決めておき、防災グッズと一緒に入れておくのはどうでしょうか。

退職前にお世話になった一関市立厳美中学校では、家庭調査票の様式を変え、入学時や年度初めに、災害時の家族の集合場所も記載して頂くようにしています。

これぐらいなら、全国の学校、家庭で今すぐできることです。これだけでも、災害時の行動や安心感は大きく変わると思います。

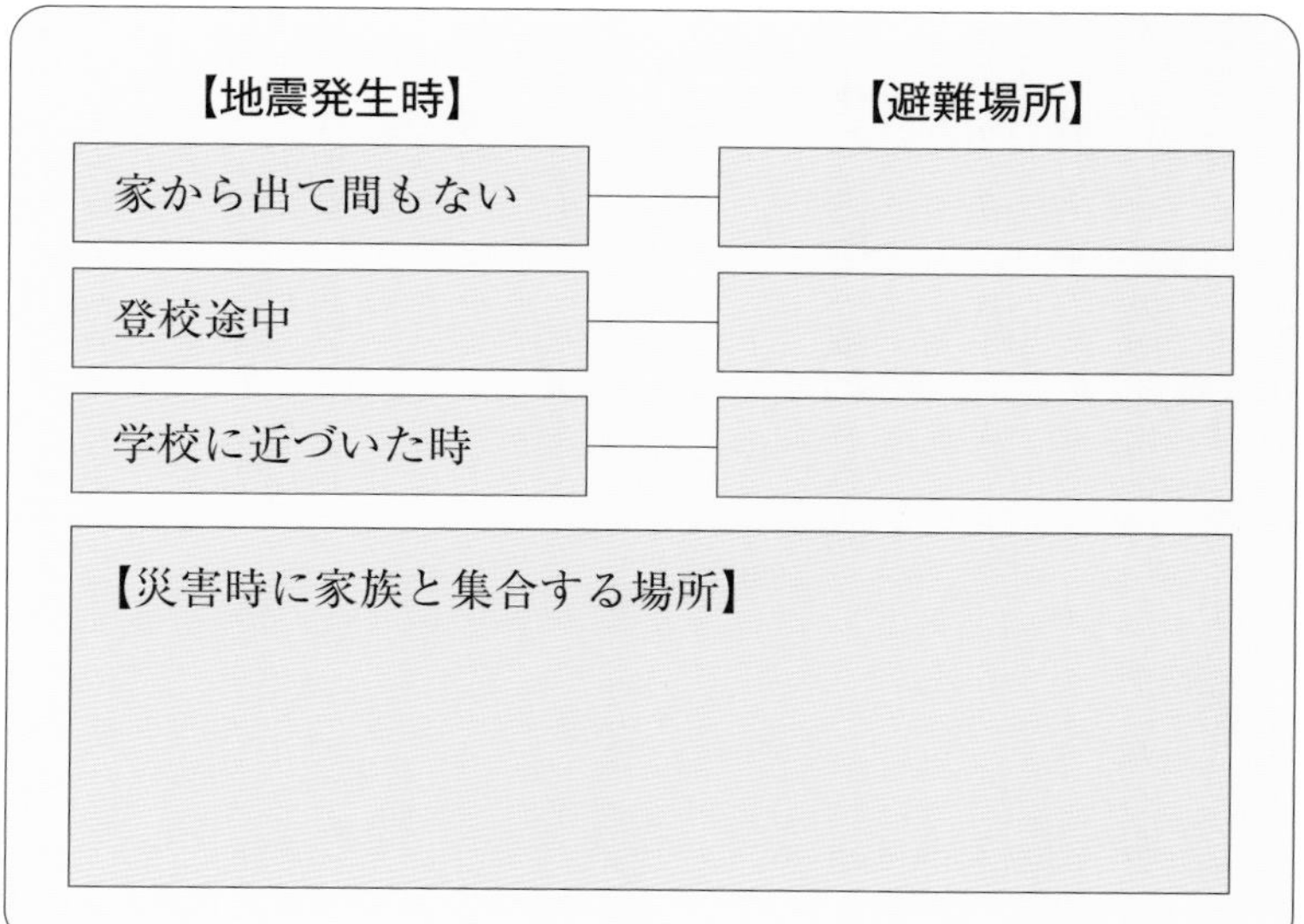

「津波防災カード」の内容

3　エビデンス

避難訓練と同様に、地震や津波のしくみを正しく理解することも大切な防災・減災教育です。

震災後の報道を見ていると、被災者の生死を分けた理由について、個々に起きたドラマは紹介されても、立地条件や街の構造との因果関係等について詳しく報道されることは無かったように思います。

数値をもちいた科学的な論調より、「日頃の避難訓練が命拾いにつながった」という見出しの方が読者や視聴者に受け入れられ易い為かも知れませんが、東日本大震災では、日頃の訓練だけでは、被害を避けられず、救われなかった命が沢山あったように思います。

東日本大震災が、もし、深夜だったら、あるいは、子どもたちの登下校中だったら、被害はどうなっていたでしょうか。想像するだけでも恐ろしいのですが、さらに、震源が、岩手県、宮城県、福島県の沖合ではなく、北海道、岩手県、宮城県の沖合だったら、各地の被災状況はどう変わっていたでしょうか。仮定の話に過ぎないのですが、すべて実際に起こり得ることです。

これからの避難訓練、防災・減災教育は、起こり得る様々な仮定（想定）を行って、可能な限り、エビデンスに基づいて、「その時」の対処方法を探っていくことが大切だと考えています。エビデンスというのは、科学的な裏付け、根拠のことです。エビデンスを大事にすることで、避難訓練や防災・減災教育、復興事業は大きく変わっていくはずです。

ビルと地形に救われた命

陸前高田市広田町では、建物の被害の割には、広田町の死者行方不明者の割合は、１・６％（人口３７４９人に対して震災関連死を含む死者行方不明者56人）と極端に低くなっていました。平成26年度のデータですが、陸前高田市高田町の15・４％（人口７、６０１に対して死者行方不明者１、１７３人）と比較するとその違いは明瞭です。

これは、広田町には、歩いて避難できた高台や裏山が近くにあったことが大きな理由で、東日本大震災では、広田町のような半島や、海岸近くまで山が迫っていた場所での犠牲者は少なく、陸前高田市高田町や大槌町のように平坦な場所で多くの犠牲者が出ていました。

さらに、高田町は平坦なだけなく、15メートルを超える津波より背の高い建物が限られていました。建物に避難して助かったのは、県立病院、市役所、スーパーの最上階や屋上に避難した僅かな人たちだけで、市内に、高いビルがもう少し多く立っていたなら、もっと多くの人が助かったように思います。

新日鉄の城下町釜石では、鉄筋コンクリートのビルが比較的多く、ビルの屋上に避難して助かった人たちが沢山いました

震災後、あたかも、日頃の避難訓練や防災・減災教育が生死を分けたような報道が度々なされましたが、沿岸に14年暮らした者からすれば、各市町村の避難訓練の取り組みや、各学校の防災教育の取り組みには、大きな差はなかったと感じています。

生死を分けた要因は、日頃の訓練だけでなく、立地条件や、他にも、震源からの距離、地震や津波が発生した時刻、津波が到達するまでの時間、堤防への過信など沢山あるのですが、残念ながら、これまで、このことに触れた報告書や文献は多くなく、検証そのものが不十分に見えます。

津波は線路（ＪＲ大船渡線）を越えない迷信が助長した被害

高田町は海岸と高低差があまりない平坦な町だったのですが、地元の人は、「津波は線路を越えないから大丈夫」と話していました。

実際、昭和8年の「昭和三陸津波」でも、昭和35年の「チリ地震津波」でも高田町は大きな被害を受けていなかったことから「津波は線路を越えない」という迷信が生まれたようです。

震災前、大船渡市の教頭会の研究テーマに「津波災害時の学校の役割」を掲げたところ、共同研究を進める高田町の教頭会から「津波は大船渡の課題」とから

かわれぐらいですから、「津波は線路を越えない」という迷信は、高田町にしっかり根付いていたようです。しかし、東日本大震災の津波は「越えない」はずの線路を越えて街並みを押し流し、さらに、気仙川を遡り、上流の陸前高田市竹駒町、同矢作町、同横田町にも被害が及んでいます。倒壊した大船渡線の橋梁は河口から約3キロの場所に架かり、さらに上流の矢作町では、海とは無縁の生活をしていた人たちの住宅や田畑まで浸水しています。

津波の大きさは、地震の大きさ（マグニチュード）だけでなく、震源の深さ、震源からの距離、津波の進行方向と湾の向き、海底の地形、干渉と呼ばれる波の性質等、様々な要素が絡みます。津波のしくみを理解することも大切な防災・減災対策なのですが、海岸から山際まで標高差がほとんど無い高田町が、なぜ昭和三陸津波でも、チリ地震津波でも大きな被害を受けなかったのか話題になることはなく、今でも、その理由は分かりません。

4　災害発生時の学校開放

大船渡市の教頭会で「津波災害時の学校の役割」をテーマに研究に取り掛かったとき、当初は、「災害が起きたら学校を開放すればいい」くらいの軽い考えだったのですが、研究を進めてみると、学校開放の前に、「校舎や校庭に亀裂が見つかったらどうするのか」「安全かどうかは誰が判断するのか」、「職員がいない夜間や休日に災害が発生したら誰が学校開放を判断するのか」等々、課題が次々と浮かび上がりました。しかも、地震や津波の大きさの想定の仕方によって被害状況は大きく変わり、対応も違ってきたのです。

災害が想定を超えれば人命に関わり、そうかといって、極端な想定をすれば、非現実的なマニュアルができてしまいます。災害の規模を想定するだけでも大変な作業でした。震災後、防災マニュアルの作成・改訂に取り組んでいる自治体の防災担当者の苦労が目に見えるようです。登下校時の避難訓練と同様に、こちらも想像以上にハードルの高かい研究になりました。

研究は、「地震や津波の規模、発生時刻、学校の被害状況に応じた学校開放を確認し、その手順が一目で分かるようにフローチャートを作成する」ことで一先ず落ち着かせました。

フローチャートには、学校を開放する前に校舎と校地の安全点検も入れ、休日や夜間の対応として、学校から地域の方に緊急時の学校開放の権限を予め委託できないかなどの検討も進め、さらに、避難者名簿を作成するための様式や避難所に流す放送原稿も作成してみました。

この一連の共同研究を通して、一番勉強になったのは災害が発生した時のイメージトレーニングで、「地震や津波の大きさ、発生時刻、被害状況を絞り込んで災害を具体的にイメージし、災害発生から時系列で、その都度何ができるか、何をすべきかを一つ一つ検討してみたこと」でした。災害発生時の頭の体操をすることができたのです。実際に地震、津波が発生し、仮に目の前で想定外の事が起きても、臨機応変に対処できそうな、心構えができたのです。

教頭会の研究対象は「学校開放」でしたが、災害が起きた時、次に何をするか、10分後、一時間後、半日後、夜は、翌日は、というように、一度で構いませんからイメージトレーニングをしてみることを、ぜひお勧めします。そうすることで「家に帰れない時のために家族が集合する場所を決めておこう」といった発想は、自然と生まれてきます。

おそらく、現在、各自治体が防災担当者の研修に取り入れている「タイムライン」も同様の手法、イメージトレーニングだと思います。

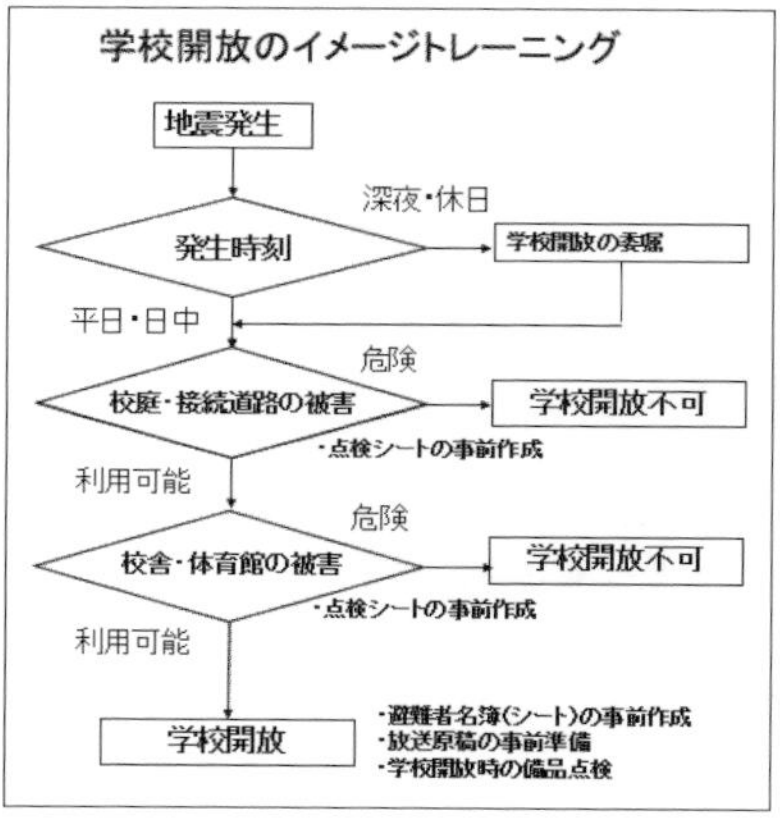

5 解体された生きた教材「震災遺構」

避難訓練と同様に、自然の驚異や畏敬の念を教えることも大切な防災・減災教育です。

たとえば、中学校の理科では、「大地の変化」と関連させ地震や津波のメカニズムを学び、さらに、「自然と人間との関わり」へと学習内容を発展させていきます。

道徳的には、自然は大きな恵みをもたらしますが、地震や津波のように自然は人間の驚異にもなることも理解させせながら、自然の崇高さや畏怖・畏敬の念を培っていきます。あくまでも「教育の立場」からですが、気仙沼市の街に横たわっていた巨大なタンカーや、大槌町の民宿の屋根に打ち上げられた観光船「はまゆり」は、理科の教材としても、道徳の教材としても貴重な震災遺構でした。

1階が浸水し火災にも遭った大槌中学校の校舎も、後世まで残したい貴重な教材に見えました。廊下や教室には津波の痕跡がはっきりと残り、焼け焦げた教室の天井や配電板は、火災の恐ろしさも教えてくれます。

民宿の屋根に打ち上げられた観光船「はまゆり」

被害を免れた教室の黒板には、卒業式を翌日に控えた卒業生たちの別れのメッセージで埋め尽くされ、当日まで生徒が生活していた証も残されていました。しかし、校舎は解体が決まり、かつて、私自身も、6年間勤務していた学校が、巨大な重機で解体されていく様子を見るのは複雑な思いでした。

夜爪を切る

震災から僅か1、2年で震災遺構の解体や集団移転を迫られる様子を見ていると、被災者が「夜爪」を切らされているように見えました。ここでの「夜爪を切る」は、心に迷いがある時に、重大な判断をすることの例えです。一般に、「夜爪」は、「夜（世）を爪（詰め）る」に重なり縁起が悪いと言われますが、私自身は、「夜」は、心に迷いがある状態の比喩で、心に迷いがある時に重大な判断をすると、深爪のようにケガをするから、重大な判断は避けた方がよいと、解釈してきました。

異説かも知れませんが、これまで、人生の節々で「夜爪を切るな」に助けられ「仕事で躓いたり、失敗したり、迷っていたりしている時は、重要な判断はしない」と言い聞かせてきました。そんな時は、努めて休養をとるようになり「夜爪を切るな」は、処世訓として体に沁みついています。

「仕事に疲れた、辞めたい」という同僚に、「晴れていて、風も爽やかで、気分もいい。それでも辞めたいなら、辞めるといい。でも、少しでも迷っているなら、今日は判断しない方がいい」と声をかけたことがあります。彼に夜爪を切らせたくなかったのです。彼に必要なのは冷静になるための時間と休養のように思いました。

支援に訪れる学生には「失恋しても直ぐに海に飛び込むな。一晩寝てから考え直せ」と冗談を交えて、時々、震災遺構と「夜爪」の話をさせて頂いていました。

さて、被災者はどうだったでしょうか。家族を失い、家を失った被災者に、震災から僅か1、2年で震災遺構の解体の是非や集団移転を迫っても、冷静な判断は出来なかったと思います。

にもかかわらず、高台移転、町の嵩上げ、災害公営住宅等々、短期間に様々な計画が次々に決定されていきました。

復興、再建を、早く進めるためにはやむを得ないことと承知はしていても、「夜爪」であったことは間違いないと思います。震災遺構の解体を迫る立場の人も、迫られる立場の人も、皆、「夜爪」を切らされたと思うと、本当に悔やまれます。

被災地では、「二度と見たくない」という住民感情に配慮して解体された震災遺構も多くありましたが、この「二度と見たくない」という感情が、5年後、10年後にどうなるかは、誰にも分からないことでした。

現に、震災当時、あれほど海を憎んでいた人たちが、また海に戻り始め、「あの時は、海を見る気がしなかったけれど、今は、震災前のように生活に海が見えなと落ち着かない」と気持ちの変化を語る友人もいるのです。時が経っても住民が解体を望むのであれば、住民の総意で解体し、逆に、住民の総意で保存を望む震災遺構も出てきたのではないかと思うのです。いずれにせよ、賛成意見と反対意見が渦巻く中での解体にはならなかったような気がします。

解体までもう少し時間をかけたなら、もっと違った対応ができたのではないか。「夜爪」を切らずに済んだのではないかと悔やまれます。

解体される大槌中学校（2013 年）

他所の話ですが、平和のシンボルとなった原爆ドームの保存運動が始まったのは終戦から15年後1960年代で、原爆投下で14万人が犠牲になった広島の人たちの気持ちが変化したのは、一歳で被爆し白血病のため14歳で亡くなった楮山《かじやま》ヒロ子さんの日記だったと言います。終戦から15年間「産業奨励館（原爆ドーム）」が残されていたからこそ始まった保存運動だと思います。

解体か保存かで揺れた宮城県南三陸町の防災庁舎は、「（被災した）庁舎が果たす役割を、次代を担う世代と正面から議論する時間が必要」と判断し、宮城県が20年間、県有化することを決め、保存か解体かの是非を震災から8年後に判断することにしていました。原爆ドーム保存の経緯を参考にしたような判断に見えました。

「賛成」「反対」の構図に違和感

震災遺構を解体する時には、どこでも大なり小なり「賛成」、「反対」の論議が起きました。賛成派と反対派の意見が激しく対立しながら解体された建物もあります。

教育的な立場からは、皆、残して欲しかったのですが、震災遺構に関しては、先に話した通り、私は部外者で、解体の是非が激しく対立する議論の中には入れませんでしたし、入るつもりもありませんでした。

ただ、両者の主張を聞いていると、「早く解体して欲しい」という感情も、「後世への教訓として残すべき」という考えも、どちらも理解でき、そもそも、両者は、対立する関係ではなかったように思います。震災遺構をめぐり、賛成派、反対派という構図ができてしまったことが残念でなりません。もし、震災遺構を「後世への教訓として残すべき」と考える人たちと、「身内を亡くしているので見たくない」「早く解体して欲しい」という人たちが一緒に、皆で、広島や長崎の被爆地を訪れたり、阪神淡路大震災の震災遺構や、雲仙普賢岳の「土石流被災家屋保存公園」を見学したりすることができたなら、両者が激しく対立することは無かったように思います。

雲仙普賢岳は、1991年に噴火し、火砕流で43名もの方が亡くなられています。「土石流被災家屋保存公園」は、その普賢岳の麓にあり、土石流で2階まで埋もれた家屋がそのまま保存され、屋根を見下ろすように遊歩道が整備され、地元の子どもたちはもちろんのこと、火山災害とは縁のない私でさえ、火山の恐ろしさを感じました。

阪神淡路大震災で大きな被害を受けた北淡町には「北淡震災記念公園」が整備され阪神・淡路大震災で現れた野島断層と断層上の住宅が保存されていました。

解体の是非を論じる前に、前述のような遺構を、皆で巡りながら、互いの気持ちや考えをゆっくり話し合うことが必要だったと思います。そのための旅費なら、全国の支援者がいくらでも工面してくれたように思います。その間の震災遺構は、南三陸町の防災庁舎にように県有化するか、国有化し、少なくても被災した町民どうしが対立しない構図をつくってあげることが行政の役割のような気がしました。

「北淡町（阪神淡路）震災記念公園」に保存されている断層（左）
「（雲仙普賢岳）土石流被災家屋保存公園」の土石流で埋没した家屋（右）

6　災害は身近に

ここまで、避難訓練や、津波防災・減災教育の課題、震災遺構との向き合い方について触れてきましたが、ここで、地震や、頻繁に報道される洪水被害が「他人事」「対岸の火事」なのかということについて、少し考えてみたいと思います。

第一章で、かつての赴任地の被災状況を、知り得た範囲で紹介しましたが、赴任地のすべてが被災したことに「自分には「水難の相」でもあるのかと」戸惑ったことがあります。実際は、「水難の相」ではなく、沿岸の勤務が長かったことと、東日本大震災の被害が広範囲に及んでいたことが理由ですが、振り返ってみると震災以前も、水害とは無縁ではありませんでした。これから、筆者が、還暦を迎えるまでに体験した災害を、古い順から、いくつかご紹介させていただきますが、結論から申し上げれば「災害は身直にある」というのが私の実感です。

学生時代に経験した崖崩れ

昭和56年8月、卒論論文のフィールドで歩いていた山の斜面が台風による大雨で崩落し、間一髪で命拾いをしたことがありました。

当時、私は、岩手山麓の「葛根田《かっこんだ》地熱発電所《ちねつはつでんしょ》」周辺で電気探査の実習中でした。電気探査は、地表の電圧を測定したり、地面に強制的に電圧をかけた後の残留磁気や、地磁気の影響で発生する地電流を測定したりすることで鉱床の分布や地下構造を探る地下探査法です。この手法を活用し「熱水地帯の自然電位の特性」を調べるのが卒論のテーマでした。

熱水地帯の2カ所に電極を置き、その間の電圧を測定するのですが、素焼きのツボに硫酸銅溶液を入れた特種な電極だったので、時々、硫酸銅溶液を付け足す必要がありました。計測は昼夜に渡り、あの日も、葛根田川上流の滝ノ上温泉に泊まり込んで測定を続けていました。

台風が接近中で夕方から少し強い雨が降り始め、夜半には本降りになりました。それでも、電極が心配なので、雨の中、懐中電灯を照らして点検に出かけていったのです。電極は、温泉から見ると葛根田川の対岸の斜面の中腹に設置していました。その夜は、何事もなく温泉に戻ったのですが、翌朝、温泉から電極が置かれた場所を見ると、斜面が大きく崩壊していました。教官は、崩れた山肌を見ながら「鈴木君を死なせるところだった…」と息を飲んでおられました。

下流では3、075戸が浸水し、死者・行方不明も出るという記録に残る台風でした。温泉と町を結ぶ唯一の道路も至る処で崩壊し、温泉に孤立した学生と教官は、数日後、葛根田川沿いに歩いて下山したのです。

卒論のフィールドは、葛根田渓谷と呼ばれ、ブナの原生林が生い茂り、滝ノ上温泉は、岩手山を縦走する登山家や山菜採りがひっそりと疲れを癒す秘湯でした。

ブナの森に囲まれ、秘湯も楽しむはずの実習は、想定外の水難で終わりましたが、自然との向き合い方を考えさせてくれる貴重な体験となりました。

大雨で道路が崩壊した葛根田川周辺

一関市川崎町（旧川崎村）の洪水

教職について最初に経験した水害は、津波ではなく、川崎村立川崎中学校（現一関市立川崎中学校）での洪水でした。一関市川崎町（旧川崎村）は、北上川の狭窄部（ボトルネック）になっていることから水害の常襲地帯でした。地形的には、令和2年7月に、洪水被害に見舞われた熊本県球磨川流域や山形県最上川流域に似ています。大きく違うのは、上流の北上川の流域面積が、南北150キロ、東西50キロにも及んでいることです。この広大な北上川流域に大量の雨水が降り注ぐと、この狭窄部の水位が上昇し、戦後最大の洪水は昭和22年のカスリン台風で、狭窄部の水位は、17・58メートル（警戒水位は7メートル）にも達し、翌年、昭和23年のアイオン台風でも、水位は15・58メートルまで達しています。

カスリン台風、アイオン台風ほどではありませんが、川崎中学校に赴任していた時にも、町内の生徒の自宅が床上まで浸水する洪水が、僅か5年で二度もありました。生徒は家から船で脱出し、町の図書館は水面に浮かんでいるように見えました。

洪水に度々見舞われている川崎町や旧一関市内では、洪水の時のために、自前の「小舟」を準備している家があります。しかも、家によっては、その木舟は、納屋の2階に吊るされ、2階まで浸水することを想定しているのです。自然と共生してきた水害の常襲地帯ならではの対策です。

川崎町の水害には、自前の舟の他にも驚くことが二つありました。その一つは、床上浸水した母屋の掃除方法で、プール掃除の時のように、水が引く間に、家族総出で、床や壁の泥を落とすのです。当時、自宅が浸水した生徒が「水が引いてしまうと泥が落とせなくなるから」と教えてくれました。もう一つは、洪水の水位は、普通なら大雨が降っている時にピークになりますが、川崎町では、大雨の翌日に洪水のピークを迎えることがありました。

北上川は南北に長いので、たとえば上流の盛岡周辺で大雨が降っても、その雨水が100キロ離れた川崎町まで下って来るのは6時間後、7時間後となり、そのため、台風一過の翌日、秋晴れの下で水位が上昇していくのです。

低気圧や台風はとうに過ぎ去っているので、今度は、水位が下がるのを見計らった子どもたちが、青空の下で水田や水路で逃げ場を失った川魚を網で掬《すく》うというのですから、こちらも驚きです。ここでは、川や洪水との共生の仕方を子どもの頃から学んでいる様でした。川崎村の北上川と流域の洪水の歴史は、各地に設置されている水位標を見るとよく分かります。

洪水の歴史を刻む「水位票」(一関市川崎町)

砂鉄川の氾濫「2度の床上浸水」

川崎町は、北上川の支流砂鉄川と北川の合流点に当たり、砂鉄川も、近年では平成14年7月と平成25年7月に、二度氾濫し、この時、妻方の実家が二度も床上浸水の被害に遭いました。先ほど紹介した水害とは別の水害で、当然ですが、この二度の水害でも、下流にあたる川崎町は大きな被害を受けています。

住宅が床上まで浸水すると、畳は水に浮かび、畳の上の家具は総崩れとなり水浸しになります。木製の家具やテレビ、冷蔵庫も同様に水に浮かんで転倒します。この時の洪水では、屋内の電気製品はもちろん、屋外の給湯器まで使い物にならなくなりました。泥水でコンセントや基盤が壊れるのです。

汚れた衣類や寝具は、洗濯機が故障し、電気も水も使えず、何より、気力が無くなり、電気製品とともに廃棄物にせざるを得ませんでした。

各家庭から大量の廃棄物が出されるので、道路の両側には、次第に廃棄物が山のように積み重ねられ、水害に見舞われた被災地のニュースでよく目にするあの光景が、目に焼きついています。

後片付けで一番手を焼いたのは、水を吸った畳です。とにかく重く、二人掛かりでも曳きずるのが精一杯で気が滅入りました。

この重い畳を片付けて頂いたのは、地域の方と大学生ボランティアの皆さんたちで、彼らは、暑い夏の最中、20畳近い畳を運び出し、その後で「他に、手伝うことはありませんか」と頼もしい一言を掛けて頂きました。畳は、裁断できれば軽くなるのでチェーンソーがあれば重宝されるかも知れません。

母屋の他にも、蔵や納屋の後始末も残っていましたが、幸い、このときの洪水は浸水地域が限られていたので、こちらも難を免れた町内会の方、親戚、行政関係者、そして大学生と沢山の方に後片付けを手伝って頂き、励まされました。

この水害で、被災者は「ボランティアを待ち望んでいる」ことを実感しました。西日本豪雨のとき、家の中まで土砂が入り込み途方に暮れている老夫婦の番組を見て、きっと「誰でもいいから助けて欲しい」「土砂を取り除いてほしい」「人手が欲しい」と思っているに違いないと思ったのは、この時の経験からでした。

床や柱、壁の泥落としは、川崎町のように手際よくはできなかったので、水が引いてしまってから、小川の水を汲んだり井戸水を使ったりとかなり苦労しました。

家の掃除、後片付けが終わり、それから家も床板や柱を乾かすのに2カ月ほど掛かかり、新しい畳が入ったのは秋も深まる頃でした。これが、平成14年に体験した水害です。

この時の洪水は台風によるもので連続雨量は192ミリメートルで、二度目の平成25年の水害は、梅雨末期の大雨で総雨量は178ミリメートルでした。二度目の床上浸水時は、前回より後片付けに手慣れていましたが、せっかく入れ替えた畳や新調した家具をまた捨てることになりました。「二度あることは三度ある」、不安が募り、結局、二度目の水害の後は、畳の新調は止めて、床は、泥水を掻き出し易いフローリングにすることを勧めました。

余談ですが、ちょうど、被災地に勤務していた時だったので、大槌中学校でお世話になっていた報道関係者に「校長先生、ここで何をしているのですか？」と尋ねられた時は、思わず苦笑してしまいました。自分もニュースに映し出される被災者の一人になっていたのです。

「岩手・宮城内陸地震」と厳美中学校の使命

被災地での勤務を終えて赴任した一関市立厳美中学校も、自然災害とは切っても切れない場所でした。厳美町は、２００８年6月14日に発生した「岩手・宮城内陸地震」の震源地です。マグニチュードは7・2、最大震度は6強で、この地震は、日本最大の揺れ（加速度）を記録し、厳美町内では、この地震で一級河川の磐井川が堰き止められ、国道２８３号線にかかる祭時大橋が崩落、標高1、６２６メートルの栗駒山の中腹は、数カ所で大規模な崩壊が起き、厳美町産女地区の崩壊箇所は、今でも、市街地からははっきり確認することができます。

死者・行方不明者23人、負傷者426人という大惨事となり、山腹の崩壊は、理科の教科書や資料集にも大きく取り上げられているのですが、この地震から僅か3年後に東日本大震災が起きたことから、その後はあまり注目されなくなりました。

不思議な地震で、市内の自宅から震源地までは僅か20キロしか離れていませんでしたが、この地震による住宅の被害は少なく、わが家も家具が散乱する程度で済みました。

この地震が起きた時、厳美中学校の生徒は、小学校の入学前後で、生徒たちは「幼稚園のスクールバスが通り過ぎて間もなく祭時大橋が落ちた」「その時の運転手は自分のおじいさんだった」「お母さんは橋の上流の温泉施設で働いていて、ヘリコプターで救助された」と、当時の様子を生々しく覚えていました。そんな彼らも、まもなく全員中学校を卒業していきます。

東日本大震災が発生してから、本県は「いきる　かかわる　そなえる」を合言葉に復興教育に取り組み厳美中学校でも震災を語る「復興講話」や、陸前高田市での「被災地支援」を毎年続けてきているのですが、

防災学習で地震で崩壊した国道を見学する厳美中学校の１年生

厳美中学校には東日本大震災と同じように「岩手・宮城内陸地震」を後世に伝える使命があり、毎年6月14日が近づくと、厳美中学校と隣の厳美小学校は、祭時大橋を見学したり、語り部を招待した防災学習会を行ったりしています。

厳美中学校に赴任して「災害は身近にある」という思いは、一層強くなりました。

地震で崩落した国道283号線にかかる祭時（まつるべ）大橋

第七章

災害時の情報伝達

3月11日の震災直後、東北電力管内約440万戸が停電し岩手県も全域が停電しました。

復旧は、北から南へと進み、盛岡市は翌12日に、私の住んでいる一関市は4日後の15日に明かりが灯きました。津波の被害を受けた被災地の電力の復旧はさらに遅れ、半島部では4月になっても電気の使えない学校がありました。停電や中継局が機能しなくなり、被災地の大部分は固定電話が使えなくなり、携帯電話やスマホは「圏外」になりました。バッテリー切れで困った人も沢山いました。テレビやコンピュータは、もちろんですが、モデムを利用する光通信や、ADSLを利用する電話も使えなくなり、通信手段を失っていきました。

これらは、個人が直面した問題ですが、東日本大震災では、多くの自治体のネットワークが災害に弱いことも露呈しました。庁舎にサーバーや端末を置くネットワークは停電では役に立たず、電力が復旧しても、専用回線で送受信される情報は、庁舎に出向いて自分のパソコンを立ち上げなければ確認できず、移動手段を失った職員は、登庁することさえ出来ませんでした。

自治体の中には、庁舎ごと、専用回線の心臓部となるサーバーを失った市町村もいくつかありました。

この章では、情報教育に携わった者として、災害時の情報手段について、実際の経験を交えながら、今後の在り方について提案させて頂いています。少し、専門的な用語を使用しますので、災害時の情報伝達にはあまり関わらないという方は、後段の「情報を正しく解釈する力」だけに目を通して頂ければと思います。

伝言やメモが情報伝達の手段に

日常の通信手段を失った被災者の情報伝達は、通信機器から伝言やメモ用紙に代り、紙に書かれメモは、人から人へと、移動が可能な人たちに託されました。

伝言やメモが唯一の通信手段になったことから、各地の避難所には、玄関付近に尋ね人や安否情報の掲示板が置かれ、数え切れないほどのメモが貼られ、行方不明になった家族の写真や、娘さんたちの特徴が書かれた貼り紙は、見るだけでも辛くなりました。

私も掲示板を利用した一人ですが、私が探していた家族は、長男の嫁の実家に身を寄せていて無事であることを、貼り紙を見たと言う一家の知人が教えくれました。

校舎が屋上まで浸水した気仙中学校の生徒と職員の無事は、避難途中の彼らに出会った人たちの口伝えから広まったと言いますが、「子どもたちが公民館に避難している」という情報だけが伝えられた保護者は、生徒が全員無事かどうか、詳しい状況までは分からず、「もし、自分の子どもがいなかったら……」、「もし、一緒に駆けつけた人の子どもがいなかったら……」と戸惑い、「公民館に行くことに勇気がいった」と当時の心境を回想されていました。

第一章でご紹介した気仙中学校と同じように屋上まで浸水した大船渡市立越喜来小学校では、今野義雄校長が、震災の翌日、峠を越え10キロ以上の道のりを歩いて、教育事務所に児童全員の無事を報告されています。

場所によっては、車を流されたり、道が崩れたりして移動の手段を失えば、伝言やメモさえも役立たず、被災地域は孤立してしまいます。東日本大震災に限らず、被災者の数や被害状況が日に日に拡大していく災害は、情報伝達の手段を失っている地域が発生していることを物語っています。

話は飛びますが、停電によって打撃を受けたのは通信機器だけではありませんでした。当然ですが、電気コタツやファンヒータなどの電気に依存する暖房機器も使用できなくなりました。幸いわが家では、ガスが使えたので、ガスで湯を沸かし、そのお湯をペットボトルや小さなポリタンクに入れて、即席の湯たんぽにして暖を取りました。

手製の湯たんぽをコタツに入れて出勤し、そのコタツで一日中過ごしていた娘たちに「今日は何をしていたのか」と尋ねると「することがないのでウサギのぬいぐるみを集めて毛玉を取ってあげていた。そしたらウサギたちとの絆がとても深まった」と返ってきました。「子どもは強いな」と思いながら、思わず頬が緩んでしまいました。北国だけの停電対策かも知れませんが、いざという時のために、コンセントが必要ない反射式や達磨式のストーブは必需品のように思います。

インターネット・SNS時代の情報手段

現在、災害時の情報手段として威力を発揮しているのがフェイスブックやツイッター、LINEといったSNSで、中継局がダウンすれば携帯電話と同じように通信圏外になりますが、このことを除けば、SNSは災害に強い情報手段と言えます。理由は次の三つに拠ります。

①専用回線ではなくインターネットを利用している
②携帯電話など携帯型の端末からアクセスできる
③サーバーが被災地から離れている

逆の見方をすれば、
①インターネットを利用しない、
②携帯電話やスマホからアクセスできない、
③サーバーを庁舎や管内に設置しているという自治体のネットワークが災害に弱いことが良く分かり、専用回線は、緊急時の情報手段には向いていないのです。

情報のセキュリティー管理の面から専用回線は譲れないと言うのであれば、緊急時に備えたサブのネットワークを別に構築するだけでも大きな改善になります。

ネットワークの構築と表現すると大袈裟に聞こえますが、緊急時に情報を共有するだけであれば、インターネットを利用するメールの一斉配信システムを導入するか、全職員がLINEのような共通のSNSのアカウントを持つだけでよいのです。

メールの一斉配信システムだけであれば、新たに導入しても、初期費用を含めても、年間維持費は数万円から10数万円程度です。億単位の専用回線の導入費、維持費と比較すれば、「おまけ」か「サービス」のような予算で済むのです。既存の専用回線も、そのまま維持できます。

個人的には、もし、これから、ダウンサイズ（低価格）の緊急用のネットワークを構築されるのであれば、マッチングの章で、ホームページの構築で一度紹介させて頂いた「ネット・コモンズ」をお奨めします。

1　東大ロボの新井紀子先生が開発した次世代の情報共有基盤

ネット・コモンズ（NetCommons）

陸前高田市に緊急派遣されているとき、センター所員は、移動中継局を探しながら、携帯電話からインターネットに接続し、被災地の様子を教育センターの全所員に一斉配信していました。

一斉配信ができたのは、教育センターが、専用回線を頼らずに、今で言えばＬＩＮＥのように、携帯電話やスマホと、インターネットの組み合わせで情報交換ができる独自のネットワークを構築していたからでした。

この方法で、久慈、宮古、釜石・大槌、大船渡・陸前高田と沿岸各地の緊急支援に当たっていた教育センター所員は、互いに連絡を取り合うことができたのでした。同じ頃、専用回線が機能しなくなった県庁や市町村では、情報交換の手段に衛星電話を利用していたと思います。この時、教育センターが利用したシステムが、国立情報学研究所教授の新井紀子先生のチームが開発したネット・コモンズでした。新井先生は、元々は数学者ですが、ＡＩに東大の入試問題を解かせて話題になった東大ロボの開発者であり、ＩＣＴ分野でも日本を代表する研究者の一人です。

インターネットを利用するネット・コモンズは携帯電話やスマホから情報を送受信することができ、さらに、サーバーをクラウドに委ねれば庁舎に設置する必要がないため、沿岸自治体なら内陸部に、東日本の自治体なら西日本にというように、遠隔地のクラウドがシステムを管理できるので、仮に大規模災害が起きても、災害によってサーバーがダウンする心配も無くなります。

これだけの機能であれば、ツイッターやフェイスブック、ＬＩＮＥとあまり変わらないのですが、ネット・コモンズには、掲示板、ファイルの共有、会員どうしのメール交換、電子決済といった専用回線のネットワークと同等の情報交換、情報管理ができる上に、初心者でも比較的簡単にサイト（ホームページ）を構築できるのです。新井先生は「コンピュータに不慣れな方を想定され、そういう方でも気軽に利用できるシステムを目指した」と話されていますが、「マッチング」の章でもご紹介したようにネット・コモンズは、ワープロを使用する程度の技術と画像があれば、簡単にホームページの更新ができるのです。

この利便性からネット・コモンズは、２０１７年現在、神戸市の全小・中学校、福島県の６００校を超える小・中・高校・特別支援学校、埼玉県の全県立高学校、東京大学の教養教育向けのポータルサイトシステムなど、全国で５、０００を超える民間、公共機関に採用されています。インターネットを利用して、あたかも、専用回線を利用しているように、ネットワークを構築する方法をＶＰＮ（バーチャル・プライベート・ネットワーク）と言いますが、ネットワークに接続する際のＩＤやパスワードの管理や情報の暗号化を強化することで、専用回線の時代は終わるかも知れません。現に、全国に支店を展開する企業や、海外支店を持つ企業には、専用回線という発想自体無くなっているようです。

ネット・コモンズの正規版より機能は制限されますが、学校ホームページの構築だけであれば、ネット・コモンズをベースに、すべての学校等（保育園・幼稚園を含む）を対象に、学校ウェブサイトを原則無償構築・無償提供を開始した「エデュマップ（edumap）」をお奨めします。

「エデュマップ」は、一般社団法人教育のための科学研究所（Ｓ４Ｅ）とＮＴＴデータ、さくらインターネットが、学校情報のオープンデータ化を目指し、２０１９年から開始した学校ウェブサイト提供プロジェクトです。

いわて教育情報交流ネット

教育センターがネット・コモンズを独自に導入していたのは、「授業力向上研修」という県内約１万２０００人の教員を対象とした教員研修に利用するためでした。

それまで、県立学校は県の情報ハイウエイに接続し、市町村立学校は各市町村専用のネットワークに接続していたため、県内の全ての小、中学校、高等学校を結ぶネットワークは存在せず、県の機関である教育センターと市町村立学校がファイルを共有することができなかったのです。

教員研修に使用するという限られた目的でしたが、この問題を解決してくれたのが、専用回線を必要としないネット・コモンズだったのです。

ネット・コモンズを導入することで、県内685校、約1万2000人が利用するグループウェア「いわて教育情報交流ネット」が誕生し、県内の先生方は、公立私立、県立市町村立を問わず、IDとパスワードで、教員研修の実施要項をダウンロードしたり、研修の申し込みをしたり、さらに、昼食の注文までできるようになり、教員研修の事務手続きは大きく簡素化され、同時に、研修や教育研究発表会の直前に余震や災害が発生したとき、参加者に研修の中止や延期をいち早く確実に伝える緊急連絡システムも出来上がりました。

今では笑い話になりましたが、教育センターの情報教育室の室長として、県庁に出向き、当時の教育長にネット・コモンズの導入を提案したところ、導入費用があまりにも低過ぎたことから「にわかに信じがたい」と、却下されたのを覚えています。誤解のないように申し添えますが、私は当時の教育長の行動力と人柄を、退職後の彼の職場に押し掛ける程高く買っていた一人です。諦めきれずに、翌年、再度、県庁を訪問したのですが、今度は、すんなり承認され、さらに、平成23年には県教育長表彰（事績顕著者表彰）というお墨付きまで頂きました。

二度目の進言相手は、教育長ではなく教育企画課長でしたが、教育長に進言する時より緊張していました。と、言うのも、彼は母親の実家の次男で年も近く幼いころから一緒に遊んだ兄貴分だったからです。お互いに、県庁の10階で、仕事で対面するとは思ってもいなかったので、彼も緊張したかも知れません。

二度目の進言がすんなり承認されたのは、彼が身内だったからではなく、ネット・コモンズの導入費用があまりにも安かったからでした。「その程度の予算なら県の事業ではなく、教育センターの予算で遣り繰りしなさい」というのが承認された理由です。ちなみに彼は、その後、県の総務部長、企画理事という重職を経て教育長に就任しています。

2　被災者の足代り・飛脚ボランティア

東日本大震災では、通信機器だけでなく、道路が寸断され、人も自由に移動できなくなった場所が生じました。口伝えやメモが最後の情報手段になった地域では、「早馬」や「飛脚」が必要でした。早馬は江戸時代の話ですが、電話や郵便、あるいは、宅配業者の代りに、伝言やメモを「飛脚」に託した人は沢山いたはずです。避難所として孤立した大槌高校も、学校の様子や町の様子をメモに書いて、内陸に移動する職員に託したと言います。大槌高校では、職員が「飛脚」となりました。

陸前高田市の教育委員会に派遣されたセンター所員ができた支援も、通信手段を失い、公用車も自家用車も流された委員会の職員に代り被災した学校の状況を確認したり、委員会の文書を被災校に届けたりする「飛脚」が中心でした。

情報手段を失った被災地で、早馬や飛脚の肩代わりをする「飛脚ボランティア」は、重要な被災地支援の一つと考えています。安全対策は不可欠ですが、被災地に一早く入り、足で情報を届け、足で情報収集を行う「災害飛脚ボランティア」、こんなＮＰＯ団体が必要に思います。

3　ネット社会の「影の部分」について

スマホやインターネットは、緊急時の情報手段として無くてはならない道具の一つになりましたが、その影で、誤った使用によるトラブルや、使い過ぎや依存症などの問題も急増し、ＳＮＳの利用によるトラブルは、児童生徒だけでなく、保護者（大人）の間でも頻繁に起きています。いわゆるネット社会の「影の部分」と呼ばれているものです。

被災地の話とは、直接関わりはありませんが、ここで、少し頁を割いて、インターネットの危険性を体験させるために岩手県立総合教育センターが開発した体験型情報モラル教育ソフト「情報サイト」を紹介させて頂きます。

体験型情報モラル教育ソフト「情報サイト」

「情報サイト」は、アダルトサイトなどの有害サイトや、チャットや掲示板などのＳＮＳ、ネット・オークションやフィッシングサイトなどを、教室で疑似体験できるように開発したソフトです。疑似体験ソフトは沢山ありますが、「情報サイト」の大きな特徴は、サーバー記録を利用して、その場で、たとえば、掲示板の利用者（端末）を特定出来ることにあります。

実際の授業では、生徒にスマホを操作させながらチャットや掲示板を利用させます。匿名で書き込みができることを知ると、授業中でも、友達をからかうような書き込みをする生徒が現れるのですが、彼らを見ていると、ネットを介して世の中で何が起きているのか垣間見えるようでした。

授業の山場は、書き込みが終わった後で、サーバー情報から、何月、何日、何時、何分、何秒に、誰が、どのコメントを書き込んだのかを当ててみせるのです。「誰が」というのは、書込んだ人の氏名ではなく、書込んだ時に使用したスマホやパソコンのＩＰアドレス（識別情報）になります。
だたし、授業では、「誰が」は、本人だけが分かるよう配慮し、本人が汗をかいた処で止めておきます。実際は、重大事件でも起きなければ、IPアドレスから、端末の使用者が特定されることはありませんが、掲示板に、自分がいつ、どんな書込みをしたのか、あるいは、自分がいつ、どんなサイトを覗いていたのかを、管理者のサーバーに記録されていることを肌で体験しただけでも、インターネットの使い方は慎重になるようです。

　ネット社会は一見すると「匿名社会」に見えるのですが、端末（機械）どうしはIPアドレスで互いに名乗り合っていて、決して「匿名」ではありません。このことを体験させるのがこのソフトのねらいなので、冷や汗をかいて頂ければ目的は十分達成されたことになります。

　占いサイトの疑似体験では、同じIPアドレスで「名前占い」や「誕生日占い」、「相性占い」などを続けると、名前、生年月日、家族構成が筒抜けになり、サイトの管理者に悪意があれば、巧妙に個人情報を盗むフィッシングサイトになることを教えます

　震災が起きたとき、私は、教育センターの企画調整を担当していましたが、それ以前の担当は、教育工学、情報教育だったので、震災前は、所員と一緒に、県内

アダルトサイトの疑似体験サイト（上）
個人情報流出の疑似体験サイト（下）

携帯電話を手にして情報モラルを学ぶ生徒

各地の学校を訪問し、これまでたずさわった出前授業や研修会は百数十回を数え、このソフトを体験した生徒や先生、保護者は、大槌中学校に赴任する前までに、既に2万人を超えていました。
　この予想外の需要は、ネット社会に起因するトラブルが深刻化し始めていたことを物語っていて、被災地での勤務を終えて内陸に戻ってみると、ネット絡みのトラブルや、ゲームやスマホの依存症の問題は、以前に増して顕著になっていました。
　家族を失い、家を流されながら、懸命に生きている被災地の生徒たちのことを振り返ると、私には、そのギャップが大き過ぎてやるせない思いになったのを覚えています。
　正直なところ「何やってるんだ…」という気持ちにもなり、スマホに夢中になっている生徒を被災地に連れて行きたいとも思いましたが、そうは思いながらも、子どもたちがトラブルに巻き込まれたり、依存症になったりするのは「大人の責任」なので、気を取り直して、再び、情報モラルの指導と向き合っています。退職後も、声が掛かれば、「情報サイト」を利用した授業や研修会に出向いているのはそのためです。ちなみに「情報

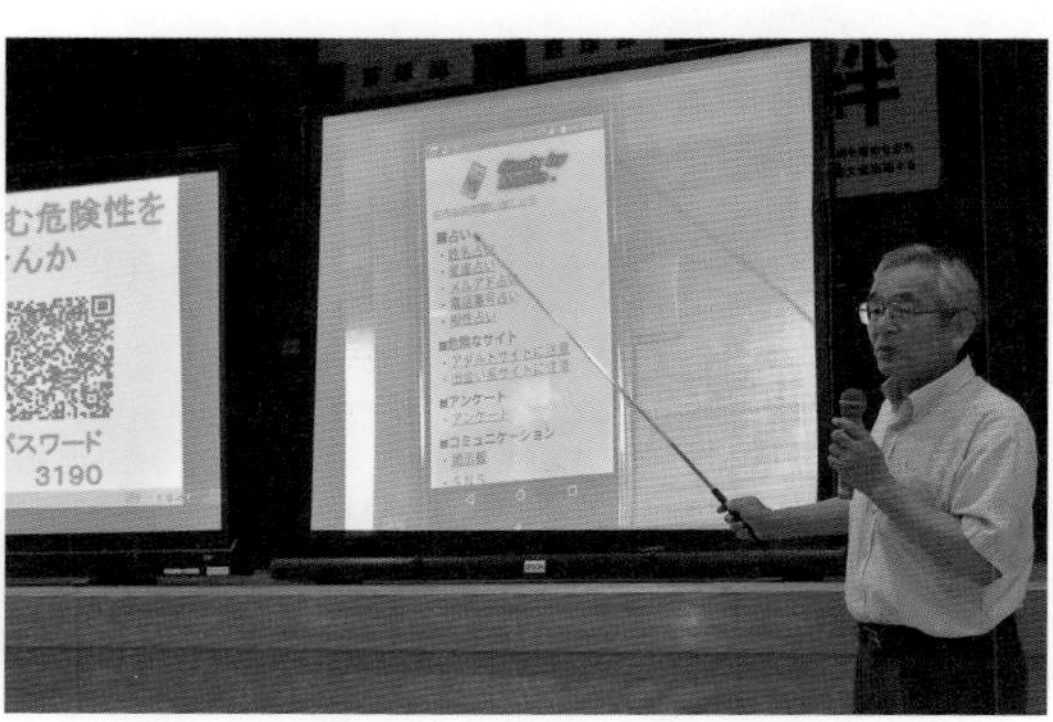

情報モラルの研修会（右、筆者）

サイト」を開発したのは情報教育室の三田正巳、奥田昌夫という所員です。

三田さんは、震災後、被災した高田高校に赴任し、アマゾンの「【被災地】ほしいものリスト」を使ってコンピュータ室を自力で整備したあの三田さんで、彼は、海外で行われたプログラミングの国際コンクールで賞を受賞されるほどの強者です。

奥田さんも、自作ソフトのコンクールで大臣表彰される強者で、彼は、ご子息がプログラミングの技能オリンピック日本代表という親子そろっての強者でした。全国的な情報教育の研修会にこつこつと出掛け「ネット・コモンズ」の情報を仕入れて来きたのは彼でした。

奥田さん、三田さんに限らず、当時の情報教育の室員、研修生は、皆、優秀で、その後、彼らは、情報分野はもとより、校長、副校長、あるいは教育行政職として活躍されています。

岩手県立総合教育センター情報教育室（当時）のメンバー。前列左から２人目が三田さん、後列中央が奥田さん、中央が室長（筆者）

情報を正しく解釈する力

インターネットの利用と表裏一帯の「影の部分」についいて少し触れてみましたが、情報モラルも含め、急速に進化・進展する高度情報通信社会を生きる子どもたちには「情報リテラシー（情報を活用する力）」と同時に、取得した「情報を正しく解釈する力」を養う必要があると強く感じています。

情報リテラシーは、コンピュータやインターネットなどの情報手段を自由に使えるような能力で、近年ではスマホやタブレットを操作する力も含まれるように思います。さらに、情報手段を操作するだけでなく、様々な情報から必要な情報を収集する力、収集した情報を比較したり、加工したり、発信したりできる能力も情報リテラシーの範疇になります。

情報リテラシーは、情報化社会で生活するための入場券のようなものでが、学校は、この情報リテラシーの指導の段階で四苦八苦しているのが現状です。

しかし、今後ますます進展する高度情報通信社会で生きて行くには、入場券はもちろんですが、ネットに飛び交う「情報の真偽を確かめる力」や「その情報の影響力や背景を探る力」、つまり、取得した「情報を正しく解釈する力」の方がより重要になります。

この力を養わないと、フェイクニュースに惑わせられたり、知らぬ間に人を傷つけたり、不十分な情報だけで物事を判断してしまいます。参考までに、私自身が「情報を解釈する力」を試された事例を一つ取り上げてこの章を閉じさせて頂きます。それは「釜石の出来事」でした。

釜石の出来事

東日本大震災の時、釜石市立東中学校と、隣接する同鵜住居小学校の児童生徒が全員、津波から避難し無事だったことから、当時、「釜石の奇跡」として注目を浴びました。しかし、「震災から僅か2年目の3月、釜石市は庁議で「釜石の奇跡」を使用しないことを申し合わせていました。公文書を含め庁内では「釜石の出来事」に改められたのです。

「釜石の奇跡」も、庁議で「釜石の出来事」に改められたことも、どちらも、私自身が見聞きしたことではなく、すべて、新聞やインターネットから知り得た情報です。釜石でいったい何が起きていたのか。「釜石の出来事」に、私は自分の「情報を解釈する力」を試されました。当時、「釜石の奇跡」は報道等で度々紹介されていたことから、私は、教育センターの企画調整担当として、関係者に「岩手県教育研究発表会のパネリストとして登壇して頂けないか。釜石での取り組みを県内の先生方と共有したい」と打診していました。

しかし、関係者の登壇は実現しませんでした。後で分かったことですが、釜石市が「釜石の出来事」と改めたように、すでに関係者の間では「釜石の奇跡」という言葉と、その加熱気味の報道に違和感を抱いていたようです。

登壇の話が上手くいかなったのは「釜石の奇跡」という話題性だけを頼りに、その背景をよく調べないでパネリストをお願いした私の責任でした。


釜石市が「釜石の出来事」と改めた理由の一つは、釜石市では学校管理下外とはいえ津波で児童ら子ども5人が死亡し、「釜石の奇跡」の舞台となった鵜住居小学校に勤務していた職員が行方不明になっていたことでした。「奇跡」と称賛されることをつらく感じる遺族からの申し出もあったと言います。亡くなった児童のこと、行方不明になったままの職員の家族の気持ちを考えれば「奇跡」として取り上げて欲しくないという気持ちは良く分かりました。

もう一つの理由は、「釜石の出来事」は、日頃の訓練や防災教育の当然の「成果」、「賜物」であり、「奇跡」ではないというものでした。こちらの主張もよく分かりました。いずれの理由にせよ「釜石の奇跡」というタイトルでのパネリストの登壇は、釜石側としては受け入れが難しかったのです。テレビや新聞の報道からは、思いもよらない反応でした。

報道からの情報とは別に、沿岸各校の当日の避難行動の様子が次第に明らかになると、「釜石の奇跡」に対する私自身の見方も、少しずつ変わり始めました。

次第に明らかになったのは、これまで述べてきた通り、釜石市に限らず、岩手県では、あの津波で学校の管理下にいた児童生徒は一人も犠牲者が出ていなかったことです。津波で校舎が全壊した25校を始めとして、県内の児童生徒は全員無事避難していたのです。つまり、「釜石の奇跡」の「奇跡」の意味が、関連本の表紙にもなった「『犠牲者ゼロ』を生み出した」ことを指すのであれば、「奇跡」は釜石だけではなく、本県のすべての学校で起きていたことになるのです。先に紹介した四度も避難場所を変えた気仙中学校や、完成したばかりの橋を伝って2階から県道に避難させた越喜来小学校も全員無事でした。

それでも、学校管理下外とは言え、あの津波で岩手県全体では91人の児童生徒が死者・行方不明者となり、釜石市でも児童生徒が命を落とし、職員が行方不明になっています。しかも、県内で教職員は3名が犠牲になったのですが、そのお一人が「釜石の奇跡」と呼ばれた学校の事務職員だったのです。そのような状況だったので、私が知る限りですが、本県の教職員で「奇跡」を口にされる人はいなくなっていました。

報道やネット上では、今でも「釜石の奇跡」と「釜石の出来事」の二つの言葉が交錯しています。どちらを使用するかは、この出来事との関わり方によって違っているようですが、私は、庁議で「釜石の奇跡」を使用しないことをいち早く決めた当事者である。釜石の人たちの思いを尊重するように変わりました。

また、津波の襲来が繰り返される三陸沿岸の学校は、どの学校も津波を想定した避難訓練や防災・減災教育に何十年と真剣に取り組んできていました。「津波は必ず来る」と教育長自らが登下校中の避難訓練の陣頭指揮に当たった大船渡市も然りです。過去の津波をテーマにした自作劇を発表し続けてきた学校もありました。

「釜石の出来事」を、「奇跡」ではなく「日頃の訓練や防災教育の成果」と捉えるのと同じように、学校管理下の県内の児童生徒が全員無事避難できたのも、各校の日頃の訓練や防災教育の「成果」、「賜物」なのです。余り知られていないことですが、第一章で紹介した広田中学校の3年生は、避難の途中で、校庭に隣接する保育園の先生に手助けする形で2、3歳の園児を抱っこしたり、両脇に抱えたりしながら、急こう配の草むらを駆け上がっていたのです。

保育園にも高さ約1・2メートルの津波が押し寄せましたが、中学生に抱えられた園児も含め39人の園児たちは全員無事でした。彼らの勇気ある行動に対して、公益財団法人社会貢献支援財団から広田中学校に「社会貢献者表彰」が授与されています。

小学生の手を握り締めて避難した釜石市立東中学校の生徒の行動は度々報道されていますが、同じように、広田中学校の生徒の行動も、広く語り継がれるべき行動です。

震災前から、「想定にとらわれるな」、「最善を尽くせ」、「率先避難者たれ」を合言葉に避難訓練、防災・減災教育に取り組んできた釜石の子どもたちの実践と、避難時の行動は、高く評価されるべきですが、それが、県内各地で起きていた避難劇と照らし合わされることなく、あたかも、釜石だけの「奇跡」のように取り上げられ、当事者の釜石市が、「奇跡」から「出来事」に言い換えた過程を探ってみると複雑な思いになります。「釜石の出来事」は情報を正しく読み解くことの難しさを教えています。

小学生と一緒に避難する中学生
（仮設校舎での避難訓練、大槌小・中学校）

第八章

三陸の自然と遠野物語
――筆者の原風景――

三陸には美しい自然が残されています。筆者はこの自然に囲まれながら、水の中の生物と出会い、遠野物語に魅せられていきました。

震災前の三陸の自然を紹介しながら、本書のタイトル「子どもたちは未来の設計者」という言葉が生まれた背景、教師としての筆者の原風景を紹介させて頂きます。筆休めのつもりで読んで頂ければと思います。

1　三陸の自然

イトヨ・水の都「大槌」

被災前の大槌町には、多くの自噴水、井戸がありました。リアス式海岸に注ぎ込む河川は皆急峻で、谷は砂礫で埋め尽くされているため、上流に降り注いだ雨は、厚い砂礫の層に吸い込まれ伏流水となり、平地で自噴するのです。特に大きな湧口は、「源水《げんすい》」にあり、ここから湧出した水は、鮭が群れをなして遡上するほどの小川（源水川）になります。小川の湧口には鮭の人工孵化場があり、道を挟んで、反対側に被災した大槌中学校がありました。

この小川に希少生物のイトヨが棲んでいました。背中とお腹に棘があり、産卵のために巣をつくる魚といえば写真で見たことがあるという人はいるかも知れません。源水のイトヨとの出会いは30年ほど前まで遡ります。

当時、鮭の孵化場に勤めていた方が「先生、この川にイトヨがいるよ」と相談を持ち掛けられたのです。興味津々に、小川を覗いてみると確かにイトヨが泳いでいました。しかし、イトヨはもちろん魚の生態は専門外で、当時は、希少生物の生息地を公表すると、植物であれば根こそぎ盗掘され、絶滅危惧種のイヌワシなどは望遠レンズを抱えたカメラマンが押し寄せ警戒心の強いイヌワシが巣を放棄してしまう事態まで起きていたので、「静かに生き延びて欲しい」という願いから「そっとして置きましょう」と返事をさせて頂きました。

それから暫くして、新聞に「大槌でイトヨ発見」の見出しを見つけました。転勤後のことです。「発見は無いよね……」と苦笑しながら、記事に目を通したところ、心配とは裏腹に、地元大槌高校の生徒が、イトヨの生態研究と保護に乗り出したという内容でした。

大槌高校に海洋調査船に乗るほどの生物専門の校長先生が着任された直後の記事だったので、彼が、直接、生徒を指導されたかどうかは分かりませんが、イトヨに転機が訪れたことが分かりました。

新聞に掲載され華々しいデビューを飾った源水のイトヨに、その後、さらに大きな転機が訪れました。

大槌町赤浜地区には東京大学海洋研究所があり、その縁から、イトヨの全国的な研究会「生命系における循環と共生研究会」が大槌町で開催さることになったのです。しかも、会員のお一人として秋篠宮殿下（当時）が参加され、殿下の「生物多様性に配慮した保全を期待する」のお言葉に、町は大いに励まされ、源水川の岸辺は公園として整備され、イトヨ専用の観察デッキまで設置されました。

あれよ、あれよと、イトヨの保護は順調に進んだのですが、その矢先に、源水川まで津波が押し寄せたのです。川底は、瓦礫で埋め尽くされ、イトヨの観察デッキも壊れてしまいした。

ところが、瓦礫を取り除いた源水川で、数は少なくなったものの、イトヨが元気に泳いでいたのです。研究者によれば、イトヨは、鮭のように川で生まれて海に下り産卵期に遡上する降海型と、一生淡水で暮らす陸封型がいて、源水川のイトヨは陸封型で、源水川にも津波は押し寄せたのですが、地震でも津波でも涸れることのない湧水に守られ、イトヨは生き延びていたのでした。

源水川のイトヨの観察デッキ（震災後）

しかも、研究者の調査で、源水以外の場所でも、たとえば、地盤沈下で海水が侵入した栄町でもイトヨが見つかりました。海水が入り込んでも井戸水（湧水）は湧き続け、その水たまりで淡水型と陸封型の交雑種が誕生していたのです。

震災から5年目の平成26年に、秋篠宮殿下と眞子様が、町がかさ上げされる前の大槌町を訪問され源水のイトヨを観察されています。

その折に、眞子様は、町内に自噴する湧水を口にされ「おいしい」と話されたと言います。意外と知られていないのですが、大槌は、水（湧水）の都でもあったのです。

余談ですが、秋篠宮殿下と紀子様がお忍びで食事をされた駅前の鮨屋さんは、大将が生徒の親御さんでした。気さくな大将で、殿下が帰られた後、宮内庁御用達の握りと、秘伝のお酒をあやからせて頂きました。

大将は震災前に病気で亡くなり、店舗は津波で流されてしまいましたが、修行を積んだ長男（当時の生徒）が町内にまた同じ暖簾を揚げたと聞きました。

ハマギクと「希望郷いわて国体」

イトヨの研究会が開催された「三陸花ホテルはまぎく」は、震災前は「浪板観光ホテル」という名前でした。震災で6階立てのホテルは3階まで津波が入り、ホテルの経営者は亡くなられています。

このホテルが「三陸花ホテルはまぎく」と改称し、再開したのには皇室とのご縁があったと言います。

ハマギクは三陸の秋を彩る数少ない花の一つです。キク科に属しマーガレットに似た白い花を咲かせます。濃い常緑の葉が白い花を引き立て、岩肌の隙間にも根を張るので、開花の時期に三陸海岸の崖に目を遣れば、ハマギクを見つけるのは容易です。

以前、「浪板観光ホテル」に前の天皇皇后が宿泊された時、皇后（美智子様）は、足元に咲くこの小さな白い花に目を止められ、大変気に入られたと言います。天皇が即位して間もない頃のことです。

そこで、ホテルがハマギクの種を皇居に献上され、以来、秋になると皇居でもハマギクが咲いているということでした。津波で経営者である兄と、妹を亡くした現在の支配人は、ホテルの再建を諦めかけていたのですが、皇居に咲き続けるハマギクの話を聞いて再建を決意し、ホテルの名前にも「ハマギク」を入れたと言います。新聞紙面からの支配人の言葉ですが「ホテルが再建できたのは、皇居に咲くハマギクだった」と語られたそうです。

　震災から6年目の秋、両陛下は、この地を再び訪れ、皇后様は、ホテルの庭先に咲き続ける白いハマギクをご覧になりました。

　両陛下が岩手県を訪れたのは、第71回国民体育大会「希望郷いわて国体」の開会式に出席されるためでしたが、この時、両陛下は、国体出席の訪問としては異例の長期滞在をされ、沿岸被災地も視察されました。被災地とハマギクが導いた長期滞在に見えたのは、私だけでしょうか。このホテルには「浪板観光ホテル」の時代から職場の懇親会や忘年会で、ずいぶんお世話になりました。

　本県には、33歳や42歳の厄年に恩師を囲んで同級会（歳祝《としいわ》い）をする慣習があり、このホテルは大槌中学校の卒業生が歳祝いをする会場でした。

波板海岸に咲く「ハマギク」

直近では、平成31年の正月に、平成5年度に卒業した生徒の数え歳42の歳祝いがありました。教え子と中学校時代を振り返りながら楽しいひと時を過ごしたのですが、年祝いの冒頭は、津波で亡くなった同級生（教え子）の黙祷から始まっています。

教え子たちの計らいで、私たちは、そのままホテルに泊めて頂き、翌朝には、ホテルの大浴場から太平洋に昇る御来光まで拝ませて頂きました。

「逆境に立ち向かう」。ハマギクの花言葉です。

吉里吉里の鳴き砂

「三陸花ホテルはまぎく」の近くに断崖に囲まれた小久保と呼ばれる小さな白浜があります。白浜の砂の正体は、石英で、石英はガラスのように透明でキラキラ輝き虹彩を放つ鉱物で、石英を沢山含んだ砂浜は遠くから見ると白さが際立ちます。

この石英の砂浜を踏みしめるように歩くと「キュッキュ」と音がしました。硬い石英の砂粒が擦れ合うときに発する音で、このような砂浜は、鳴き砂（鳴り砂）と呼ばれ、この音が大槌町吉里吉里の地名の由来とも言われています。

宮城県気仙沼市の唐桑半島に「九九鳴浜《ククナキハマ》」と呼ばれる砂浜があります。「九九」は砂音で、ここの砂浜も鳴き砂です。対岸にあたる大島にも「十八鳴浜《くぐなりはま》」という鳴き砂があり、面白いことに、この地名は「二九、十八」、九九に掛けた地名で「クグナリハマ」と読みます。

鳴き砂は、海や浜が汚れると鳴かなくなると言い、以前、鳴かなくなった鳴き砂を、学校に持ち帰り、水道水で数え切れないほど洗い続け、再び鳴かせたという中学生の研究が紹介されていました。県外の学校の話ですが、鳴き砂が鳴き続ける自然環境はかなり厳しいようです。

小久保海岸の鳴き砂は、吉里吉里海岸と波板海岸のちょうど間にあり、断崖に囲まれて近づき難かったことから、汚れから守られてきたのかも知れません。

残念ながら、あの美しい白浜は、震災で海に沈んでしまいました。津波ではなく、栄町や新港町と同じように地殻変動による地盤沈下です。容易に近づけない場所となったので、その後、あの鳴き砂がどうなったかは分かりません。

鳴き砂の石英を大量に供給できるのは花崗岩という岩石で、花崗岩が風化すると、花崗岩に含まれる粘土質に変る鉱物は泥水となって沖合まで流れて行き、石英や磁鉄鉱（砂鉄）のように固い鉱物は砂粒となって近くにたい積します。そこに、水量や流速など自然のいたずらが絡むと石英だけの美しい砂浜や、砂鉄が豊富に採れる川が出来ます。

吉里吉里や浪板一帯は、近くの鯨山まで風化が進んだ花崗岩が基盤なので、鳴き砂とまでは呼ばれなくても、吉里吉里海岸と波板海岸にも白い砂浜が広がっていました。

「酔仙」と「浜娘」・美味しい水の話

花崗岩は、北上山地（北上高地）に広く分布し、その起源は中生代まで遡り、北上山地の花崗岩は風化が進んでいます。風化が進み、砂の様に柔らかくなった花崗岩は真砂土《まさど》と呼ばれ、この真砂土を繰り抜いた井戸水は、ミネラルたっぷりの「美味しい水」として知られ、酒造りには欠かせない「酒水」としても重用されます。

花崗岩が広く分布している北上山地周辺には、沢山の酒造屋があり、陸前高田市の酔仙酒造もその一つです。

酔仙酒造の「酒水」の水源は、高田町の金屏風とも言える氷上山で、氷上山の周辺には、地質学的にはさらに古い花崗岩が分布していました。同酒造の代表的な銘柄は「酔仙」と、白い濁り酒の「雪っこ」です。

酒蔵が第一中学校の直ぐ近くあったので、広い敷地とレンガでできた建物は、高田松原と並び、第一中学生にとっては写生会の恰好の会場でしたが、残念ながら、酒蔵も社屋も津波で全壊してしまいました。

会社は、一時、内陸の一関市千厩町で酒造りを再開したのですが、間もなく、氷上山の北山麓で3本のボーリングを行い、水質、水量ともに、以前と遜色のない「酒水」を掘り当て、新たな「酒水」と共に、大船渡市猪川町に「大船渡蔵」を構えました。余談ですが、花崗岩と「酒水」の関係を教えて頂いたのは大学時代の教授です。採鉱学、鉱物学が専門の高橋維一郎教授（故人）は、地下水についても講義され、硬水と軟水の違いや、真砂土と井戸水の関係にも触れられ、いつの間にか、先生の講義は、六甲山と灘のお酒や、地元盛岡の銘酒「あさ開き」の「酒水」は岩山展望台から続く花崗岩から湧き出た水であることにまで及び、水と酒造りの講義に変わっていました。

一般的な話ですが、ミネラルを沢山含んだ水は「硬水」と呼ばれています。雨水が、花崗岩の大地にゆっくり浸み込むと、ミネラルをたっぷり吸収しながら「熟成されたお水」ができます。ミネラルは酵母の活動を活発にし、辛口で濃い味のお酒ができると言われ、辛口で有名な「大関」や「白鶴」などの灘の生一本は、六甲山の花崗岩を源にする硬水で醸造されたお酒です。

ただし、硬水も、ミネラル分が濃過ぎると飲料水には向かず、井戸水も深過ぎると体に悪い金属まで含むようになり、ヨーロッパのように古い大地では、カルシウム分が強く、井戸水は歓迎されないと言います。

飲み水にお金を支払うようなヨーロッパでは、醸造過程で沢山の水を必要とする日本酒のようなお酒は生まれず、逆に、ワインが好まれるのは、ワインは、ブドウの実に含まる水分だけで醸造できるからで、意外に思われるかも知れませんが、ワインはヨーロッパの人たちにとっては天然の「水瓶」にもなっているのです。

ヨーロッパでもイギリスのように雨の多い地域では、飲料水に不自由することはなく、ここでは、ウイスキーが誕生しています。ウイスキーは麦から、焼酎はお米（麦、芋も）から造りますが、醸造過程での水の使い方がよく似ているのです。

さて、ミネラル分の少ない水の方は「軟水」と呼ばれ、こちらは、大量の雨水や雪解け水が清流、伏流水、湧水と変化し、地中のミネラル分が溶け込む暇がないほど早く自然界を循環する「新鮮さが売り物」のようなお水です。

「軟水」も酒造りに利用され、代表格は新潟のお酒、「上善水如」「越乃寒梅」などで、口当たりがよいのが特徴です。こちらは、豪雪地帯の伏流水（雪解け水）が使われています。左党でなくても、利き酒で、「上善水如」と「大関」や「白鶴」とを間違うことは無いでしょう。

ただし、硬水、軟水はミネラルの含有量を示す便宜的な呼び方で、「酒水」を軟水、硬水だけで単純に表現できることはできません。

酔仙酒造の酒水の源は氷上花崗岩にありますが、隣には気仙川の清流が流れていて、私たちが口にするのは「ミネラルを含んだ水と伏流水とが地下で微妙にブレンドされたその土地固有の水」というのが正しい表現で、土地それぞれに風土があるように、水にも土地ごとに個性があり、同じ成分の水はないのです。

その水の持つ個性が、一番現れ易いのが酒造りなのかもしれません。たとえば、鉄分一つとっても、体に良いとされる鉄分も、多すぎると透明なお酒ができないと言います。大槌町の赤武酒造も、震災で大きな被害を受けました。酔仙酒造と同じ様に酒蔵、貯蔵タンク、事務所などすべて失い、こちらは、盛岡の酒造会社「桜顔」の蔵を借りて醸造を再開しています。代表的な銘柄は「浜娘」です。

赤武酒造の「酒水」は、大槌川の上流に降った雨水が清流、伏流水となって湧き出るあの湧水でした。

醸造を担当する赤部酒造の杜氏は、「銘柄は復活できても、水（湧水、地下水）が違えば同じ酒はできない」と語られたと言いますが、杜氏の言葉通り、厳密には、大槌のお酒を、盛岡の水で造ることはできないのです。深みのある言葉だと思いました。「いつか必ず大槌の水で『浜娘』を醸したい」、皆、そう思っていたに違いありません。

余談ですが、以前、最初に大槌町に赴任した時、見ず知らずの筈の酒屋さんから栄町のアパートにお酒が届きました。それも、一軒ではありませでした。

兄嫁の父親が大槌町出身ということは聞いていたので、驚いて兄夫婦に尋ねたところ、「（兄嫁の）叔父叔母からの着任祝い」と聞かされたのを覚えています。聞けば、兄嫁の父親は、先代の赤武酒造の長男だったのです。

長男は、銀行員として町を離れましたが、彼の兄弟姉妹は町内に残り、酒屋を営んでいたのでした。大槌町とは不思議な縁がありました。

「浜娘」で鏡開き（軽井沢町新春賀詞交換会）

2　ヒゲナガの川

水の中の生き物との出会い

大槌川は、先に紹介した気仙川と同じように、自然豊かな川でした。上流域にはブナやミズナラの森が広がり、空にはイヌワシが舞い、里に下りても川辺ではキセキレイやヤマセミの姿を見ることができました。川は、イワナ、ヤマメの宝庫で、川藻やおびただしい数の水生昆虫が生態系を支えていました。私は、この川で、釣りや山菜採りを楽しみながら、後のライフワークの一つとなる「水生生物による水質調査」を学びました。当時、大槌中学校では、科学部が顧問の先生の指導を受けながら「大槌川の水生生物による水質調査」の研究に取り組み県の科学コンクールで最優秀賞を連続受賞していました。ところが、大槌中学校に赴任してから4年目の春、顧問の先生が転勤し私がその科学部の指導を引き継ぐことになったのです。

しかし、当時の私には、川の中の生き物が「オニチョロ」「ピンチョロ」「セムシ」といった釣りの餌にしか見えず、水生生物に対する専門的な知識は全くありませんでした。加えて、科学コンクールでの大賞記録もプレッシャーとなったので、趣味の釣りと山菜採りは封印して、県の担当者や専門家の指導を仰ぎながら、水生生物による水質調査の原理や方法を、必死で勉強することになったのです。

そして、少しずつですが、釣り人が「オニチョロ」と呼んでいるのは「カワゲラ」のなかま、「ピンチョロ」は「カゲロウ」のなかま、「セムシ」は「トビケラ」のなかまであることが分かり始めると、趣味と実益が一致し始め、それからは、生徒と一緒に川に出掛けるのが逆に楽しみになりました。水の中の生物には、渓流のように、絶えず水が攪拌され酸素が沢山溶け込んだ場所でないと生きていけない生物、たとえばウズムシ（渦虫・プラナリア）やヒラタカゲロウのような生き物と、溝（どぶ）のような場所でも生きられるイトミミズやボウフラなどの生き物がいます。このような生物は、水質環境を教えてくれるので指標生物と呼ばれ、指標生物を利用して水質を判定するのが「水生生物による水質調査法」です。

簡易判定ですが、水の中の生き物は、水質環境の変化を、化学分析以上にはっきり教えてくれます。自然に囲まれた清流には多種多様な生き物が数多く生息していますが、生活排水や農薬が流入し始めると水生生物の種類や数は激減していきます。

この調査法は、高度経済成長期に水質汚濁などの公害が深刻になった時、飲み水に適した安全な水源を探すために開発された手法が基になったと言われます。科学部の生徒たちは、大槌川に、どんな生物がどれくらい棲んでいるかを調べ、大槌川の水質調査に取り組んでいたのでした。

水質調査の教材化

この調査の課題は、理科教育を担当する私自身も戸惑ったように、専門的な知識を必要とすることで、当時県内では、179河川で273団体5、783人がこの調査に取り組んでいましたが、そのほとんどが、専門家（指導者）の協力を得ながら、子ども会や学校行事の一環として行われていたことです。

水中の生態系や、自然と人間との関わりを学べる魅力的な内容にも関わらず、先生方が授業で簡単に扱える教材ではなかったのです。逆に、もし、この水質調査を、専門家の力を借りずに実施できたら、理科や総合的な学習の時間の格好の教材になるに違いと思いました。そこで、大槌中学校から教育センターに長期研修生として派遣された機会に、この「水生生物による水質調査法」を教材化することを研究テーマに据え、研修の配属先が、コンピュータ教材の活用と開発を担う教育工学室だったことから、調査の原理と、指標生物の見分け方を学習するコンピュータソフトの開発に取り組むことにしました。

そして、3カ月ほどかけて完成させたのが「水生生物による水質調査」をゲーム感覚で学習できるコンピュータソフト「ヒゲナガの川」でした。

このソフトには、水生生物のヒゲナガカワトビケラをモチーフにした「ヒゲナガ」がナビケータとして登場します。ファミコンや、バラエティー番組に夢中になっている子どもたちの興味・関心を水辺に誘い込むための工夫で、数多くの水生生物からヒゲナガを選んだのは、ヒゲナガカワトビケラが、岩手の河川なら、ほとんどの川に生息していて、コンピュータで事前に学習した生徒が、川に出掛けた時、必ず会える生き物だったからです。

教材作成のねらいは当たり、「ヒゲナガの川」で水質調査の方法を学んだ生徒は、「いつ川に行くの？」「早く調査をしてみたい！」と声を掛けてきて、そして、川に入ると「ヒゲナガを見つけた！」と、生徒たちは歓声を上げていました。

環境庁水質保全局が開発した「水生生物による水質調査法」は、子どもでも調査に参加できるように、水生生物の名前を当てる（同定する）のではなく、「カゲロウ類」や「カワゲラ類」のように、水の中から見つかった生き物を16通りに分類できれば水質の簡易判定ができるように工夫されていました。このことに気づかせることで、一時間程度の学習でも指標生物の分類ができるようになったのです。ちなみに、「水生生物による水質調査」の研究に取り組んだ時、一番大変だったのは、長期研修生の研究テーマとして認めて頂くことでした。

教材を使った授業は、中学校理科「自然と人間とのかかわり」の指導の中に、総時数5時間の単元を「ゼロ」から構築して実施する予定だったのですが、教科横断的な指導とか、総合的な学習の時間が始まる5年以上も前のことだったので、ゲーム感覚の教材ソフトをつくり、教科書にない新たな単元を構築するという長期研修生の希望（冒険）はすんなり認めて貰えませんでした。中には、「環境教育と環境問題は違うぞ」と、私が環境問題に取り

ソフトで調査方法を学ぶ生徒（1993年）

組む活動家に見えた先輩もいたようです。絶句しましたが、このころから、私は、すでに異端児だったようです。

難産でしたが、ゲーム感覚で子どもたちを水辺に誘い込むソフト「ヒゲナガの川」は好評で、開発したソフトは、他の学校や社会教育施設でも利用して頂き、野外活動センターと一緒に研修講座「ふるさと探検隊」を企画し講座を担当したこともありました。

その後、「水生生物による水質調査」は、中学校理科の教科書でも扱われるようになりました。

親水活動《しんすいかつどう》

子どもたちを川に連れて行くと、最初は怖がったり嫌がったりする生徒もいるのですが、しばらくすると至る処から歓声が上がり、調査が終了する頃には、生徒は水から上がろうとしなくなるのが、いつもの光景でした。

カワゲラやカゲロウのような水生昆虫は、蝶や蛾に例えると幼虫で、やがて、彼らは、さなぎになり、羽化して、空中を舞い、交尾・産卵を終えて一生を終えるというサイクルを繰り返します。したがって、季節によって水中の様子は大きく変わります。この季節による変化に気づかせるために、10月の川にも生徒を連れ出したのですが、10月の川の水は皮膚に刺さるように冷たいのに、それでも、生徒は川から上がろうとしなくなるのです。

冷たい川からさえ上がろうとしない生徒を見ていると、水辺が彼らにとって大切な遊び場だったことに気づかされました。

水質調査も大事ですが、彼らに必要だったのは、調査より川遊びの方だったのです。このことに気づいてからは、水質調査を基本にしながら、生徒が水辺に足を運ぶ活動を少しずつ増やし、たとえば、川崎中学校では、授業で「水生生物による水質調査」に取り組んだ後で、保護者と生徒が一緒になって、砂鉄川の河口から上流まで質調査を実施しながら源流をめざす「砂鉄川源流を訪ねる旅」を企画してみたり、北上川に10人乗りのボートを浮かべて勝敗を競う「Eボート大会」に親子で参加したりしてみました。

水質調査に、Eボートのように「水辺で遊ぶ活動」や、河川敷のごみ拾いのように「水辺の環境を保全する活動」を加えたのです。

そして、この一連の活動を体系化することで「親水活動」という新しい考えが生まれました。それから、川崎中学校の「親水活動」は、環境教育の実践事例として、教育雑誌や実践集に掲載され、さらに、日本みずすまし協会東北支部から「みずすまし賞」を受賞し、岡山で開催された全国「水環境フェア」では、生徒が川崎中学校の取り組みを発表しています。

「親水活動」に取り組み始めてから5年目、川崎中学校は、「環境教育の事績顕著校」として県の教育表彰を受賞しています。

第二章で、気仙中学校の生徒が清流に戯れる様子を紹介しましたが、彼らの「親水活動」は、夏休みの「川遊び」からスタートし、夏休みが終わると、一夏お世話になった矢作川の水質調査を授業で締めくくられました。

矢作川には、清流に棲むとされる「ヒラタカゲロウ」「渦虫（プラナリア）」「ヘビトンボ」「サワガニ」などが沢山見つかり、ひと夏お世話になった川が、見た目だけではなく、生物相からもきれいな川であることを実感できたようです。

親子で参加した「Eボート大会」

例によって、水質調査を終えても生徒たちは川から上がろうとせず、いつの間にか、夏の名残りを惜しむ河童の群れになっていました。

今、全国の児童生徒は、小学1年生から中学3年生までの9年間、少なくとも週1時間は生活科か総合的な学習の時間に取り組んでいます。

この生活科や総合的な学習の時間のテーマが、環境問題、郷土理解、国際理解、社会体験、平和学習というように内容が偏らず、様々な視点から取り上げられるとすれば、9年間に一度ぐらいは水辺をテーマにした学習に取り組むことは十分に考えられ、かつ、大切なことだと思いました。

全国の約1千万人の児童生徒と60万人を超える指導者が何らかの形で水辺の学習に関わるのであれば、大袈裟かも知れませんが、この数パーセントの児童生徒が「水生生物による水質調査」に取り組んだだけでも、その数は数10万人に及びます。「水生生物による水質調査」に留まらず、水辺の教材化は、これからも取り組まなければならない重要な教育課題です。

ひと夏お世話になった矢作川の水質調査

3　遠野物語の検証

津波や三陸の自然の話から、柳田国男の『遠野物語』への展開は、唐突に思えるかもしれませんが、柳田国男の遠野物語と、大槌は切っても切れない関係にあります。それは、遠野物語に登場する物語が、遠野の町よりも人里から離れた場所で生まれているからです。遠野と沿岸の大槌との境をなす白見山（白望山《しろみやま》）もその一つで、この遠野物語に登場する謎めいた山が、東日本大震災を機に再び登場し、しかも、津波の歴史と深く関わっていたのです。

白見山の周辺には古い街道（塩の道）があり、遠野と大槌を1日で往来するためには、日が昇る前に出かけ、日が暮れてから帰らなければなりません。

暗い山道や峠を一人で歩く村人や行商人が「狐火を見た」という類の話は珍しくなく、彼らの実体験から生まれた遠野物語は少なくないようです。

こんな風に遠野物語を、現実に当てはめて読み返すと、遠野物語には気になる節が沢山ありました。

先ずは、たたら製鉄の再現から、遠野物語の舞台に招待させて頂きます。

たたら（製鉄）の再現

「白望の山に行きて泊れば、深夜にあたりの薄明るくなることあり 秋の頃茸を採りに行き山中に宿する者、よく此事に逢ふ」

「又谷のあなたにて大木を伐り倒す音、歌の声など聞ゆることあり」

柳田國男の遠野物語第33話の一節です。

この「深夜の薄明かり」は、白見（望）山周辺で行われていた「たたら（製鉄）」の炎と関係があるのではないか。こんな俗説を肴に、「ふるさと自然文化研究会」を立ち上げた大槌の若者たちが白見山の山麓の山小屋に泊まり込み「たたら」の再現に挑戦しました。

「たたら」は土で固めた炉のことで、この炉に火を入れ高温にし、砂鉄（磁鉄鉱）と木炭を交互に投げ入れて鉄を取り出す製鉄法を「たたら」または「たたら製鉄」を呼びます。一回の「たたら」には、二昼夜、三昼夜を要し、その間「たたら」の炎が夜空を焦がし続け、鉄を取り出す時は炉を壊すので、その瞬間は、炎に勝る大きな明かりとなります。「秋の頃…山中に宿する者」が出逢った深夜の薄明りは、「たたら」の炎で、「たたら」には木炭が必要なので「大木を伐り倒す音」は、炭焼きのための木挽きの音ではないか。と言うのが、彼らの仮説でした。白見山の山小屋に、「たたら」の再現に惹かれ、炉を造る人、砂鉄（餅鉄）を持ち寄る人、木炭を運ぶ人、そして、「たたら」による製鉄の経験者、登山家、等々、いろいろな人が集まりました。私もその一人でしたが、私のような門外漢は、夕食と会場の準備に回り、誰が用意したのか、山小屋の外には、ドラム缶風呂から湯気が立ち、都会育ちの若い参加者（女性）が温泉気分を味わっていました。

「たたら」で、炉造りから、送風、木炭と砂鉄の投入、温度管理、鉄の取り出しと一連の作業を仕切るのは

「村下《むらげ》」と呼ばれる現場責任者です。「村下」の指示で炉に風が送られると勢いづいた炎が夜空に向かって吹き上げます。深夜に夜空を焦がすこの炎から、物語が生まれるのはごく自然で、霧の夜に、遠くからこの明かりを見たならば、なおさらのことと思いました。「たたら」に火が入いると、山小屋では、参加者が焚き火を囲み、海の幸、山の幸を肴に、ふるさとと談義が始まります。ふるさとと談義は次第に熱くなり、竹に注がれ焚き火で温められた地酒が飛び交いました。

夜空を焦がす炎に加え、野趣を楽しむ酔狂な人たちの大声や笑い声は、森の奥まで響き渡り、この音を、峠を越える旅人が耳にしたなら、遠野物語に登場するマヨイガか、魔物の声に聞こえたかもしれません。「歌の声など聞ゆる…」、まるで、物語が生まれる瞬間に立ち会っているような気がしました。

「たたら」は一回毎に炉を壊さなければ鉄の塊《けら》を取り出せないという効率の悪い製法ですが、製鉄のしくみが簡単で、製鉄の原料となる砂鉄と木炭に恵まれていた白見山周辺での「たたら」は古くから行われていました。

鬼打ち伝説と大槌川、小鎚川《こづちがわ》

大槌には大槌川と小鎚川の二つの川があり、どちらも白見山周辺から東の太平洋に向かって流れます。ここで、この大槌、小鎚の「つち」の字に注目して頂きたいのですが、大槌は「きへん」、小鎚は「かねへん」になっています。ここに、「たたら」にまつわる面白い伝説があります。

昔、この地方に移り住んだ鍛冶屋に、仕事場を覗いたり、家の柱を揺すったりして邪魔をする鬼が現れました。怒った鍛冶屋が大きな「木槌」と小さな「金鎚」で鬼を打ち、「金鎚」が沈んだ川が小鎚川で、「木槌」は沈まず海まで流され、満ち潮で流れついた川が大槌川という伝説で、これが、大槌、小鎚の地名の由来となった「鬼打ち伝説」です。

巨大津波の伝説に登場した臼沢さんのご先祖は、元々は臼沢地区ではなく、西（大和）の方から遣ってきて白見山の麓で「たたら」を管理していたと言われ、一方、「たたら」の再現で「村下」を担当された阿部三平さんは、前九年後三年の役で朝廷側に滅ぼされた安倍貞任一族の子孫とも言われていました。白見山の南には、安倍一族にちなむ「貞任高原」が広がってい て、鬼を蝦夷（安倍氏側）と考えれば、鍛冶屋と鬼の話は、本当にあったのかも知れません。

「たたら」を再現した山小屋の近くには、「たたら製鉄跡」の標柱が立ち、「のろかす」という金属質の塊が今でも草むらや林の中に散らばっています。

世界遺産とラグビーワールドカップ

白見山の「たたら」は、江戸時代の末期に洋式高炉が登場してから、急激に衰退しますが、その洋式高炉の第1号は、白見山から南に、僅か9キロしか離れていない釜石市橋野町（旧橋野村）に、盛岡藩士の大島高任によって建設され、橋野町は、日本の近代製鉄発祥の地となり、高炉跡は、「日本の明治、近代の産業遺跡群」の一つとして世界遺産に登録されています。

橋野町には、砂鉄の代わりとなる磁鉄鉱の鉱脈（橋野鉱山・釜石鉱山）が露出し、周囲には豊富な木炭と「たたら」で培った製鉄の技術があったのです。やがて、釜石市は、新日鉄釜石の城下町として栄え、赤いジャージで知られる新日鉄釜石のラグビーチームが7年連続日本一となったのは、鉄の町釜石が最盛期の頃でした。２０１９年に、ラグビーのワールドカップが釜石市鵜住居町で行われたのは、当時のラグビー関係者の熱い思いが手繰り寄せたものでした。ワールドカップ開催を待ち望んだ人たちは沢山いて、大学時代にラグビー部に所属していたという軽井沢町のホテル音羽の森の鈴木支配人もその一人で、彼は、ホテルの関係者や支援者と一緒に観戦に訪れ、彼らに誘われる形で、私も、試合を観戦することができました。

世界のトップチームによる迫力ある試合に感動したのはもちろんですが、それ以上に、スタンドから、試合が終わるまで「フィージー！フィージー！」と、選手を応援し続けた市内の小学生や、会場から臨時バスの駐車場に向かう人たちに「ありがとう！」「さようなら！」と笑顔でハイタッチするボランティアたちに胸が熱くなりました。

震災直後の被災地では、ワールドカップの開催に賛否がありました。その賛否を乗り越え、そのワールドカップで、釜石が「ワン・チーム」になっていたことに私は感動したのです。

会場なったスタジアムの場所は、津波で被災した釜石東中学校と鵜住居小学校があった場所で、スタジアムの横には、鵜住居川《うのすまいがわ》が流れ、その川原では、餅鉄《もちてつ》と呼ばれる丸い小石が見つかります。磁石が吸いつくので、震災前は、磁石を手にした子どもたちが餅鉄拾いに興じていました。鵜住居川の上流が橋野町で、餅鉄は、橋野町の鉱山が源です。

フィジー対ウルグアイ戦

オット鳥

「山にはさまざまの鳥住めど、最も寂しき声の鳥はオット鳥なり。夏の夜中に啼く。浜の大槌より駄賃《だちん》附《づけ》の者など峠を越え来たれば、遥かに谷底にてその声を聞くといえり。昔ある長者の娘あり。またある長者の男の子と親しみ、山に行きて遊びしに、男見えずなりたり。夕暮になり夜になるまで探がしあるきしが、これを見つくることをえずして、ついにこの鳥になりたりという。オットーン、オットーンというは夫のことなり。末の方かすれてあわれなる鳴声なり」

こちらは『遠野物語』第51話の一節です。夫を捜す妻が「オット鳥」になり、今でも夜中に「オットーン」と鳴き続けているという悲しい物語です。

「オット鳥」は、フクロウの仲間のコノハズクと言われています。この物語を知るまでは、コノハズクの鳴き声は子ども心に「キョッキョ、キョーン、キョッ、キョーン」と覚えていたのですが、改めて聞き直してみると、「キョッ、キョーン」が「オッ、トーン」と聞こえて来ます。鵺（ぬえ・トラツグミ）の鳴き声ほどではありませんが、夜中に一人では聞きたくない哀愁をおびた寂しい鳴き声です。

「遠野物語」では、「駄賃付（牛馬の背に塩や魚を載せ、帰りには米や雑穀を運んだ当時の運送業者）」が夜中に峠を越える時、白見山に近づくと、谷底の方からこの「オット鳥」の声が聞こえたと云います。白見山で「オット鳥」の鳴き声は本当に聞こえるのか。「たたら」の再現に挑戦する半年ほど前に、「ふるさと自然文化研究会」の面々が、白見山で「オット鳥の声を聞く会」を企画していました。

会場は、あの山小屋です。参加者は約40人、狭い山小屋は人で溢れかえり、外にはかがり火が焚かれていました。酒と肴の準備も整っていましたが、先ずは、皆、思い思いの場所に腰掛けながら、主催者による遠野物語と「オット鳥」の解説にじっくり耳を傾けます。

勉強会が終わると「たたらの検証」でご紹介したよ

うに、焚き火の上を地酒とふるさ談義が飛び交い、あっと言う間に、夜は更けていきました。

　遠野物語の検証と語れば聞こえは良いのですが、山小屋に集まった人たちは、どちらかと言えば、遠野物語というより、白見山に魅せられ、人里から離れた山小屋での山海の幸と地酒に取り憑かれていたようです。肝心の「オット鳥」ですが、鳴き声が聞こえたかどうかは定かではありませんでした。

　深夜、宴会と火の始末を終えた参加者は、山小屋から森の奥へと進み、静かにコノハズクの鳴き声を待ちましたが、「今、鳴いた」と言う人がいれば、「聞こえない」と言う人もいて、騒音には耳を貸さず、じっと鳴き声を待つ人など参加者の反応は様々でした。

　当の本人は、翌朝まで酔いが醒めず検証能力を失っていました。

白見山と「二十六夜様信仰」

「遠野物語」の舞台となった白見山は、遠野市、旧川井村、大槌町との境をなし、標高1、173メートルの頂は、大槌湾からも望むことができ、白見山の頂きに雪を望むと冬が到来し、白見山の雪が消えると北国大槌にも本格的な春が訪れます。白見の「白」は冠雪を指しているようです。

この白見山に、津波にまつわるエピソードが隠されていました。

このことに気づいたのは、大槌を離れてから18年後、あの東日本大震災が起きてからのことでした。白見山の頂に、「二十六夜様信仰」を裏付ける石碑があるという噂がありました。

「二十六夜様信仰」というのは、陰暦26日の月の陰に現れる阿弥陀如来、観音菩薩、勢至菩薩の三尊を拝むと願い事が叶うという言い伝えです。この「二十六夜様信仰」と昭和8年の三陸大津波が結びついていたのです。

話はまた、大槌町ふるさと自然文化研究会の活動に戻ります。

平成3年11月、彼らは、「二十六夜様信仰」を裏付ける石碑が、本当にあるのかどうかを確かめるために「白見山探検隊」を結成し、小雨の中、山頂を目指しました。しかし、この日の雨はやがて初雪となり、山頂付近は吹雪に変わり、石碑探検は、あと一歩というところでやむを得ず中断となりました。探検隊の一人として参加していた私も残念な思いで下山しました。確か、これが大槌町ふるさと自然文化研究会の最初の企画だったと思います。

翌年10月、白見山探検隊は再び結成され、二度目の挑戦で、石碑を見つけることができました。

石碑は二つ見つかり、その一つに「昭和八年旧七月二十六日」という文字が刻まれていました。確かに「二十六夜様信仰」を裏付ける石碑でした。それほど古いものではありませんでしたが、もっと古い石碑は、近くに埋もれていたのかも知れません。それにしても、陰暦26日の月は、夜明け前、東の空に昇ります。この月を、千メートルを超す白見山の山頂からから拝むためには、深夜に登り始めなければなりません。

真夜中に、重い石を抱えて、白見山に登る…。夜明け前、太平洋に昇る下弦の月に、いったい誰が、何を祈ったのか……。探検隊が石碑の発見に喜び合う傍らで、私は、その石碑に深い興味を抱いていました。それから間もなく、私は、大槌町を離れ、18年の歳月が流れたのです。

そして、3月11日、東日本大震災が起きました。

白見山のことは、すっかり忘れていたのですが、沿岸部の国道が津波で寸断され、家族の安否を求める人や、支援物資を抱えた人たちが、あの白見山周辺の林道を行き交っているということを耳にしたのです。

今でこそ、車一台が通れる程の林道ですが、かつては、遠野物語の舞台にもなり、旅人や「駄賃付け」が往来した街道「塩の道」が、再び活躍していたのです。

そして、ふと、白見山探検とあの石碑のことを思い出したのです。当時は、白見山の石碑と津波との関係は思いも寄らなかったのですが、石碑に刻まれた昭和8年は、3月3日に「昭和三陸沖地震津波」が起きた年でした。東北・北海道の沿岸に大津波が押し寄せ、約3千人の命が奪われています。

この津波で大槌町も甚大な被害を受けたはずです。そして、石碑が白見山に担ぎ上げられたのはそれから約4か月後の旧暦7月26日でした。

白見山を境に大槌と川井、遠野は交易だけでなく、人の交流も盛んに行われ、「昭和三陸沖地震津波」で大きな被害を受けた大槌には、遠野や川井の親戚縁者が沢山暮らしていました。「12の贈り物」を編集された道又力さんや、大槌で開業されている道又医院の「道又姓」は、川井がルーツと言います。

「いったい誰が、何を祈ったのか…」と、思った白見山の石碑は、大槌の惨状を目の当たりにした川井か遠野の人たちが、津波で犠牲になった親戚縁者の冥福と大槌の復興を「二十六夜様」に祈るために担ぎ上げた。と、自然に思えるようになったのです。

事実誤認かも知れませんが、こう考えると、真夜中に、重い石を抱えて白見山に登った人たちの気持ちがよく分かるのでした。

東日本大震災では、遠野市が被災地支援の最前線として大きな役割を果たし、その功績は総務大臣から表彰されています。

しかし、その背景には、隣接市町村による救援というだけではなく、いにしえから続く「深い絆」があったのです。白見山にひっそり立っている石碑が、そう語りかけているような気がします。

津波の被害に遭った大槌の港町は、白見山と太平洋に昇る月との間に、挟まれるように見えました。

白見山探検隊（1991 年 10 月）

マヨイガ

「金沢村は白望の麓、上閉伊郡の内にても殊に山奥にて、人の往来する者少なし。67年前此村より栃内村の山崎なる某かゝが家に娘の聟を取りたり。此聟実家に行かんとして山路に迷ひ、又このマヨヒガに行き当たりぬ。家の有様、牛馬鶏の多きこと、花の紅白に咲きたりしことなど、すべて前の話の通りなり」

遠野物語の第64話、有名なマヨイガ（迷い家）」の話です。マヨイガは、山道に迷い、彷徨よい歩くうちに偶然辿り着く長者屋敷の伝説です。マヨイガを訪れた者がその家から何か物品を持ち出すと富を授かると言われています。

結びの「すべて前の話の通りなり」とは、マヨイガは第63話にも登場し、第63話は、マヨイガに訪れた無欲の妻が富を授かった話で、第64話は、その話を聞いた若者が、欲が絡んで富を授かれなかったという失敗談です。

冒頭に登場する「金沢村《かねざわ》」は上閉伊郡大槌町金沢を指し、別の一節には「金沢村は白望の麓、上閉伊郡の内にても殊に山奥にて、人の往来する者少なし」という記述もあります、金沢は、白見山の麓にある実在の地名で、ここには、震災の2年前まで大槌町立金沢小学校がありました。私と、大槌や遠野物語との出会いも、このマヨイガのようでした。

大槌中学校に赴任した翌年、私は、2年生の宿泊研修にトレッキングを取り入れようと、大槌町と山田町との間にあたる林道を歩いていました。

その時、偶然、出会ったのが、後に「大槌町ふるさと自然文化研究会」を立ち上げる佐々木堅吉さんという方でした。ここから、私は、遠野物語に引き込まれていったのです。それまで、宿泊研修は、山田町にある陸中海岸青少年の家で行われ、青少年の家まではバスで移動していました。研修施設での活動も、新聞づくりや体育館でのレクリエーションが中心で、折角、野外活動センターを利用しているのに学校にいてもできる内容ばかりでした。理由は、全国的に学校が荒れていた時代で、「野外活動より生徒指導（集団訓練）

を優先したから」だと、先輩の先生が教えてくれました。幸い、私が赴任した時は、先輩方の努力で学校は立ち直り掛けていたので、宿泊研修を、生徒指導の場から本来の目的である野外活動、自然体験の場に戻したいと考えて地図を広げてみたところ、学校から青少年の家までは、僅か10キロ前後の距離しかなかったので、バスの移動から徒歩に変えてみようとトレッキングを思いついたのです。早速、下調べに国道45号線を北上するように青少年の家まで歩いて見たのですが、途中に狭いトンネルが幾つかあり、しかも交通量も多いことが分かりました。

当時の2年生は7クラス、指導者を含めると約300人近い人数で、長距離トラックが行き交うトンネルを歩かせることに迷いが生じ、それでも、移動をバスから徒歩に変えたいという思いは捨てきれず、休みの日が来ると、同僚も連れ出して、地図を見ながら学校から青少年の家まで山林を直進してみたり、トンネルを迂回してみたりしたのです。そんなある日、トンネルの上の杉林に一人で登り、四苦八苦しながら峠を越えた所で、一人の男性から「何をしている」と声を掛けられました。

男性は、不審者を見るような眼差しでしたが、事情を話したところ、表情はすぐ緩み、トンネルの上に古い旧道・塩の道があることや、塩の道に詳しい友人まで紹介してくれたのです。彼が、後に、大槌町ふるさと自然文化研究会を立ち上げ、「白見山探検隊」や「たたら製鉄の再現」を仕掛けていく佐々木堅吉さんだったのです。「薄暗い杉林の林道での偶然の出会い」、これが、マヨイガの入り口でした。

佐々木さんは、アセチレンなどの特殊ガスの販売業を営み、危険なガスを扱うことから町から少し離れた吉里吉里トンネルの出口近くに店舗を構え家族と暮らしていました。

塩の道に詳しい友人は、徳田健治さんと言う方で、徳田さんは、郷土史の研究家で、各地に残されている古い追分（昔の道標）や「塩の道」の調査していました。「臼沢と三枚堂の巨大津波の伝説」を、私に教えてくれた徳田さんです。

徳田さんは、浪板海岸の塩田跡から大槌までの旧街道・塩の道を案内し、塩の道に沿って、街道整備に生涯を捧げた弁牛《べんぎゅう》和尚が拓いたという吉里吉里峠の切通しや、塩の道を往来する人々の安全を祈った道祖神やお地蔵様、南部藩のお殿様が休憩したというお手掛けの石などがあることも教えてくれました。佐々木さんと、徳田さんに出会えたことで、宿泊施設を目指したトレッキングに「塩の道を歩く」というテーマが設定され、中学生が、郷土の歴史を紐解きながら塩の道を歩いた活動は、「I・LOVE・東北」という特集番組にまで採用され「塩の道を歩く～歴史を刻んだ道を伝え残したい～」というキャッチフレーズでCMのように何度も放送されました。

　生徒と一緒に歩きながらの撮影は大変で、編集にもずいぶんと時間を費やしましたが、朝ドラの直前に「塩道を歩く」というタイトルで大槌中学校のビデオがテレビから流れると苦労が報われたような気になりました。

検証「塩の道」（大槌中学校 1989 年）

大槌町ふるさと自然文化研究会の仲間たち

塩の道と遠野物語

塩の道の起点、浪板海岸で塩が作られたのは、海水の塩分が濃いという自然環境に恵まれていたからです。海水は、場所によって塩分が違い、その違いは、泳いで見ると良く分かるのですが、外洋に面した半島の海では体がよく浮かび塩辛いのですが、河川から大量の真水が注がれる湾内では体はあまり浮かばず、塩辛さも弱いのです。浪板海岸には、湾に注ぎ込む大きな川がなく、そのため塩分が濃く塩田に適していたのです。鯨山から流れ下る碇《いかり》川という小さな川がありましたが、この川は、普段から水量が足りなく途中で川が涸れ、雨でも降らないと海まで流れ出ることはありませんでした。「碇川」は珍しい地名ですが、震災後大槌町の復興にご尽力された碇川豊町長の出身地です。

塩分の濃さだけを考えれば、塩づくりは半島が適しているのですが、塩づくりは、最終工程で塩分が凝縮された砂から塩分を洗い出したり、釜で煮詰めたりしなければならず大量の薪と真水が必要になり、真水と森林が限られる半島は、塩づくりには不向きなのです。浪板海岸の背後には豊かな森林もあったのです。

浪板海岸で造られた塩は、白見山周辺の「塩の道」を通って、遠野や川井に運ばれていきましたが、峠の標高は500メートルから800メートルにも及び、急峻な地形に、牛1頭が通れるほどの難所も多かったことから、旅人が命を落としたり、オオカミに襲われたりした話が今でも残っています。「急に辺りが明るくなった」とか、「遠くから木こりの音がした」という白見山にまつわる不思議な体験も「塩の道」の周辺から生まれています。

民俗学の柳田國男は、このような体験談、逸話を遠野の知人（佐々木喜善）から聴き集め、『遠野物語』としてまとめました。『遠野物語』に町外れや峠筋での出来事が沢山綴られているのはその為で、私には「遠野物語」は、「塩の道」の険しさが生んだ物語にも見えます。

マヨイガの贈り物「四角形の生活から世界へ」

偶然の出会いから「マヨイガ」に迷い込んだ私は、彼らと一緒に白見山の山小屋や、冬山のテントにまで泊めさせて頂き、まるで物語に吸い込まれるように、日常から離れ、貴重な体験を重ねていきました。同時に、私の生活パターンも大きく変わりました。学校とアパートの2点を往復する生活を「直線の生活」に例えると、アパートに帰る前に部活動の指導をしたり、仕事帰りに同僚と食事をしたりする生活は、3点を結ぶので「三角形の生活」になります。「三角形の生活」は、教師の一般的な生活パターンかもしれません。

この生活に、趣味でも、ボランティアでも構わないので、もう1箇所、立ち寄る場所を加えると「三角形の生活」が「四角形の生活」に変わります。

佐々木さんや徳田さんとの出会いは、私にとって「四角形の生活」の始まりでもあったのです。

生活パターンが変っただけではなく、人との繋がりが広がり、「たたら製鉄」や「白望山探険」で出会った人たちをゲストティーチャーに招くこともできました。さらに、これもまた、四角形の生活が導いた不思議な縁なのですが、教育センターの所長としてお世話になり、後に県の教育長を務めた五十嵐正先生と、国内外で活躍する服飾デザイナー村田愛子先生（故人）との偶然の出会いから、私の「四角形の生活」は国内を飛び出し、ハンガリー、ルーマニア、ロサンゼルス、モンゴル、カナダへと展開していきました。

五十嵐先生は『教育は豆腐の如く（ぱるす出版）』という本を出版されています。その執筆のための取材に何度かご一緒させて頂いたのですが、硬くチーズのような味がする月山の六浄豆腐を味わったり、豆腐に縁のある登府屋旅館や南部藩のお殿様のエピソードを伝える豆腐地蔵尊を訪ねたりと、豆腐に纏わる話は尽きませんでした。村田先生との出会いは、この豆腐の取材が縁でした。

ただ、私が海外に飛び出すようになったのは、村田先生にカメラ（ビデオ）の腕を買われ、彼女のファッションショーの海外公演に記録係として同行させて頂いたことがきっかけだったのです。そして、人との繋がりが海外まで広がっていきました。

ハンガリー公演でお世話なったキッシュ・シャンドールさんは、ハンガリー・日本経済クラブ会長を務められ、大相撲の千秋楽の土俵で優勝力士に友好杯を何度も手渡された方でした。

アナウンサーのように綺麗な日本語で通訳と添乗員役を務めて頂いた彼のお嬢さんは、前の天皇がハンガリーを訪問されたとき、皇后様の通訳をされたと伺いました。村田先生のハンガリーでのファッションショーが好評だったことから、2年後には、ルーマニアのトランシルバニアで、その後、ロサンゼルス、モンゴルと公演は続き、最初はカメラマンとしての同行でしたが、いつの間にか、事務局として、海外公演に向けて現地の方とメールを交換したり、現地会場でもスタッフと打ち合わせを行ったり、モデルさんと一緒に、楽屋や舞台を走り回っていきました。

ルーマニアのトランシルバニア地方は第一次世界大戦まではハンガリー領で、住民は今でも、ハンガリーの文化・情報に憧れているようでした。ここでの公演を提案されたのはキッシュさんで、キッシュさんの客人として招待された私たちは、トラシルバニア地方のテケシュ・ラースロー大司教に歓迎されました。それから数年後、大司教は、ＥＵの副議長になり、時々ニュースで見かけることがあります。大司教は、ルーマニアを独裁政権から解放した時の立役者の一人でした。

他にも、モンゴルの小学校時代の小学校で握手を交わした先生が、横綱白鵬関の小学校時代の担任だったり、ロサンゼルスでは、全米から日系人が集まるという「敬老ホーム」で日系2世、3世と交流したりと、考えてもみなかた体験をすることができました。

震災後、キッシュさんは、村田先生に案内され、大槌中学校の校長室を訪れています。写真は、その日に撮影したものです。

同行のワグナー・千代さんは、日本人ですが、彼女の夫はハンガリー出身の彫刻家ワグナー・ナンドールです。ワグナーは、ハンガリー動乱の指導者の一人でしたが、旧ソ連軍の介入で動乱が鎮圧されたことから亡命し、スエーデンに亡命中に千代さんと出会い結婚し、日本に帰化し、栃木県益子町で亡くなっています。

動乱後、祖国を追われる身となったのですが、ベルリンの壁の崩壊後、動乱の指導者は再評価され、今で

ハンガリーから訪れたキッシュさん（中央）

はハンガリーの英雄として教科書にも取り上げられている人物です。

村田先生に出会ったことで、世界史の一端にも触れさせて頂きました。


話は戻りますが、仮設校舎には連日のように有名人、著名人が訪問され、時には大臣や海外の要人も見えたのですが、誰が訪問されても、臆することなく、平常心で被災校の課題、必要としている物資を冷静にお伝えし、支援者や支援団体の皆さんと、国内外を問わず、時にはダイナミックな連携ができたのは、海外公演の準備や運営に携わった経験が生かされていたように思います。失礼な受けとめ方かも知れませんが、仮設校舎を訪問される人たちが、時々、白見山で一緒に寝泊まりした「仲間」の一人に見えることがありました。旧知が訪ねてきたような懐かしさを感じながら、彼らを信頼し、被災校の支援をお願いしていたのです。

最後のカナダの訪問は、バンクーバに程近いビクトリア市が被災した大槌中学校を含め沿岸の小、中学校を支援していたご縁からでした。


「武士道」の著書で知られる新渡戸稲造は盛岡出身で、彼は旅の途中、病に伏してビクトリア市で亡くなっています。この縁でビクトリア市と盛岡市は姉妹都市になり、ビクトリア市は岩手県の被災地を支援していたのです。

被災地の様子を知りたいという声が上がったことから、「復興の歌姫」と一緒に、支援へのお礼も兼ねて「公演」と「講演」を行ってきたのです。当時、大槌中学校には、歌手デビューした生徒が在籍していて、彼女は「故郷～Blue Sky Homeland～」という曲で、その年のレコード大賞新人賞を受賞しています。デビューと言っても歌手活動で学校を休むことは無く、生徒会活動や勉強に勤しむ普通の中学生でした。

進路についても、歌手に執着しているわけでもなく、いろいろな夢を描いていました。プロモーション側もそのことに理解を示し、ミニスカートで踊るアイドルのようなパフォーマンスは、彼女に求めていませんでした。

高校卒業後、彼女は大学に進み、普通の大学生として青春を謳歌しました。彼女との出会い、彼女のお話も尽きないのですが、「復興の歌姫」のお話は、いつか、成長した彼女と一緒に振り返えられたらと思っています。

「我、太平洋の架け橋とならん」と語った新渡戸稲造の墓は、ビクトリア市内のロイヤルジュビリー病院の中庭にありました。彼の墓に手を合わせた中学3年の小さな歌姫も、被災地とビクトリア市との懸け橋という大役を十分果たしていました。

さて、ここまで、「四角形の生活」が海外に飛び出した話を紹介いたしましたが、国内外で活躍されている方には、「それがどうしたの……」と。岩手で学び、岩手を生活根拠地に暮らしてきた一教師には、どれも「おとぎ話」の世界、マヨイガに見えました。

遠野物語では、マヨイガに遭遇したら、その屋敷から柄杓やお椀など何かを持ち帰ると富をもたらすと言われています。

私は大槌というマヨイガに迷い込み、伝説の通り十分過ぎるものを頂きました。残念ながら、白見山で寝泊まりした仲間たちにも震災は容赦無く襲いかかり、津波で命を落とした人もたくさんいます。生き延びはしたものの家族を亡くしたり、家を流されたり、職場を失ったりと、多くの仲間が、震災で、その後の人生が大きく変わってしまいました。

私を「マヨイガ」に誘い込んでくれた佐々木賢吉さんは、震災から6年目の5月に病で急逝されました。

彼の急逝を悼む声が、岩手日報のコラムに掲載されていました。

「人生を面白く、そして真っすぐに生きた一人の男が旅立っていった」

第九章

豊かな体験「原風景」が未来をかえる

「子どもたちは未来の設計者」というキーワード

本書の結びに、「なぜ、何のために教えるのか」ということについて、本書のタイトル「子どもたちは未来の設計者」というキーワードを用いながら、私なりに紐解いてみたいと思います。

私が、「子どもたちは未来の設計者」という言葉を初めて意識したのはラジオの対談からでした。確か、1993年の正月だったと思います。NHK仙台放送局から放送された「新春教師が語る」という全国放送に出演したときでした。40分の番組で、東北で環境教育に取り組んでいる教師の一人として招かれたのです。番組には、小学校、中学校、高等学校の先生が1人ずつ招待され、私は、中学校代表のような立場でした。

この対談を通して、校種とは関係なく、自分の取り組みが、2人の先生とは違うことに気づいたのです。どこが違うのかと言うと、彼らの実践は、児童や生徒を環境問題に正面から向き合わせていたのですが、私の実践は、水質調査や水遊びに留まっていて、水質汚濁の原因を調査させたり水質の保全活動に発展させたりすることはなかったのです。たとえば、高等学校の先生は、生徒と一緒に原生林の保護活動に取り組んでいて、生徒でも、環境問題について具体的に考えさせることができるというものでした。

彼らの実践と照らし合えたことで、自分の実践は、環境問題に取り組ませることではなく、水辺を中心とした親水活動だったことに気づいたのです。

環境問題に正面から取り組まなくても、水辺で遊んでいる子どもたちを見ていると、「もし、この生徒たちが、将来、汚れた川を見たならば、どんな行動をとるだろう、あるいは、治水工事の担当者になったならどんなダムを造るだろう、どんな護岸工事をするだろう」と、別の視点から彼らの将来が楽しみに思えたのです。ちょうど世間が、巨大ダムの建設の是非や環境保護で賑わっていた頃でした。もちろん、彼らが、将来、どんな行動を取るのか、どんなダムを造るかは、彼らの自由で、ダム以外の方法も考えるかも知れません。

ダムの建設に限って言えば、私の役割は、ダムの是非を生徒に問わせることよりも、彼らの記憶に水辺の「原風景」を残してあげることだと思ったのです。

町づくりも同様で、被災地では新しい町づくりに子どもたちを積極的に参加させていましたが、そのことを否定するつもりはないのです。私には、子どもたちに瓦礫の町を歩かせたり、横倒しになった防波堤を素手で触らせたりすることの方が、大事に思えました。大きな防波堤が横倒しなった姿を目の当たりにした子どもたちが大人になり、もし、防災担当者になったなら、私たちには思いもよらない防災方法を考えるかも知れない。嵩上げや堤防には頼らない町づくりを考えるかも知れないと、そう思えたのです。

もし、彼らが将来、水の中の生き物のことまで考えて、護岸工事やダムを設計したとしたら、その拠り所となったのは、カニや小魚と触れ合った幼い頃の体験、彼らの心に刻まれた「原風景」のように思えるのです。

そうだとすれば、「子どもたちの「今」の体験が、「原風景」となって未来をかえていく」ということになります。

これが「子どもたちは未来の設計者」の意味する処で、「豊かな体験『原風景』が未来をかえる」のです。

この言葉は震災後、被災地で生徒と様々な経験をしていく中で、この章の冒頭で述べた「子どもたちに物事を教えるための基本的な姿勢、信念」のようなものに変っていきました。

私が、被災校に勤務した4年間、行事や体験活動を大切にしてきたのは「集団のケア」はもちろんですが、豊かな体験「原風景」が未来をかえるという考えがあったからです。

被災地では、復興を担う人づくりが課題でしたが、「豊かな体験が未来をかえる」というのが、私の人づくりの基本です。

1　行事や体験活動を大切にしたい

豊かな体験「原風景」が未来をかえるという考えから、私は、授業と同じように行事や体験活動を大切にしてきましたが、学校では、かなり以前から、多忙化解消が叫ばれ、「行事の精選」が行われていました。その結果、いつの間にか、子どもたちが楽しみしていた遠足が無くなり、写生会も消え、修学旅行も短くなってしまいました。

行事が学習の妨げになっていると考える先生も沢山おられ、私のように行事や体験活動の大切さを説き、新たに行事を企画する先生方には、肩身の狭い時代になりました。

しかし、行事を精選することで、子どもたちの学力が伸びた。集中力が養われ、自ら考える力も身についた。と、言える先生は、どれだけいらっしゃるのだろうかとも思います。異端児の本音です。むしろ、学力は伸び悩み、子どもたちは社会に無関心になり、不登校やネット依存症など教育に関わる問題は増え続けているような気がします。

先生方の行事への負担は軽減されたけれど、逆に生徒指導に対応する時間が増えてしまったという学校は沢山あります。今、一番気になるのは、学校にこなくなった生徒が増えたことです。いっそ、時計の針を巻き戻し、学校も、子どもたちも、先生方も、今よりは伸び伸び生活できた昭和の時代に戻れたなら、多くの課題が消えるような気もします。

時間を巻き戻すことはできませんし、今日の教育課題が「行事の精選」にあるというのも極論なのですが、少なくとも、行事や体験活動と学力や学習意欲が深く関わっていることは、次に紹介する「スイッチング」と「三つ子の魂」の項を読んで頂ければ、納得して頂けると思います。「行事が学習の妨げになる」という考えは、私には全くありませんでした。

東日本大震災の「その後」を語る本の終章に、突然、「学習意欲」の話が飛び出し、唐突に感じられるかも知れませんが、ここで、あえて「学習意欲」を取り上げたのは、行事や体験活動の大切さをご理解頂くためには、親御さんも子どもたちも、先生方も、皆が関心のある話題を取り上げることが、一番説得力があると考えたからです。

これから、行事や体験活動が決して「遊びの時間」ではなく、学力や学習意欲と深く関わっていることを紹介させて頂きますが、この主張は、私だけではなく、多少切り口は違っていても、今日の教育課題の解決策の一つとして多くの先生が口にされるようになっています。

なお、ここで取り上げている学力は、識者や文科省が定義する学力ではありません。親御さんや子どもたち、先生方が気にされている「テストの点数」程度の指標だと思ってください。

ティーチング、コーチング、スイッチング

「わが子に勉強してもらいたい」というのは、親御さんの切なる願いです。担任も同じです。できることなら「自分から黙々と勉強する子どもを育てたい」というのが、保護者や先生方の切なる願いです。では、どうしたら生徒は自ら進んで勉強するようになるのでしょうか。

難題にも見えるのですが、実は、世の中には、「体に障るから早く寝なさい」と言われても、寝ずの勉強をする生徒が沢山います。

スポーツでも、たとえば、血豆を潰しながらバットを振り続ける野球選手と同じです。駅伝の練習で、ゴールで倒れるほど練習する選手も珍しくありません。

彼らの共通点は、目標がはっきりしていることで、目標を見つけた生徒に「勉強しなさい」、「練習しなさい」という言葉を掛ける必要はないのです。言い換えれば、彼らは「スイッチの入った生徒たち」なのです。

筆者の経験談ですが、教育には「ティーチング」、「コーチング」、「スイッチング」があると考えています。

紙面の関係から大雑把な説明ですが、講義形式の一方的な教え方を狭い意味での「ティーチング」とすれば、その反省に立ち、生徒のやる気、モチベーションを大切にしながら、練習方法や勉強方法を自分で考えさせ決定させていく指導方法が「コーチング」です。

「ティーチング」は指導者に求められる最低限の技量

で、そこに「コーチング」の手法を取り入れようとしているのが、今日の指導方法に見えます。

しかし、教育で一番大事なのは「スイッチング」です。「スイッチング」というのは、生徒のやる気にスイッチを入れることで、一度スイッチの入った生徒は、黙っていても勉強するのです。この「スイッチング」が、行事や体験活動と深く関わっていて、ここが学力や学習意欲との重要な接点になっています。


2016年の年明けに、陸前高田市内の中学生20名と名古屋市を訪問した時のことです。

名古屋市と陸前高田市は、震災後絆協定を結び、夏は名古屋の中学生が陸前高田市を、冬は陸前高田市の生徒が名古屋市を訪問されていて、私はこの時、気仙中学校の校長として訪問団の団長を務めていました。


訪問初日、名古屋市の生徒と夕食会を終えた午後9時過ぎ、会場からホテルに移動するバスの中で「ホテルに帰ったら走りたい」と生徒が相談してきました。宿泊先は名古屋城に隣接するホテルで、フロントの方から「城の堀に沿うようにランニングコースがあり、夜間でも多くの人が走っています」と説明は受けたものの、都会のど真ん中での夜間のランニングには戸惑いがありました。結果的に、「走りたい」という生徒の願いと、「私も走りますから」という引率の先生の熱意に押されランニングを許可し、生徒は名古屋城の周りを2週し、さらにホテルの前でダッシュを重ねていました。夜のランニングは翌日も行われました。彼らには、明らかに、「走りたい」「練習したい」というスイッチが入っていました。

彼らの目標は「新春大船渡4大マラソン」の中学駅伝で、帰郷後、県内の強豪校が参加するこの大会で、中学校女子の部で優勝したのは、名古屋城を走った生徒が主力の陸前高田市立東中学校でした。

さらに、半年後、今度は陸前高田市立第一中学校の女子バレーボールチームが夏の県大会で優勝しました。こちらの選手名簿にも名古屋で走った生徒たちの名前がありました。

訪問団に選らばれた生徒たちは、決して部活動漬けの生活を送っていたわけではありません。全員、各校生徒会の代表者で、中には津波で家族を亡くした生徒もいました。

名古屋での夜のランニングは、「スイッチが入った生徒は自ら走ること」の証です。彼らは、「スイッチング」の大切さを改めて教えてくれたのです。

陸前高田市からの訪問団（名古屋市市議会場）

ところで、バスの中で「私も走りますから」と声を出されたのは若い女性の先生でした。ホテルに戻り生徒が走り始めた頃、名古屋城の堀の近くまで歩いて行くと、引率の先生方が、皆、生徒と一緒に走っていました。彼らにスイッチを入れてくれたのは、震災から彼らに寄り添い続けて来た先生方のようにも思いました。

あるいは、震災の体験そのものだったのかも知れません。いずれにせよ、「スイッチング」の大切さと、「スイッチング」には、何らかの体験、人との触れ合いが関わっていることは推察して頂けると思います。「スイッチング」が大切なのは、勉強も同じです。「早く寝なさい」と言われても勉強をし続ける子どもたちには、どこかで勉強のスイッチが入っているのです。

近年、教育界では「主体的・対話的で深い学びを実現する」ために、たとえば、「アクティブラーニング」と称して、教師による一方的な指導ではなく、生徒による体験学習や、グループ・ディスカッション、ディベート、グループ・ワークなどを授業に取り入れ始めていますが、これらは全て教授方法の改善からのアプローチで、もっと根本的で大切な「スイッチング」という視点が欠落しているように見えます。

2 「三つ子の魂」を育む

中学校の先生や、保護者の方なら、小学校の児童会から、中学校、高校の生徒会と、リーダーとして活躍する生徒の顔ぶれがあまり変わらないことを経験されていると思います。進んで勉強する生徒も似たような顔ぶれです。中学校にきて、生徒会で活躍する生徒や勉強を頑張る生徒は、中学校に入学する前に、すでにスイッチが入っている生徒たちでした。

この見方は、被災地に赴任して一層強くなりました。たとえば、震災で家を流されたり、家族を失ったりした生徒の心のケアのためにスクールカウンセラーが配置されましたが、保健室や相談室が心に傷を負った生徒たちで溢れたわけではありません。

むしろ、心配された生徒は、ほとんど来室せず、保健室や相談室に通う生徒は、震災前から来室傾向のあった生徒たちでした。あの未曾有の震災を経験しても生徒一人ひとりの目に見える性格や行動はそれほど変わらなかったのです。

大槌中学校に限らず、被災地には、震災で家族を失いながら生徒会長を遣り遂げた生徒、キャプテンや主将としてチームをまとめ続けた生徒が沢山いました。大切な人を失いながら「天を恨まず、運命に耐え、助け合って生きていく」と涙ながらも力強く答辞を読み上げた気仙沼市立階上中学校の生徒会長に感動を覚えた人は多かったと思います。

中学校、高校と野球に打ち込み釜石高校から21世紀枠で甲子園に出場した大槌中学校出身の岩間大投手や、大船渡高校からロッテに入団した佐々木朗希選手も、震災に焦点を当てた報道が無ければ、彼らが家族を亡くしていることには気づかなかったと思います。

ここで注目して欲しいのは、彼らは、震災後ではなく、震災前から活躍していたということです。恐らく、中学校に入学する前から「頑張り屋」だったはずです。

彼らに限らず、学級の班長さんも、生徒会の執行部も、震災前と同じような顔ぶれで、仮設校舎で皆のために汗を流していました。入学時の引継ぎ資料に目を通すと、彼らのほとんどが、小学校でも活躍しているのです。

ここまでは、生徒の話ですが、それでは、先生方はどうだったでしょうか。震災で生き方や考え方が大きく変わったでしょうか。生き方は「考えさせられた」という先生方は多かったたと思いますが、生き方が「変わった」とまで話される先生は少ないように思います。また、もし「震災を経験して、教科や生徒指導の「指導法や指導力が変わりましたか」と問われれば、どの先生も「いいえ」と答えられるはずです。

震災後、新たに、カウンセリングや防災教育の手法は学びましたが、授業の進め方や生徒との接し方は、震災前とほとんど変わっていないように思います。私たちの指導力には、研修で伸びる力と、「指導のセンス」のようなものとがあり、震災は、私たちの「指導のセンス」までは変えなかったのです。

長年の経験から、この「指導のセンス」は、教職経験とはあまり関係なく、それぞれの体験や活動を通して身についたもののように見えました。

教職経験を通して、このセンスを磨かれる先生もいらっしゃるのですが、このセンスは、教職に採用される前に、既に身についている方が多いような気がします。

同じ視点から、今度は被災地で復興に尽力されている人たちに目を向けて見ると、大槌町や陸前高田市で活躍している30代、40代の若手のリーダーは、かつての教え子たちで、彼らは、中学校時代から人前に立ち、学級や学校のために活動していた生徒たちだったのです。さらに、復興の道筋を決める長老さんたちの会合には、かつてのPTA会長さんの姿があり、避難所運営や仮設団地では、津波の難を免れた区長さんたちが、引き続き陣頭指揮を取られていました。生徒も、教師も、卒業生や区長さんたちも、心の中では計り知れない心労や葛藤があったと思うのですが、彼らは、少なくとも目に見える行動は、震災前と同じように人のために尽くされていました。

日頃から凛《りん》としていた人たちは、未曾有の震災を経験しても、身を崩すことはなかったのです。

それでは、彼らの性格や感性は、いつ頃培われたのでしょうか。先ほどご紹介したように、中学校に入学してくる生徒を見ていると、人間の一生を左右する性格や感性のようなものは、小学校時代にすでに培われているように思います。「三つ子の魂百まで」と言われるように、ひょっとしたら、幼少期、三つ子まで遡り、幼い頃の性格や感性は、年をとっても変わらないのかも知れません。

さて、ここで話を体験活動と学習意欲に戻しますが、未曾有の震災を経験しても、それまでに培った性格や感性、行動が変わらないように、スイッチが入った状態で中学校に入学してくる生徒たちは、保護者も担任もあまり手がかからず、思春期の葛藤はあるものの、彼らは勉強にも部活動にも一生懸命に取り組み、中学校時代を謳歌して高校へと進学して行きます。彼らのように、人の一生に大きく影響するリーダー性や、良い学習習慣が、幼少期や小学校時代に芽生えているとしたら、幼少期や小学校時代は「スイッチング」にとって最も大事な時期と言えます。そうであれば、私たちは、幼児教育や小学校教育を根底から見直す必要があるように思います。少なくとも私自身は、そう思うようになりました。

ただし、中学校に入学してくる新入生全員にスイッチが入っているわけではありません。勉強に身が入らない生徒もいれば、人前に立ちたがらない生徒もいて、生徒は様々です。最近は、スマホを離せないという生徒も入学してきます。それでも、大切な生徒をあずかった以上は、どの子にもスイッチを入れてあげるのが教師の役割だと思っていました。

中学生は成長期にあり、多感な時期なので、スイッチを入れられるチャンスは、まだまだ沢山あるのです。見方を変えれば、「三つ子の魂」に挑めるのが、中学校の教師に与えられた醍醐味なのです。

実際、中学校に入ってからやる気にスイッチが入る生徒は沢山いるし、卒業後、高校、大学に進んでからスイッチが入る生徒もいます。中には、社会人になってから活躍する「遅咲き」の生徒もいました。そして、私にとって「三つ子の魂」に挑み、生徒にスイッチを入れてあげるための大切な道具が、行事や体験活動だったのです。

授業で生徒を立派に育てられれば、それに越したことはありませんが、私は、授業で生徒を育てられるほど授業は上手ではありませんでした。

その代わり、行事や体験活動に力を入れてきた学年、学級の生徒は、どの学校でも、皆、学力も伸びました。中には急伸した学年もあり、彼らの学力は群を抜き、それ以前も、その後も、彼らを超えた学年は現れませんでした。実は、行事や体験活動を通して、生徒にスイッチを入れていくのは、大袈裟なことでも大変なことでもありません。別に、新たな行事を企画しなくても、運動会や文化祭でも、行事の中に、生徒一人ひとりの居場所があって、自分で考え決めたことで友達や後輩が動き、そのことを友達や先生から認めて貰えるだけでも、生徒の心は揺さぶられ、この時の充実感や達成感が、その夜の家庭学習に臨む姿勢を変えていくのです。

部活動でも同じ効果が期待できます。実際に、中学、高校の部活動が人生を変え、人生の支えになっていると振り返られる方は沢山いらっしゃると思います。

ただし、部活動では、必ずしも、皆が、恩恵を受けられるわけではありません。同じ学校でも部によって目標や練習量は異なり、地区優勝、県大会と勝ち進むチームは自ずと限られています。部活動は、所属する部によって、充実感や達成感に格差が生まれやすいのです。

よい指導者に巡り合い、勝敗への向き合い方や、生き方も教えて頂いた生徒たちにとっては、部活動は、生涯の宝となるのですが、勝ちに拘り過ぎて、生徒も指導者もルールを守れなくなったチームも見てきました。部活動には、魅力と魔力が共存しているのが現状です。

運よく良い指導者に巡り合ったとしても、部活動では、所属する部員と選手しか恩恵が受けられません。教師の役割は「どの子にも」です。これも、私が、学校や学年の行事や体験活動に力を入れてきた理由の一つです。

「スイッチング」という視点から、「豊かな体験『原風景』が未来をかえる」という言葉を、改めて説明させて頂くと、豊かな体験を通して変わるのは「未来」ではなく、今、目の前にいる生徒たちの「やる気」や「生き方」なのです。

子どもたちの「やる気」や「生き方」を変えてあげることができれば、今、被災地の復興に活躍している卒業生たちのように、彼らも、進んで勉強し、必ず、未来をかえてくれると信じています。

このあと紹介する「仮設店舗での職場体験」は、「子どもたちは未来の設計者」という視点から意図的に設定した生き方に関わる体験活動です。

職場体験「復興食堂仮設店舗」

仮設店舗での職場体験

今、全国の中学校ではキャリア教育の一環として「職場（社会）体験学習」が行われています。実施時期は、学校や地域によって異なりますが、「職場体験学習」のシーズンになるとコンビニや飲食店、介護施設や自動車整備工場などで中学生の姿を見かけることが多くなりました。

震災直後の被災地では、地元の職場が津波で流されてしまったことから、「職場体験学習」の実施が危ぶまれました。

やむを得ず津波による被害がなかった内陸の企業で実施した学校や、自治体の支援を受けて県外で実施した学校など、どこも四苦八苦しながら「職場体験学習」に取り組んでいました。

大槌中学校でも、企画の段階では内陸、花巻市内での職場体験学習を考えていましたが、「被災地の子どもたちが、今、体験すべきことは何か」と考えると、「仮設店舗での職場体験」これ以外の選択肢はありません

職場体験（ひびき鮮魚店仮設店舗）

でした。

被災した町は刻々と変化し、仮設店舗も同様で、仮設店舗と、そこで働く人たちとの触れ合いは、二度とできない貴重な体験です。

担当学年も直ぐに了承してくれたので、さっそく、仮設商店街に足を運び、「どんな思いで店を再開されたのか」「これからの夢や希望を生徒に語りかけてほしい」と職場体験学習への協力をお願いして回りました。

すると、震災前に町の中心部にあった鮮魚店は、山合の仮設団地で営業を再開し、老舗の和菓子屋は、仮設店舗の「きらり商店街」で名物の「さけ（鮭）最中」を作り始めていました。

さらに、教え子が営業するタクシー会社、保護者が経営する砕石工場、町民の台所と職員の雇用のためにいち早く再開したショッピングセンター、本屋、写真屋、美容室、コンビニと、どこも、子どもたちを待っていたかのように快く引き受けてくれました。

こうして職場体験の準備は整い、子どもたちは、店舗や家族を流され再起をかける大人たちの背中を見ながら、職場体験に臨みました。どの職場にも、どこか家庭的な温かさがあり、生徒は、家事の手伝いをしているような雰囲気で、職場体験に取り組むことが出

職場体験「復興食堂仮設店舗」

来ました。

この職場体験は、生徒にも好評だったようで、大槌町の支援者にはお馴染みの「おらが復興食堂」で水洗いや、まかない、ごみの後始末を体験した生徒が「もう一度、研修をさせてください」とお願いに来た程でした。

その復興食堂の窓から見えるのは瓦礫の町で、遠くには津波で壊れた防波堤が残っていました。

彼らが、いつか人生で躓いたなら、仮設店舗で再起をかけていた人たちの背中を思い出して欲しいと思いました。

町民にとって、町の未来を担う子どもたちが、仮設店舗に足を運んでくれたことへの感謝と喜びは大きく、復興の励みになったようです。職場を提供してくれた商店街の方々からは「来年も生徒さんを寄こしてくださいね」と、感想が寄せられました。

この職場体験学習を取材してくれた『岩手日報』は、「若い力商店街に元気」という素敵な見出しをつけてくれました。

さて、職場体験学習を通して地域との繋がりができた中学生が、仮設店舗で販売している商品を支援者に紹介するという新たな取り組みを始めました。

仮設店舗の商品を贈答用にパッケージ化して頂き、その中身を紹介するチラシを生徒が手書きで作り、「大槌中学校『夢パック』」として支援者に斡旋したのです。手書きと言っても、仕上がりは印刷会社にお願いしているので、本格的なチラシでした。それから、間もなく、生徒たちは、宿泊研修を利用して県庁所在地の盛岡市に出掛け、大槌町の物産展を行うようにもなりました。

これらの他にも、大槌版「ようこそ先輩」や「大槌中学校語り部プロジェクト」も「子どもたちは未来の設計者」という視点から取り組んだ体験活動です。

紙面の関係から詳細は割愛させていただきますが、大槌版「ようこそ先輩」は、被災した町の復興に取り組んでいた三十代、四十代の卒業生に「故郷への思いの丈を後輩に話して欲しい」と声を掛け、学校に招待した活動です。名物番組「ようこそ先輩」の大槌版です。

教え子たちよりは先輩になりますが、シンセサイザー・ミュージックの先駆者として一世を風靡した「姫神せんせいしょん」で活躍された大久保正人さんや、イギリスの障がい者施設でボランティア活動を行い、その他も、内閣府のミャンマー派遣事業に参加されたり、ジャイカ（JICA）の青年海外協力隊としてコスタリカで活動されたりと、海外で活躍されていた元持幸子さんに教壇に立っていただきました。

元持さんは、帰国後は、海外ではボランティア活動の経験を生かしながら、福祉系の専門学校で学生の指導に当たられていましたが、東日本大震災を機に地元に戻り、それまでの国内外での豊富な経験と人脈を生

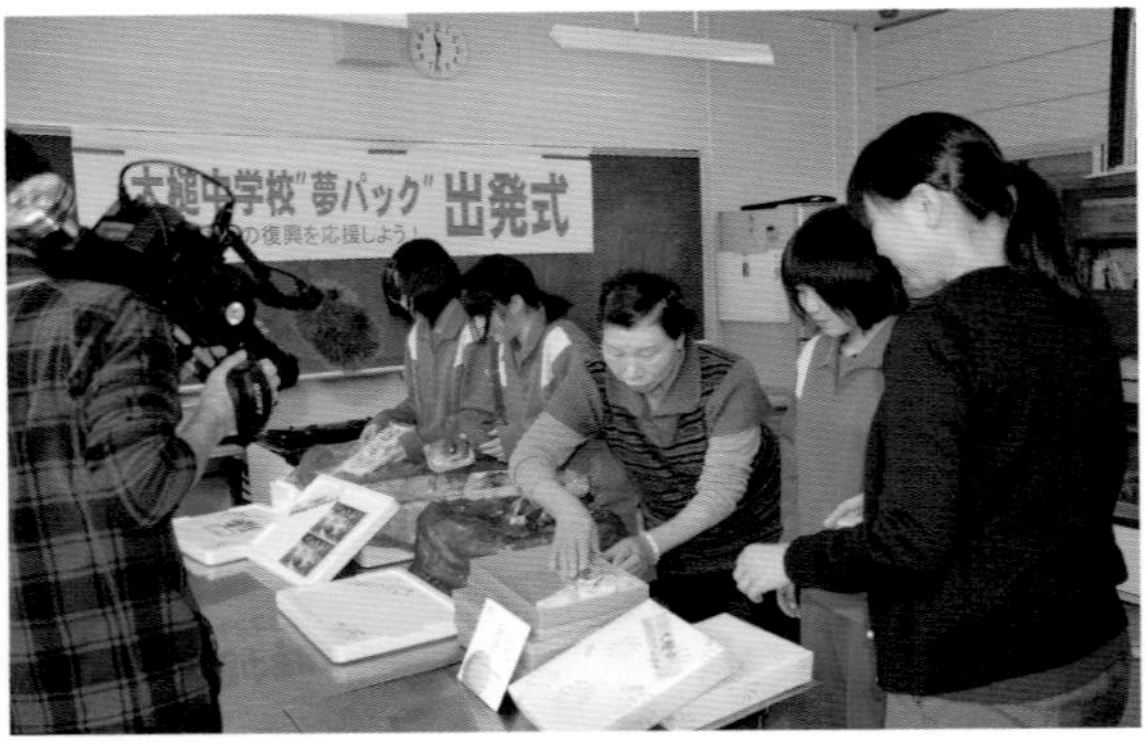

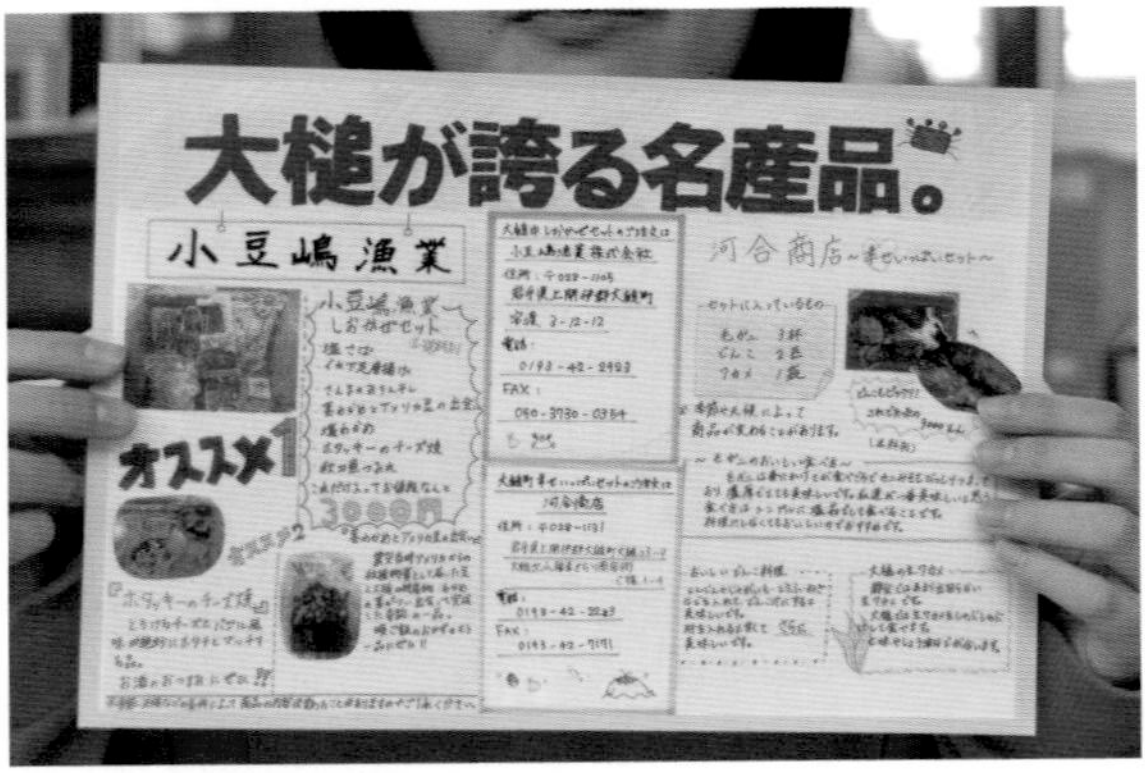

大槌中学校夢パック（上）
出発式（中）
生徒が企画した町内特産品のチラシ（下）

かしながらボランティア活動に奔走されていました。

以前、勤務していたときの生徒で、彼女の行動力と優しさは、中学校時代とあまり変わっていませんでした。

彼女には、「貴方の後輩に、ボランティア活動だけではなく、貴方の生き方も語って欲しい」とお願いしました。

岸谷五郎さんと寺脇研さんらのチャリティーボランティア「アクト・アゲインスト・エイズ」と大槌中学校を繋ぎ、「スマイル図書館」の設置にご尽力頂いたのは彼女でした。

被災校では取材と報道は日常的で、そのほとんどは、取材される側の立場でした。しかし、生徒にとって大事なことは、自分から情報を発信することです。

大槌中学校では、生徒が自ら情報を発信する活動を「情報発信クラブ」と総称し、その一つが「大槌中学校語り部プロジェクト」でした。

大槌中学校の語り部は、震災当時の様子を伝えるのではなく、自分たちの学校生活を紹介しながら、会場に詰め掛けた人たちに支援への感謝の気持を伝える語

母校の後輩に語り掛ける元持幸子さん

り部です。

語り部を担当した生徒たちは自信に満ちていて、取材を受けている時には見られなかった表情を見せていました。

朝日新聞社の読者ホールから始まった語り部プロジェクトは、県内はもとより、秋田、長野、北海道、大阪へと広がり、彼らは、強力な情報発信力を身に着けていきました。

生徒全員が経験できる活動ではありませんでしたが、「語り部プロジェクト」に参加した生徒たちが、これから、どんな人生を歩んでいくのかと思うと、とても楽しみです。

語り部プロジェクト（盛岡市立土淵中学校にて）岩手日報（2013年7月12日）

3　豊かな体験「原風景」が未来をかえる

ここまで、行事や体験活動が「遊びの時間」ではなく、学力や学習意欲と深く関わっていることや、「子どもたちは未来の設計者」という視点から意図的に試みた体験活動を、いくつか紹介させて頂きましたが、学力に限って言えば、今日の教育改革が上手くいかないのは、改革の視点が、教育課程の見直しや指導技術の改善から抜け出せないことが大きな要因になっていると考えています。

本章で紹介したように、学力向上には、教育課程の見直しや指導技術の改善以上に、「スイッチング」の方が、はるかに影響が大きく、人づくりの視点からのアプローチが不可欠なのです。指導者が大きな声を出さなくても、特に指示を与えなくても、黙々と勉強する生徒の背景や成育歴をきちんと分析し、「なぜ、彼らは勉強するのか」「いつから、彼らは勉強するようになったのか」という、この素朴な問いに、真剣に向き合うことができれば、これからの教育は大きく変わると信じています。

結びに、豊かな体験というのは、自然との触れ合いだけではないことに触れて、拙書を閉じたいと思います。

支援者との関わりでご紹介した「午後のコンサート」で演奏して頂いた吉川武典さんたちと吹奏楽部の生徒たちとの触れ合いのように「人との触れ合い」も、子どもたちの生き方を変え、やがて、彼らは社会の在り方を変えていくに違いありません。

N響のトロンボーン奏者の吉川武典さんは、ベルリンフィルに留学する時に携えた彼の人生の宝物とも言えるトロンボーンを、大槌中学校の吹奏楽部に寄贈され、遠く東京から、仲間と一緒に演奏指導に駆けつけられ、生徒と膝を交えたコンサートも、快く引きて下さいました。

子どもたちは未来の設計者です

吉川さんと出会えた中学生の彼女たちは、今は、まだ、何もできないかもしれませんが、詩人宮沢賢治が「雨にも負けずに」に綴った「東に病気の子どもあれば、行って看病してやり」「西に疲れた母あれば、行ってその稲の束を負い」のように、きっと、この詩のような優しい大人になれるような気がします。

もし、彼女たちが、いつか、どこかで、東日本大震災に遭遇した自分たちのように楽器を流され、悲しんでいる子どもたちに出会ったなら、そっと、自分の楽器を差し出すような、そんな光景が目に浮かびます。

仮設店舗で再起をかける人たちの背中を目に焼き付けた生徒たち…　町の復興に取り組む先輩の話に耳を傾けてくれた生徒たち…　語り部となり支援者に感謝の気持ちを伝えてくれた子どもたち…　大槌川や気仙川の水辺で遊んだ生徒たち…　彼らのつくる未来が楽しみです。

豊かな体験「原風景」が未来をかえる。

被災地で躍動する子どもたち

おわりに

本書は、東日本大震災の「その後」について、被災地に四年間勤務した経験を基に紹介してきました。震災当時のような壮絶さはありませんが、「その後」にも様々なドラマがあったことはお伝えできたのではないかと思っています。

第一章の「津波に浚われた赴任地」で、既に、多くの文献に紹介されている被災地の様子を取り上げたのは、私の立ち位置を知って頂くためでした。「半分だけ被災者」の項で紹介させて頂いたように、私は、被災者の立場からも、支援者の立場からも震災を振り返ることが出来たのです。

偶然ですが、被災地のど真ん中とも言える大槌町と陸前高田市で、しかも、どちらも、震災以前にお世話になった町で校長という貴重な体験をさせて頂いたのです。この体験を教訓として残すことは自分の使命のようにも思いました。

今後も起こり得る被災地での課題、今日の教育の課題について、私なりの解決策を提起させて頂きました。その是非も含めて、教育関係者、支援者、防災・減災担当者には、一度は目を通して頂きたいと思っています。

末筆ですが、本書の編集と出版にご尽力を頂いた春日栄氏、クラウドファンディングを立ち上げ本書を学校や図書館、防災担当者等に寄贈する活動を推進された「3・11軽井沢つむぎ隊」と代表の飯塚まゆみ氏、並びにクラウドファンディングにご協力いただいた全国の支援者の皆様、さらには、大槌中学校、気仙中学校へのご支援のみならず、本書の出版にもご協力頂きました軽井沢大槌会の皆様、河内長野の皆様、スローチャリティの皆様、元ＲＫＨの皆様、岩手堅田財団理事長堅田隆博様、その他の全ての支援者の皆様、そして、被災地で出会えた素晴らしい生徒たち、献身的な職員、子育てに奮闘された保護者、復興に万進する地域の皆様と、最後に単身赴任を支えてくれた妻と三人の子どもたちに心から感謝いたします。

鈴木　利典

令和三年三月吉日

発刊に寄せて

鈴木先生に案内されて、2015年4月、軽井沢町の藤巻進町長一行と弊ホテルのスタッフが、被災した大槌中学校の校舎を訪問した時から、軽井沢町と大槌町との交流が始まり、その交流は震災から十年経った今でも、コロナ禍という新たな災害の中でも脈々と続き、軽井沢の小中学校の先生方や保護者の皆様と発足した軽井沢大槌会の熱気は冷めることはありません。

軽井沢大槌会の目的は、あくまでも被災地大槌町の支援なのですが、同時に私どもは、大槌町に出掛ける度に、鈴木先生に会えることを楽しみの一つにしてきました。

東日本大震災から十年の追悼式に参列するために出掛けたその前日にも、既に退職され郷里一関で暮らす鈴木先生に立ち寄り、震災からの十年を、ご一緒に振り返らせて頂きました。いったい軽井沢の人間は、なぜ、こんなにも鈴木先生に惹かれるのだろうかと思いながら、辿り着いた一つの答えが、鈴木先生が、教壇から生徒を励ますように、私ども支援者を励まし続けてくれたことのように思います。

ボランティアは「無償の愛」であり、見返りを求める支援者はいないのですが、その「無償」の行動に、鈴木先生は、何気ない仕草と言葉で、勇気を与えてくるのです。

鈴木先生は「全国の皆さんからのご支援はありがたいが、本来、学校の復興は、すべて、行政の責任で行うべきこと」と話され、「支援者の皆さんは、支援者どうしの繋がりを大事にして欲しい」「大槌の訪問が決まったなら、みんなで決起集会をし、軽井沢に帰ったら必ず反省会をして、飲み明かしてほしい」「大槌町への支援を通して、軽井沢の子どもたちが成長すること、軽井沢の人たちの絆が深まることが何より嬉しい」と、軽井沢大槌会を、大槌を転勤されてからも、ずっと励まし続けてくれるのです。

その先生が、東日本大震災の「その後」をテーマに、この程、本を出版されると伺って、原稿を読ませて頂いたのですが、本書の中でも、先生は、どん底まで落とされた生徒を励まし、保護者を励まし、被災者も支援者も励まし続けられていました。

先生の著書を講評するのは、甚だ僭越なのですが、東日本大震災の「その後」を、これほど冷静に俯瞰し、後世への教訓として纏められた本は見当たらないように思います。

また、この本には、鈴木先生が、常々口にされる「子どもたちは未来の設計者」という言葉の意味が、沢山詰まっています。

私は教育者ではありませんが、「子どもたちは未来の設計者」という言葉と、このことを裏反した「豊かな体験『原風景』が未来をかえる」という先生の教育観にも感動を覚えました。

この本は、震災関連本を超えた教育書です。大槌や軽井沢、いや日本、できれば世界中の子ども達や先生方に読んで欲しいと思い、出版のお祝いを兼ねて、一筆、献上させて頂きました。

令和三年三月十二日

軽井沢大槌会　代表
旧軽井沢ホテル音羽ノ森
代表取締役　鈴木健夫

震災前の高田松原海岸（1987 年、写生会）

【略暦】

1959年	一関市大東町に生まれる
1982年	岩手大学工学部卒業
同　年	陸前高田市立広田中学校
1985年	陸前高田市立第一中学校
1988年	大槌町立大槌中学校
1992年	岩手県立総合教育センター
	1993年　北海道南西沖地震
1994年	川崎村立川崎中学校
	1995年　阪神淡路大震災
1999年	岩手県立総合教育センター
2005年	大船渡市立越喜来中学校着任（教頭）
2007年	岩手県立総合教育センター（情報教育室長）
	2008年　岩手・宮城内陸地震
	2011年　東日本大震災
2012年	大槌町立大槌中学校着任（校長）
2014年	陸前高田市立気仙中学校着任（校長）
2016年	一関市立厳美中学校着任（校長）
2020年	定年退職
現　在	・一関市教育委員会ICT指導員
	・一般財団法人岩手堅田財団常務理事

子どもたちは未来の設計者

令和3年6月30日　初版第1刷

著　　者　鈴木利典
発 行 者　梶原純司
発 行 所　ぱるす出版株式会社
〒113-0033　東京都文京区本郷2-25-14　第1ライトビル508
電話 03-5577-6201　fax 03-5577-6202
http://www.pulse-p.co.jp
E-mail　info@pulse-p.co.jp
カバー・表紙デザイン　山口桃志
制作協力　春日　榮
印刷・製本　ラン印刷社
ISBN 978-4-8276-0260-9　C0037